卓越学术文库

U0503154

意义的追寻：教师教材理解研究

YIYI DE ZUIXUN JIAOSHI JIAOCAI LIJIE YANJIU

河南省高等学校哲学社会科学优秀著作资助项目

岳定权 著

郑州大学出版社

图书在版编目（CIP）数据

意义的追寻：教师教材理解研究 ／ 岳定权著. — 郑州：郑州大学出版社，2023.9

（卓越学术文库）

ISBN 978-7-5645-9637-8

Ⅰ. ①意…　Ⅱ. ①岳…　Ⅲ. ①教材 - 教学研究　Ⅳ. ①G423.3

中国国家版本馆 CIP 数据核字（2023）第 051909 号

意义的追寻：教师教材理解研究

策划编辑	孙保营	封面设计	苏永生
责任编辑	李珊珊	版式设计	苏永生
责任校对	成振珂	责任监制	李瑞卿

出版发行	郑州大学出版社	地　　址	郑州市大学路 40 号（450052）
出 版 人	孙保营	网　　址	http://www.zzup.cn
经　　销	全国新华书店	发行电话	0371-66966070
印　　刷	河南龙华印务有限公司		
开　　本	710 mm×1 010 mm　1 / 16		
印　　张	17.5	字　　数	279 千字
版　　次	2023 年 9 月第 1 版	印　　次	2023 年 9 月第 1 次印刷

书　　号	ISBN 978-7-5645-9637-8	定　　价	86.00 元

本书如有印装质量问题，请与本社联系调换。

序

岳定权的这本著作——《意义的追寻:教师教材理解研究》,是基于其博士论文,历经多次修改完成的。该书力图为教师的教材理解建立一个系统的、合理的分析框架,以推进诠释学在课程与教学论领域中的运用,为中小学教师理解教材提供方法论。作者选择这样的研究主题,既是对中小学教师教材理解问题的深切感触,也是对运用诠释学理论探讨和分析课程与教学论问题的坚持与执着。

在作者看来,教材理解是中小学教师的日常工作,也是实现深度教学、提高课堂教学质量的逻辑起点。然而,从理论层面,有针对性地对教师的教材理解进行系统研究还较为缺乏,难以为中小学教师深度理解教材提供坚实的理论基础。基于对诠释学的理解,作者敏锐地抓住了"意义"这一概念,深知诠释学是关于理解的学问,而理解总是对意义的理解,意义构成了整个诠释学的基本"细胞"。正是从意义出发,作者以发生学的思维去探讨和分析意义的不同层次与类型,力图找到意义的连续谱系,揭示具有发生学性质的意义链条及其演化关系,并建构"意义发生说",以此作为分析和探讨教师教材理解的理论基础。虽然"意义发生说"的理论建构还稍显粗糙、不尽圆润,但作者对理论建构的勇气仍然值得称赞。

基于"意义发生说",作者从纵向与横向两个维度建构了教师教材理解的基本分析框架。在纵向上,作者认为,意义的相互演化是教师教材理解的基本过程,而实现这一过程的关键在于理解的循环,它以教材为载体,将历史与社会、教师与学生整合在一起,创生着新的意义。在横向上,作者认为,教材体现着不同主体的意义,包括知识作者、教材编者、教师和学生,他们构

1

成了教师教材理解的基本维度。

本书倡导以深度的教材理解推动高质量的课堂教学，既符合课程与教学论研究的"理解转向"，又呼应我国当前对基础教育质量提升的政策导向与实践需求，希望作者能够沿着这一方向继续走下去，在理论创新的同时深入实践，推动教学实践变革。

时光飞逝，本书内容作为一篇博士论文呈现在我面前已经是两年多以前，当它作为一部专著即将出版时，作者努力学习的情形犹在昨天，历历在目。在入学之初，作者就流露出对诠释学的浓厚兴趣，在晦涩难懂的哲学世界里辛勤耕耘，时而沮丧、时而欣喜。作为导师，每次在读书汇报会上听到他对自己阅读书籍的汇报和感悟时，都为他的收获感到高兴和欣慰。在博士论文撰写期间，作者在图书馆和宿舍之间穿梭，一遍又一遍地修改，一次又一次地讨论。到现在还清晰记得，每当在讨论中"柳暗花明又一村"时，他脸上洋溢着的恍然大悟的神情和满意的笑容。我相信，攻读博士学位的经历，不仅使他的学术研究能力得到了提高，更令他的性格和意志受到了历练。

岳定权还是一个年轻的教育学者，未来还有很长的路要走，我期待他继续在阅读中汲取营养，保持实践情怀，在教育学研究的道路上砥砺奋进。

张建琼

2022 年 12 月于成都狮子山

前　言

2020 年,我博士毕业后回到周口师范学院工作,时隔一年,以博士论文为基础申请了"2022 年度河南省高等学校哲学社会科学优秀著作资助项目",并有幸被批准立项。立项后,历经多次修改,终成《意义的追寻:教师教材理解研究》一书。

正如美国课程论专家威廉 F. 派纳(William F. Pinar)在《理解课程:历史与当代课程话语研究导论》一书中所言:"课程开发:生于 1918 年,卒于 1969 年",课程研究方式从"课程开发"走向了"课程理解"(understanding curriculum),以理解的态度、思维与方法思考课程问题成为课程领域的主旋律。理解是诠释学的核心概念,虽然诠释学在西方具有悠久的历史,但译介入我国却是在改革开放以后,而"课程理解"传入我国更晚,是在 21 世纪之初。此时,恰逢我国完成"普九"攻坚工程,教育改革从规模转向质量,如何提高义务教育质量成为 21 世纪教育改革与发展的核心主题,这为诠释学在课程与教学论领域生根发芽提供了新的契机,以诠释学为理论视角探讨课程与教学论问题的研究层出不穷,把我国课程与教学论的发展推向了一个新的阶段。

然而,遗憾的是,理论的突破并未如想象中那样为我们带来实践的变革,中小学教师对教材的理解仍然具有较为浓厚的"忠实主义"倾向,忽视教材意义的创生。这种应然与实然的差距不断引发着我的思考,逐渐萌生了要在二者之间搭建起一座沟通的桥梁,建立一种具有"中层理论"性质的理论和分析框架。过程是艰辛的,建构教师教材理解的分析框架既要通览诠释学理论,寻找到与教材理解的逻辑结合点,又要扎根实践,把握中小学教

1

师教材理解的现实样态。正是夜以继日地在晦涩难懂的哲学书籍与鲜活的教学实践中的辛苦耕耘，逐步确立了以意义概念为核心，立足发生学思维，以意义的纵向与横向演化为逻辑线索搭建教师教材理解的基本分析框架，最终完成了博士论文，并于今形成了本书。

教师的教材理解是教学逻辑起点，教师如何理解教材决定着教师如何开展课堂教学，只有全面、深入地理解教材才能在课堂中实现深度教学，才能真正地提高课堂教学质量，发挥课堂教学在培养学生过程中的"主阵地"作用。希望此书所提供的观点与方法能够促进诠释学在课程与教学论领域的运用与发展，能够为中小学教师全面、深入理解教材提供启示与借鉴。

从博士论文开题到本书的出版，历经近四年的时间，在这四年里，老师、亲人、领导、朋友们给予了太多的支持。感谢我的导师张建琼教授，感谢她的悉心指导和勉励，让我在最艰难的时候还能够砥砺前行；感谢我的妻子程芬萍女士，感谢她在我读博和修改书稿期间的默默奉献，让我能够静心面对一个又一个问题；感谢周口师范学院教育科学学院的领导和老师们，感谢你们的关心和支持，让我能够更好地处理工作与学习的矛盾。本书受到河南省基础教育教师发展研究创新团队建设项目"智能技术赋能乡村教师高质量发展"资助。

研究过程中，本人力求资料真实、客观、周全，但由于个人水平有限，难免有疏漏之处，恳请读者批评指正。

岳定权

2022 年 12 月于周口

目 录

第一章
导　论

　　教材是传授知识、传承文化,促进学生发展的核心载体,是教师开展教学活动的重要依据,教师的教材理解水平直接影响着课堂教学的质量。进入 21 世纪以来,伴随着新课程改革的逐步推进以及新时代加强教材思想性的迫切需求,教材建设成为我国基础教育改革与发展的重要领域,教材理解问题也成为理论研究与实践探索的重要课题。在反思、批判传统教材理解的知识中心主义、教材权威主义等的基础上,诠释学逐渐成为思考教材理解问题的核心理论基础,它以新的理解观启示人们进一步去思考"教师应该怎样理解教材"之问题,为教师教材理解提供了全新的视角和广阔的研究空间。

　　本章主要从问题的提出、文献综述、研究的目的与意义、研究的思路与方法四个方面对本书进行概要性介绍,以为进一步的分析奠定基础与框架。

第一节　问题的提出

一、教材理解是提升教学质量的重要切入点

　　教学是教育的核心途径,教学质量直接影响着教育的质量,通过教学质量提升促进教育质量提升是教育的基本认识。新时代以来,伴随着我国社

会矛盾转向人民日益增长的美好生活需要和不平衡不充分的发展之间的矛盾，优质教育资源供给侧改革成了我国基础教育改革的重点。2019 年 6 月，中共中央、国务院印发了《关于深化教育教学改革全面提高义务教育质量的意见》，明确了我国新时代义务教育发展方向与内容框架，成为聚焦"新时代我国深化教育教学改革、全面提高义务教育质量的纲领性文件"。在该文件中，明确了课堂的"主阵地"作用，希望通过教学改革全面提升义务教育质量，课堂教学质量再一次成为我国义务教育改革的核心主题。

教学活动的展开以教材为基础与依据，教师的教材理解是提升教学质量的切入点与关键点①。作为一种有目的、有计划、有组织的教育活动，教学是在一定教育理念与价值下有序展开的活动体系，而这种活动体系的基础就是教师对教材的理解。从实践来看，教师的教学工作一般包括备课、上课、作业的布置与批改、课外辅导和学生成绩的检查与评定等，在这些工作中，备课是教学工作的起始环节，是课堂教学的前提和基础。备课工作通常被概括为"备教材、备学生、备教法"，备教材又是备课的基础与核心，教师只有合理地把握教材，才能根据教材的特点与学生的特点去考虑教法。因此，教师对教材的理解直接关涉其他相关工作的进行以及是否有效，以至于在学校校本教研中，"集体备课"成为一项重要的教研工作。可以看出，教材是"师生教学活动的主要工具和基本依据"②，教师的教材理解是开展教学工作的前提与基础，"教师对教材的理解不同，其教学的方式、方法、策略等也就不同，最终的教学效果也会有很大的差异"③。从理论研究来看，教学论研究包含具有整体性的教学观研究和具有局部性的教学要素及其关系研究。整体性研究旨在形成某种教学观念；局部性研究旨在优化教学要素。但不管哪种研究，都会涉及要素与整体的关系，甚至有学者认为"教学要素问题是

---

①　本书中教师特指义务教育教师，教学质量指小学与初中课堂教学质量。在行文中，有时会用"中小学教师"或"教学质量"话语，但其指称的对象是小学与初中阶段。具体原因将在后文中说明。

②　曾天山：《教材论》，江西教育出版社，1997，第 1 页。

③　孙宽宁：《教师如何理解教材》，《当代教育科学》2011 年第 7 期，第 18 页。

教学论研究和发展的逻辑起点,也是教学论研究的基本课题之一"①。从要素与整体的关系来看,教材要素始终是教学论研究的切入点之一,通过教材本质、价值、功能、编制、管理、评价等研究可以形成系统教学观,因为"一定的教材就是一定教学论思想的具体反映"②。因此,从教材出发,以教材为切入点,通过对教材理解进行研究,可以有效提升教学质量。

正是认识到了教材在提升教学质量中的重要作用,教材建设成了提高义务教育教学质量的重要环节。在提升义务教育质量过程中,教材建设成为了重要领域,它是保证义务教育政治性价值立场与科学性学习内容的基础与关键,是构建具有中国特色社会主义教育体系的核心内容。围绕"为谁培养人、培养什么人、怎样培养人"的时代命题,我国加强了教材的思想性建设。2016 年 12 月,习近平在全国高校思想政治工作会议上强调教材建设的重要性,"建设什么样的教材体系,核心教材传授什么内容、倡导什么价值,体现国家意志,是国家事权"③。2017 年,中共中央办公厅、国务院办公厅颁发了《关于加强和改进新形势下大中小学教材建设的意见》,并成立国家教材委员会,其主要职责是"指导和统筹全国教材工作,贯彻党和国家关于教材工作的重大方针政策,研究审议教材建设规划和年度工作计划,研究解决教材建设中的重大问题,指导、组织、协调各地区各部门有关教材工作,审查国家课程设置和课程标准制定,审查意识形态属性较强的国家规划教材"④。进入新时代以来,加强教材的思想性建设,提升义务教育质量,构建具有中国特色的教育体系,办好人民满意的教育是我国教育改革与发展的基本方向与重大课题,"教师应该如何理解教材"之问题也在这一背景与逻辑中显得越来越重要。

---

① 李泽林、石小玉、吴永丽:《教学"要素论"研究现状与反思》,《当代教育与文化》2012 年第 3 期,第 94 页。

② 曾天山:《教材论》,江西教育出版社,1997,第 1 页。

③ 刘博智:《擦亮"中国底色"的统编三科教材》,《中国教育报》2018 年 1 月 13 日第 4 版。

④ 国务院办公厅关于成立国家教材委员会的通知,http://www.moe.gov.cn/jyb_xxgk/moe_1777/moe_1778/201707/t20170706_308824.html,访问日期:2019 年 1 月 2 日。

二、在实践中,教师教材理解处于"意义不完整"的困境

21世纪以来,随着教学观念的革新以及在这种革新下的新课程改革的推进,教师的教材理解遭遇着"课程理解范式"与"传统解读范式"的双重冲击,使得教师在教学实践中如何看待和处理教材"左右为难",教师的教学工作"步履维艰"。一方面,在新课程理念的推动下,中小学教材由"法定知识"转向"范例""文本",教师在处理教材时可以拥有自己的自主性,依据教学经验与教学情境对教材进行多元解读,灵活处理;另一方面,在传统教学惯性以及我国教育体制,特别是评价体制下,教育的功利性追求仍然占据着重要地位,"教学是为了考试,学生的考试成绩是教师教学水平的核心体现"的观念与思维仍然是教师教学实践的基本逻辑。教师实际秉持的教学价值取向、工具理性与交往理性,与新课改的要求之间确实存在实质性的对立与紧张①。此外,由于学科差异所造成的知识性质差异,诸如数学、科学等自然科学知识的客观性也为教师如何合理处理教材带来巨大的困惑。

教师教材理解的实践困境可以用两个典型案例给予说明。

2017年6月12日,《成都商报》转载了一篇题为《高考阅读"诡异的光"引热议》的文章,引起广泛传播与讨论。2017年的浙江高考语文试卷的阅读理解选取了作家巩高峰的小说《一种美味》。该文章描写了物资匮乏年代6岁主人公一家第一次喝鱼汤的记忆,文章最后出现一个"欧·亨利式"的结尾:"它早已死了,只是眼里还闪着一丝诡异的光",要求对"诡异的光"进行理解。考试结束后,浙江29万余考生大呼该题"难",声称"十年寒窗败给了一条鱼"。随后小说作者巩高峰说他的文章有十多次被选入中考或高考模拟试卷,并且有时他自己去做考试题也就是勉强及格。此类现象在教学实践中屡见不鲜。当我们提倡多元解读时,标准答案在何处? 大学的门槛又在何处?

与此同时,在现实的中小学课堂中,往往出现这样的现象:"你学习《愚公移山》,我批评'愚公'没有环保意识,没有经济头脑;你学习《南郭先生》,我认为'南郭先生'善于抓住时机;你讲《红楼梦》,我批评你不懂优生优育,

---

① 王健:《教学实践理性及其合理化》,南京师范大学出版社,2010,第114页。

倡导近亲结婚;你学习《武松打虎》,我认为你是不保护动物,滥杀生灵;你学习《背影》,我批评'父亲'不讲交通法规,婆婆妈妈溺爱孩子等。"①当教材理解失去了基本方向与规范时,教学也就走向了一种无序与混乱,学生的发展也就失去了方向性与基本标准,教学的育人价值也就在无形中被消解了。

这两种实践现象显示着教师教材理解的意义不完整。这种不完整主要表现为两个典型方面,即"诠释不足"与"过度诠释":一方面,以考试分数为核心的评价体系制约着教师与学生对教材中知识意义的自主性阐发,把教材理解限定在"围墙"之中;另一方面,当教师改变教育教学观念,提倡自由理解时,教师与学生又超越学科,迈向"天马行空"。这正如一位一线教师所描述的那样,"中小学校园依然是'两道线':一个是课改热闹而美丽,刻意渲染的是一道迷惑人的风景线;一个是应试扎实而执着,严防死守的是一道折磨人的生命线"②。这种理论与实践的脱节造成了我国中小学教育中一系列十分奇怪的现象:演示课按理论教,常态课按实践教;我认可新课改,但我不能按新课改做;新课改理论上是可行的,但和我们的实践要求不太吻合等。

教师教材理解的意义不完整不仅在于教师的教材理解能力,还在于教育评价体制的束缚,更重要的是在理论上缺乏一个意义完整的教材理解的结构与体系,无法有效指导中小学教师对教材进行合理理解。因此,实践中教师教材理解的"意义不完整"所指向的问题核心在于:究竟应该如何理解教材?

三、教材理解需要建构具有"中层理论"性质的理解框架

从根源上看,教材理解之所以成为一个需要在理论上重新思考和解决的问题,其原因在于传统的教材理解观念与基本框架受到了当代新的教育理念的冲击。在提倡作为"完整的人"的学生教育价值的追求中,学生的生命意义得到进一步彰显,教育在促进学生生命意义建构过程中的作用越来越受到重视。然而,传统的教材理解观秉持知识中心主义倾向,在重视知识本身的同时,往往忽视了知识的育人价值,把学生视为教材知识的容器。在

---

①　李本友:《文本与理解》,西南师范大学出版社,2016,第 2 页。

②　胡友成:《新课程背景下教师生存状态的现实困惑与思考》,《新课程研究》2004 年第 Z1 期,第 22 页。

教育观念的转变过程中,诠释学的引入起到了积极的推动作用,为教材理解提供新的理论基础,成为人们思考教材理解问题的核心理论。然而,在诠释学引入教材理解话题过程中,其思维与话语并未得到实质性的转换,并未与教材的性质与功能以及教师教学实践进行系统整合,在致力于观念转变的同时,忽视了对实践的有效指导,从而造成理论与实践之间的割裂。因此,推进诠释学与教材理解实践的整合,促进思维与话语的转换,建构具有"中层理论"性质的教师教材理解框架是沟通教材理解理论与教师教材理解实践的关键。

　　诠释学的引入为教材理解提供了广阔的研究空间。诠释学,又称解释学、释义学,对于何为诠释学,很难给出一个恰当的定义。我国学者张汝伦在《意义的探究——当代西方释义学》一书中认为:"释义学可以宽泛地定义为对于意义的理解和解释的理论或哲学。"①换句话说,诠释学是关于如何从符号、文本中通过理解获得意义的一种理论或哲学,它所揭示的是人与符号、文本的意义关系。诠释学所致力的人与符号、文本之间的意义关系,特别是哲学诠释学在探明人如何从符号、文本之中建构意义时所强调的"前理解"以及意义之间的建构关系对于当代人的主体性发展具有极大的推进作用,它充分看到了人类的生活、价值、理想等在人类认识事物中的积极作用,展现了人类在认识事物过程中主动性的一面,成为当代主体性话语中重要组成部分。受诠释学的影响,理解一词逐渐摆脱了日常用语与心理学的狭隘范围,成为最具张力的学术概念之一,以至于在各个领域,理解都成为一个重要的研究论域。② 受诠释学影响与推动,课程领域产生了"课程理解范

　　①　张汝伦:《意义的探究——当代西方释义学》,辽宁人民出版社,1986,第1页。
　　②　诠释被译介入我国后,各个领域逐渐形成了以"理解"为中心的研究主题,并出版了相应的研究成果。具有代表性的是由洪汉鼎主编的"诠释学与人文社会科学"丛书,包括:黄小寒的《"自然之书"读解:科学诠释学》,上海译文出版社,2002;章启群《意义的本体论:哲学诠释学》,上海译文出版社,2002;谢晖、陈金钊的《法律:诠释与应用》,上海译文出版社,2002;李建盛的《理解事件与文本意义:文学诠释学》,上海译文出版社,2002;杨慧林的《圣言·人言:神学诠释学》,上海译文出版社,2002;韩振、孟鸣岐的《历史·理解·意义:历史诠释学》,上海译文出版社,2002;刘耕华的《诠释学与先秦儒家之意义生成》,上海译文出版社,2002。除此以外,在艺术、教育、政治等各个领域均产生了以诠释学作为理论基础的研究专著。

式"。1995 年,派纳(W. F. Pinar)等人出版了《理解课程:历史与当代课程话语研究导论》。在该书中,派纳等人明确提出,以泰勒(R. W. Tyler)为基础与核心的"课程开发范式"的时代已经过去,自 20 世纪 70 年代以来,课程研究当属于"课程理解方式""课程开发:生于 1918 年,卒于 1969 年"①。不同于课程开发将课程研究视为一个确定目标、选择经验、组织经验与进行评价的一种科学程序,课程理解范式将课程视为一种"符号表征",并通过理解确定课程的多元化属性。因此,课程可以是历史文本、政治文本、种族文本、性别文本、现象学文本等各种文本,课程从一种程序化的操作转化为一种具有开放性的、多元化的解读,理解成了课程走向开放与多元的核心机制。自"课程理解范式"被确立并凸显以来,课程研究的重心便转向了课程理解研究,我国的课程论研究者以论文或专著的形式对课程理解进行了深浅不同的探讨,也形成了具有一定的本土化与实践性的研究成果。在"课程理解"研究推动下,作为主要课程核心内容的教材理解研究也逐步受到重视,并基于诠释学理论对教材的本质与意义体系、教材与教师之间的关系、教材与社会的关系等方面进行了广泛而深入的研究。

　　基于诠释学的教材理解研究虽然得到认可与重视,但在思维方式与话语体系上却难以进行实质性转换,难以和教师教材理解的实践密切关联起来,在一定程度上形成理论与实践的割裂。诠释学与"课程理解范式"的兴起为重新理解教师与教材的关系奠定了理论基础与基本方向,"教师教材理解"是表达、确定这种关系的核心概念。然而,相关理论研究总体而言呈现出三个基本特征:第一是"形而上学",即单纯地运用诠释学的概念与思维去重新表达教材理解,所形成的仅仅是一种基于诠释学思维的话语替代,缺乏思维与话语转换;第二是"关注局部",即在运用诠释学理论过程中,往往只采用海德格尔(M. Heidegger)、伽达默尔(H. G. Gadamer)的诠释学理论,以此来批判教师教材理解的知识中心主义和教材权威主义,忽视了教材理解实践的整体性和系统性,走向了另外一个极端;第三是"忽视实践",即教师教材理解的理论研究忽视了与实践的契合,缺乏对教师教材理解实践逻辑

---

　　①　派纳,等:《理解课程:历史与当代课程话语研究导论(上册)》,张华等译,教育科学出版社,2003,第 6 页。

的关注,所形成的研究成果难以对实践提供有效借鉴。正因为如此,虽然基于诠释学的教材理解研究早已进入研究者的视野并展开系统讨论,但并未对教学实践产生重要影响,特别是在教师教材理解行为的改变方面。

理论与实践的割裂急需建构具有"中层理论"性质的教材理解框架。"所有教育理论都需要联系教育实践"①,教材理解的理论研究不能居于空洞的说教,而需要与教师教学实践密切联系,以达成理论与实践的契合。从当前研究来看,要推进理论研究与教学实践的契合,其关键在于搭建二者之间的桥梁,以促进理论与实践的相互转化。因此,加强教材理解的"中层理论"研究,基于理论关照与实践需求,建构教师教材理解的合理框架,推进理论与实践的整合是当前教材理解研究的重要课题。

第二节　文献综述

已有研究成果是进一步深化问题认识,实现研究创新的基础与条件。为明确研究问题,寻找解决问题的创新路径,本书从相关概念、教材理解的内涵与价值、教材理解的范式与内容、教材理解的影响因素等方面对已有文献进行梳理,获得相关研究现状,并通过对研究现状的解读,对已有研究进行分析和审视。

一、相关概念研究

（一）教材概念研究

在很长一段历史时期,教材作为"权威知识"的载体一直被认可和使用。自杜威(J. Dewey)以来,从"知识中心"转向"学生中心",教材在本质、范围、表征等方面进行了重建。我国在新课程改革以后,受杜威教育思想、"课程

---

① 吴康宁:《何种教育理论？如何联系教育实践？——"教育理论联系教育实践"问题再审思》,《南京师大学报(社会科学版)》2019 年第 1 期。

理解"范式以及信息技术的影响,对教材的本质、功能与价值进行了系统探讨,教材的理解呈现出多元化趋势。

从当前我国对教材或教科书本质的探讨来看,主要存在以下几种观点。第一种是教学材料观。这种观点以杨启亮为代表,他认为在新课程理念下,培养规格的变化要求对教材的理解从知识观转向智慧观,"这种改变意味着教材是教学使用的材料,是引起某种关系理解、智慧活动的辅助性材料"[①]。第二种是学习材料观或学习资源观。这种观点从学习的角度看待课程或教材是"儿童中心"教育取向后的基本共识,但较为系统地把教材理解为"学习材料"的是沈晓敏。她认为在新媒体时代,教科书作为"主要材料"需要从"教学主要材料"向"学习主要材料"转变[②]。曾天山在其著作《教材论》中也有类似观点的表述,即认为"教材的本质特性是作为教学资源尤其是学习资源而存在的,其基本功能是教学功能"[③]。第三种是对话观。这种观点的代表人是周建平,他从生态式教育出发,认为教材不应仅仅是一种静态的"材料",还应该成为一个主动的"对话者",因此"在生态式教育视野中,教材不是'圣经',也不是'材料',而是一个'对话者'"[④]。第四种是活动观。这种观点是由苏鸿提出,他从教材结构出发,认为教材不仅包括教材内容,还需要包括内容的组织及其呈现的样态,因此"教材所反映的不仅是作为学习客体的文化,而且更重要的是反映作为主体的学习者认识客体的活动及其进程,并称之为教材的'活动本质观'"[⑤]。第五种是教诲观。这种观点的代表人物是石鸥,他认为教科书与其他文本相比,基本特征在于教诲性,"教诲性是教科书的根本属性,教科书的教诲性是无法逃脱无法避免的"[⑥]。第六种是文化标准观。这种观点的代表人物是吴小鸥,他认为从知识社会学角度

---

① 杨启亮:《教材的功能:一种超越知识观的解释》,《课程.教材.教法》2002 年第 12 期。

② 沈晓敏:《关于新媒体时代教科书的性质与功能之研究》,《全球教育展望》2001 年第 3 期。

③ 曾天山:《教材论》,江西教育出版社,1997,第 14 页。

④ 周建平:《生态式教育视野中的教材观》,《当代教育科学》2004 年第 9 期。

⑤ 苏鸿:《论中小学教材结构的建构》,《课程.教材.教法》2003 年第 2 期。

⑥ 石鸥、石玉:《论教科书的基本特征》,《教育研究》2012 年第 4 期。

思考教科书的特征是不可靠的,需要从教科书历史的角度进行完善。因此,从中国百年教科书的历史发展来看,"在演变过程中,教科书常常选择主导文化及突生文化为标准"①。高德胜也表达过类似的观点,他认为对教材的功能定位需要站在学生的立场,而"从学生立场来看,教材对学生来说,就是他们成长所必须的'文化母乳'"②。第七种是活动文本观。这种观点的代表人物是孙智昌,他从活动与交往出发,认为"教科书的本质是教学活动文本,它内在地包含着具有逻辑递进关系的三层含义:教科书的本质是教学性;教科书的本质是教学活动体系;教科书的本质是教学活动文本"③。

从以上主要观点来看,随着新课程理念的确定,对教材的认识在摆脱传统"圣经"式教材观的过程中,从不同的角度,基于不同的理论对教材的本质进行了观点纷呈的表达。从这些表达中,可以看出教材理解的几种转换:第一,从"教"的视角向"学"的视角转换,学生的学习是确立教材本质的基本立场;第二,从"知识本位"向"意义本位"转换,教材需要重视儿童经验与精神意义的建构;第三,从"静态式"理解向"动态式"理解转换,积极探寻教材如何合理进入教学活动之中。换句话说,回答什么是教材的问题需要基于学生学习,转向学生意义建构,在教学活动的动态过程中进行系统考察。

(二)理解概念研究

作为一个学术概念,理解主要产生于诠释学与心理学,教育学对理解的研究主要来自这两个基本领域。

1.诠释学中的理解内涵研究

诠释学的兴起使得理解成为一个重要的哲学范畴,"解释学揭示的是人类精神活动中的'理解'"④。理解的内涵伴随着诠释学思想的发展不断转

---

① 吴小鸥:《教科书,本质特性何在?——基于中国百年教科书的几点思考》,《课程.教材.教法》2012年第2期。

② 高德胜:《"文化母乳":基础教育教材的功能定位》,《全球教育展望》2019年第4期。

③ 孙智昌:《教科书的本质:教学活动文本》,《课程.教材.教法》2013年第10期。

④ 金生鈜:《理解与教育:走向哲学解释学的教育哲学导论》,教育科学出版社,1997,第31页。

换。在局部诠释学阶段,理解是读者通过语言规则获得作者"原意"的过程,如意大利语言学家瓦拉(L. Valla)认为"只有历史—语文学知识才使我们有可能理解那些包括《圣经》在内的不易理解的文本"①;在一般诠释学阶段,理解是读者通过"心理移情"重建作者精神世界的过程,如施莱尔马赫(F. E. D. Schleiermacher)所提倡的语言规则理解与"心理重建"的统一,以及狄尔泰"以生命理解生命"的理解观;在本体论诠释学阶段,理解是人存在的基本方式,如海德格尔(M. Heidegger)认为"理解是此在本身的本已能在的生存论意义上的存在,其情形是这个与其本身的存在展开着随它本身一道存在的何所在"②,以及伽达默尔(H. G. Gadamer)认为"能被理解的存在就是语言"③;在方法论阶段,理解是对文本自身意义的建构过程,如贝蒂(E. Betti)提倡的"理解在这里就是对意义的重新认识(re-cognition)和重新构造(re-construction)"④,利科(P. Ricoeur)通过将文本定义为"任何由书写所固定下来的任何话语"⑤使得"读者和作者的双重消失"⑥,赫施(E. D. Hisch)通过将意义划分为"含义"(meaning,德语为 sinn)和"意味"(significance,德语为 bedeutung),认为"本文含义始终未发生变化,发生变化的只是这些含义的意味"⑦。从诠释学整个历史来看,理解从技艺学走向认识论,再从认识论转向本体论,最后被综合为方法论,总体上体现了理解的认识谱系。

2. 心理学中的理解内涵研究

在心理学中,理解是一个认知概念,是被用来表示一种心智过程,主要指"通过揭露事物间的联系而认识新事物的过程,理解的水平随认知水平的

---

① 彭启福:《理解之思:诠释学初论》,安徽人民出版社,2005,第 14 页。

② 洪汉鼎:《理解与解释——诠释学经典文选》,东方出版社,2001,第 112—113 页。

③ 加达默尔:《真理与方法——哲学诠释学的基本特征(上卷)》,洪汉鼎译,上海译文出版社,1999,第 13 页。

④ 洪汉鼎:《理解与解释——诠释学经典文选》,东方出版社,2001,第 129 页。

⑤ 利科:《诠释学与人文科学》,孔明安、张剑、李西祥译,中国人民大学出版社,2012,第 107 页。

⑥ 同上书,第 108 页。

⑦ 赫施:《解释的有效性》,王才勇译,生活·读书·新知三联书店,1991,第 268 页。

变化而变化,和感性知觉结合在一起揭露事物的外部联系"①。当然,这一心智过程在不同的心理学家那里具有不同的内涵。信息加工理论的创立者加涅(R. M. Gagne)将理解视为信息加工的过程,这个过程的本质是心理编码;布鲁姆(B. Bloom)则将理解放入认知领域的第二个层次,是在识记的基础上形成知识结构的过程,并在理解的基础上才能产生运用、分析、综合与评价②;奥苏贝尔(D. P. Ausubel)的意义学习以"同化"为基本机制,强调学习材料的潜在意义与认知结构中起锚定作用的观念(relevant anchoring ideas)之间的联结,是一个"从所呈现的学习材料中获得新的意义"③的过程。建构主义则将理解视为一种主体积极的意义建构的过程,可以表现为认知意义上的"同化"与"顺应",也可以表征为文化意义上的"活动"和"社会交往"。总体而言,心理学中的理解侧重表达在学习过程中心理意义的建构。

3. 教育学中的理解内涵研究

哲学与心理学作为教育学的基础学科,教育学领域对理解内涵的规定主要是基于诠释学与心理学。具体而言,熊川武在《理解教育论》中从理解教育的角度将理解界定为"处于特定教育世界中的师生与理解对象沟通,在情感、认知与行为上筹划并实现生命的可能性"④。金生鈜、邓友超等从哲学诠释学出发重新厘定教育与理解的关系,认为哲学诠释学视野下的教育与理解应该从认识论转向本体论,形成一种"'教育是理解'或'教育即理解'"新型关系,把理解视为教育的本质规定性⑤。延续着哲学诠释学的道路,杨四耕将哲学诠释学具体到教学领域,对教学本质做出新的规定。杨四耕认为,不论在认识论意义上、方法论意义上,还是本体论意义上,课堂教学在本质上是理解活动,"在一般意义上,教学即对理解的自觉追求;在终极意义

---

① 林传鼎、陈舒永、张厚粲:《心理学词典》,江西科学技术出版社,1986,第372页。
② 安德森、索斯尼克:《布鲁姆教育目标分类学——40年的回顾》,谭晓玉、袁文辉等译,华东师范大学出版社,1998,第23页。
③ 奥苏贝尔:《意义学习新论——获得与保持知识的认知观》,毛伟译,浙江教育出版社,2018,第1页。
④ 熊川武、江铃:《理解教育论》,教育科学出版社,2005,第24页。
⑤ 邓友超:《教育解释学》,教育科学出版社,2009,第7页。

上,教学即理解。它们共同揭示了一个深刻的道理:教学的领域,是理解的领域"①。在国外,范梅南(M. V. Manen)从现实的、具体的儿童生活出发,认为"教育学(pedagogy)不仅可定义为某种关系或某种行为方式,而且,教育学使得一个际遇、一个关系、一个情境或活动变得有教育学意义"②,从而把教育学理解视为"体验一个具体的情境中的意义方面",一种"感知和聆听孩子的能力",一种"应用型理解(applied understanding)"③。范梅南的教育学理解是一种以热爱与关心为基础的伦理实践,是与教育机智一起使事件和情境具有教育学意义的关键。

从以上简述中可以发现,理解被关注与重视首先得益于诠释学的兴起,但诠释学中的理解概念侧重精神领域,不能完全包含现实教育活动中理解的所有"扇面"。作为一种综合性的教育活动,理解不仅具有精神领域的意义,也需要心理认知与社会交往中的意义,是一种综合性理解。这种综合的结构或关系我们还很难说清楚,因为这里隐含着心理、心灵与交往之间的复杂关系,但纯粹从教育学来看,诠释学的、心理学的甚至社会学的理解具有共同的基础,这就是意义,即理解总是对意义的理解。当然这里的意义并非仅仅指精神意义或生存论意义,还包括符号的指称对象、心理意义等。这些都需要站在教育学的立场给予详细的、充分的说明。

二、教材理解的内涵与价值研究

(一)教材理解的内涵研究

到目前为止,直接对教材理解进行概念研究的成果还非常少。从话语角度看,教师的教材理解在教学论视域内主要表现为教师"钻研教材",或者称之为"备教材",在课程学视域内则通常被称为课程理解。除此以外,"教材解读""文本解读"或"文本理解"等在一定意义上都成了教材理解的指

---

① 杨四耕:《课堂是一种态度:从"教学认识论"到"教学诠释学"》,华东师范大学出版社,2015,第73页。

② 范梅南:《教学机智——教育智慧的意蕴》,李树英译,教育科学出版社,2001,第43页。

③ 同上书,第113页。

称,蕴含着教材理解的内涵。

从"钻研教材"话语来看,一般把钻研教材视为备课的重要工作,是实现有效教学的重要环节。在研究中,实践者对如何钻研教材积累了丰富的经验。有学者认为,钻研教材应按照从全局到局部的顺序进行,需要首先学习课程标准,通读所任教阶段全套教材,然后研读全册教材和钻研一组(单元)教材,最后是深入钻研每一节课的教学内容①。李吉林认为,钻研教材最要紧的是钻研教材所蕴含的思想,"教师必须揣摩清楚作者写这篇文章主要表现的是什么,即教师必须掌握教材的中心……把握了中心,就要进一步把握教材的重点、难点、特点"②。于漪认为,"选为教材的每篇文章由于社会背景、个人经历、写作意图等的不同,有各自的写作思路,各自遣词造句的特点。钻研教材时当然应该弄清它们的来龙去脉,深究底里"③。可见,基于教学实践的"钻研教材"从实践的角度丰富教材理解的内涵,"钻研教材"是教材理解的实践样态。

从"课程理解"话语来看,由于教材概念与课程概念的密切关系,教材理解与课程理解内涵较为相似。课程研究从开发范式转向理解范式的系统确立是派纳(W. F. Pinar)等所著《理解课程》的问世。派纳等人认为,课程是实践与符号的结合,课程定义需要"从学校材料(school materials)转向符号表征"④,通过这种转换,可以以不同的方式确认与分析那些制度性和推论性的实践、结构、形象和经验,进而可以以开放的态度把课程理解为历史文本、政治文本、种族文本、性别文本、现象学文本、自传文本、美学文本、神学文本、制度文本、国际文本,以及后结构主义的、解构的、后现代文本等。因此,派纳等人认为"把课程理解为符号表征的努力,在相当程度上确立了当代课程领域"⑤。在派纳研究的基础上,我国学者兴起了"课程理解"研究。从内涵

---

① 丁步洲:《课堂教学策略与艺术》,重庆大学出版社,2013,第36—37页。
② 李吉林:《小学语文情境教学——李吉林与青年教师的谈话》,人民教育出版社,2003,第67页。
③ 于漪:《于漪语文教育论集》,人民教育出版社,1996,第138页。
④ 派纳,等:《理解课程:历史与当代课程话语研究导论(上册)》,张华等译,教育科学出版社,2003,第15页。
⑤ 同上书,第16页。

来看,我国学者对课程理解的界定与派纳基本一致,如张华认为"课程理解是对课程现象、课程'文本'、课程事件之意义的解读过程"①;孙宽宁认为"课程理解就是课程理解者与课程相遇时,在特定时空中相互作用,彼此对话、交流,从而共生意义的活动"②等。课程理解的主体主要是教师,在对课程理解内涵进行把握的基础上,不同研究者对"教师的课程理解"的内涵进行了研究,具有代表性的观点有:余娟、郭元祥认为"教师的课程理解是基于具体的课程情境,通过与其课程文本的对话与交流,形成一整套合价值、合目的、合规律的教育理念和对课程问题最基本的判断"③;陈丽华认为"教师的课程理解是指教师基于自身的知能情意与思维方式方法在具体的情境中对课程现象、文本、事件等方面理解的过程,相对来说,其中教师对课程文本的理解是显性而常规的"④;徐继存认为"课程理解界定为教师通过对课程的解释或释义来把握课程意义的过程,而这一过程同时就是教师的精神生命的丰富和发展的过程"⑤;王明、李太平认为"教师课程理解是教育实践中的一种普遍现象,它集中体现为课程实施过程中,教师基于自身的知识、经验等对课程文本进行个性化解读与意义赋予的活动,其不仅关系到课程目标的有效达成,而且直接关涉到教师生存状态的改善与提升"⑥;程良宏认为"教师的课程理解就是教师以课程主体身份对其既有课程教学经验的价值和缺陷进行客观审视,对外来教育改革理论和要求理性分析基础上根据自己的教学实际做出的符合学生发展的教学决断"⑦;刘家访认为"教师的课程

① 张华:《走向课程理解:西方课程理论新进展》,《全球教育展望》2001 年第 7 期。
② 孙宽宁:《课程理解的理想与现实——一种教师自我关怀的视角》,山东人民出版社,2010,第 47 页。
③ 余娟、郭元祥:《教师的课程创生:意蕴与条件》,《教育发展研究》2009 年第 12 期。
④ 陈丽华:《教师课程理解:意蕴与转向》,《全球教育展望》2012 年第 3 期。
⑤ 徐继存:《课程理解的意义之维》,《教育研究》2012 年第 12 期。
⑥ 王明、李太平:《关注"课程精神"——解释学视角下教师课程理解的合理取向》,《中国教育学刊》2012 年第 7 期。
⑦ 程良宏:《教师的课程理解及其向教学行为的转化》,《全球教育展望》2013 年第 1 期。

理解是教师基于本身的认识、知识背景、教学理念等对教科书及其运作方式的理解"[1]。从以上梳理可以看出,研究者对教师课程理解的研究多基于课程视角,从诠释学出发,遵循"课程理解范式"的基本含义与旨趣,具体到教师主体,探讨教师对于所有课程现象、事件、内容等的"意义生成",寻求教师与课程的矛盾性与同一性。这种理念上的确认为教师教材理解提供了基本的前提。

在当前文献中,直接对教材理解进行内涵研究的尚少。从现有文献来看,直接对教师教材理解进行界定的是申大魁,他认为"教师教材理解是指教师基于自身的专业知识、专业素养以及教材观,对教材意义的解读过程"[2]。除此以外,也有学者从学科角度阐述教师教材理解的内涵,如李静将教师教材理解界定为教师基于自身的专业素养和教育教学经验,树立正确的教材观,能够熟悉、理解、掌握、内化部编版小学语文教材编写理念、知识编排和组织结构等,建立教师与部编版小学语文教材之间良好的交流互动,从而提升小学语文教师专业素养的过程。[3]

从当前对教师教材理解的内涵研究来看,教师教材理解尚未形成独立的研究概念,它要么被包含在教师课程理解之中,以课程理解的理念与范式为基础,对教师教材理解进行演绎式推论;要么蕴含在教学实践之中,以"钻研教材"实践活动的经验总结进行替代,而真正以教师教材理解作为专门概念与分析对象,探究教师理解的内涵、意蕴、规律等的研究还处于萌芽阶段,并无系统的、明确的理论意义上的说明与解释。因而,将教材作为一个独立于课程与教学的概念,从课程或教学视角分析教师教材理解,在具体化课程理解与指导教学实践之间构建一个"中层"概念,是促进当代理论与实践结合研究的重要课题之一。

(二)教师教材理解的价值研究

与教师教材理解的内涵研究相似,教师教材理解的价值判定也往往蕴

---

① 刘家访:《教师课程理解研究》,福建教育出版社,2014,第28页。

② 申大魁、田建荣:《教师教材理解:概念、类型及转向》,《教育理论与实践》2014年第22期。

③ 李静:《小学语文教师教材理解现状及对策研究》,宁夏大学硕士学位论文,2022,第5页。

含在"钻研教材""课程理解""教材解读"等话语之中。从这些话语中归结起来,教师教材理解的价值主要体现在三个基本方面,即课程研究、有效教学与教师专业发展,这也构成了思考教师教材理解的三个基本视域。

从课程研究来看,教师教材理解是课程研究基本范式的具体化或运用,因此教师教材理解首先具有课程论意义。从美国课程论专家派纳明确提出课程理解范式开始,教师的教材理解就具有了作为课程研究范式转向的意义。这正如派纳所言:"一群理智上僵化而无生气的传统课程专家在教授那些传统的纲要式的教科书——比如,第一本教科书写于 1954 年——这些教科书描绘了一个已不再存在的课程领域。"①罗生全在回顾我国 70 年课程研究范式基础上认为"迎接新的时代挑战,课程研究范式也需顺势而为,应从'技术—控制'走向'文化—社会'建构,从'悬置—静止'走向'关系—意义'生成,从一元化的理解式建构走向本土变革式理论创生"②。范式的更替意味着课程论研究的主旨、问题、方法、内容等的系统转换,教师教材理解也伴随课程理解范式的凸显而具有了课程论意义。

从有效教学来看,教师的教材理解是实现有效教学或深度教学的重要基础。程良宏认为"当下对教师课程理解的关注和研究,需要在厘清其涵义的基础上进一步探讨教师课程理解向教学行动的转化,以推进课程改革的有效实施、促进教师教学创新和专业发展"③,并通过教师课程理解的构成与转化路径分析指明了这种转化的逻辑与途径;沈伟、黄小瑞以量化的方式揭示了教师的教学投入与课程理解的关系,认为功利型教师持"教程"观,创生型教师持"学程"观,改编型教师"学""教"兼顾,复制型教师持"教程"观④;实践者丁生军认为"教师的课程理解包含众多方面,其中对课程理念、课程

① 派纳,等:《理解课程:历史与当代课程话语研究导论(上册)》,张华等译,教育科学出版社,2003,第 5 页。

② 罗生全:《70 年课程研究范式的回顾与展望》,《湖南师范大学教育科学学报》2019 年第 3 期。

③ 程良宏:《教师的课程理解及其向教学行为的转化》,《全球教育展望》2013 年第 1 期。

④ 沈伟、黄小瑞:《课程改革背景下教师的教学投入与课程理解:基于初中教师的实证调查》,《教育发展研究》2016 年第 4 期。

目标、内容标准等因素的理解深远地影响着教学目标的制定"①。这一价值取向表明,教师的教材理解是受教师教学观念的影响,是教师制定教学目标、优化教学内容、设计教学活动、选择教学方式以及进行教学管理与评价的基础。

从教师专业发展来看,教师教材理解与教师的自我理解及其专业发展紧密相连。余闻婧分析了教师自我意识与课程理解的辩证关系,认为"现实的'课程理解'就是教师追求自主性和共同性的意识融合"②;杨进红认为"课程理解为农村教师提供了专业自主发展的空间,促使其去理解和反思自己的专业价值,从而走向以'理解'和'反思'为核心的专业发展之路"③。依据伽达默尔等人"理解即自我理解"的理论旨趣,教师的教材理解在核心意义上是一种自我理解,是教师依据自身的知识基础、生活经验、教育信念的集中性表现。因此,教师的教材理解既为教师的专业发展提出了挑战,同时也是教师专业发展的重要机制与途径。

从这些研究来看,教师教材理解研究既是促进课程理解范式转向的有效途径,也是实现有效教学的重要基础,同时对于教师专业的自主性发展也起到了积极的推动作用。从一定意义上说,教师教材理解是课程理论发展、教学实践效果以及教师专业成长的结合点。

三、教师教材理解的范式与内容研究

(一)教材理解的范式研究

范式是库恩(T. S. Kuhn)在《科学革命的结构》中详细论述的概念。库恩认为具有范式特征的科学成就具有两个特点:"一方面,范式代表着某一科学共同体的成员所共同分享的信念、价值、技术以及诸如此类东西的集合;另一方面,范式又是指集合中的一种特殊要素——作为模型或范例的具

---

① 丁生军:《课程理解对教学目标制定的影响探微》,《中学地理教学参考》2013 年第 6 期。

② 余闻婧:《教师的自我意识与课程理解的辩证关系》,《全球教育展望》2017 年第 7 期。

③ 杨进红:《基于课程理解的农村教师专业发展突破路径》,《中国教育学刊》2015 年第 11 期。

体解决问题的方法。"①因此,共同的价值信念与共同的方法论是范式的基本特征。借用范式的概念,从不同的话语中,可以窥见研究者对教师教材理解的范式分析。

在相关研究中,杨道宇、温恒福认为对课程理解中的本体论、认识论、方法论和价值论的不同回答方式构成了不同的课程理解范式,并以此为依据将课程理解分为三种基本范式:复原说、商谈说与主观建构说。复原说主张实在主义的本体论、主客分离的认识论、客观诠释的方法论、基于重现的价值论;商谈说坚持基于协商的本体论、主客交融的认识论、视界融合的方法论、基于事情本身的价值论;主观建构说则相信多元主义的本体论、主观主义的认识论、霸权主义的方法论、不可通约的价值论。② 程良宏将课程理解分为"事实存在"的课程理解和"实践生成"的课程理解,前者指既定的客观科学知识的文本事实,后者指课程主体在教学实践中不断形成的活动与经验,并主张"课程理解的'实践生成'转向,是超越'事实存在'课程理解观的偏狭桎梏,思考课程改革再出发的需要"③。杨艺伟从课程文本理解出发,认为"文本复原范式"与"过度诠释范式"是课程文本理解的传统范式,进而以发展学生的思维力、判断力与实践力为基本旨趣,提倡课程文本理解的"实践理解范式",主张课程文本理解应以"善"为最高指向,培养实践理性、提升实践判断力。④ 申大魁将教师教材理解的范式概括为"意义复原式理解"与"意义创生式理解",并认为"从意义复原式转向意义创生式是教师教材理解的应然取向"。⑤ 李广、孙玉红致力于教材理解的深度范式的建构,认为"教师教材理解包含教师对教材知识、教材组织逻辑、教材价值、教材时代使命

---

①　Kuhn,T. S. ,The Structure of Scientific Revolution,University of Chicago Press,1962:175.

②　杨道宇、温恒福:《课程理解的三种范式》,《教育理论与实践》2010 年第 22 期。

③　程良宏:《从事实存在到实践生成:课程理解的转向》,《全球教育展望》2014 年第 6 期。

④　杨艺伟:《课程文本理解的范式转向研究》,西南大学硕士学位论文,2019,第 38—40 页。

⑤　申大魁、田建荣:《教师教材理解:概念、类型及转向》,《教育理论与实践》2014 年第 22 期。

的理解等"①，并从本体理解、价值理解与应用理解三个维度探讨教材理解的深度范式；李松林从有效课堂出发，认为学科教材理解需要突破经验范式，转向"教学论范式"，即"教师必须从目标（为何而理解）、内容（理解什么）、行为（如何理解）和水平（理解得如何）四个维度，确立新的学科教材理解方式"②。

从以上不同话语中对教材理解范式的研究来看，教材理解的范式以诠释学中理解范式的转变为基础，以当代教育对人类生命质量与生命意义提升为指向，以基本旨趣、意义机制、理解过程与方式等为维度，对教师如何理解教材进行了分析。其研究主要包括两个基本方面：一是横向性的批判——建构研究，即从批判诸如意义复原范式的传统教材理解范式出发，以存在论诠释学或文本诠释学为基础，构建符合当代教育理念与方法的教材理解范式；二是从浅层学习与深层学习出发，以深层教学为指向探讨和建构教师教材的深度理解范式。这些范式研究从最为基础的理论理念层面为教师教材理解提供了借鉴。

（二）教材理解的内容研究

"理解什么"是教师教材理解研究的重要方面。当前研究者主要从课程理解视角、有效教学视角与教学操作经验视角对教师教材理解的对象与内容进行相关分析。

从课程理解视角来看，瑞米拉德（T. J. Remilard）与赫克（J. D. Heck）依据古德莱德（J. I. Goodlad）的课程层级观，认为教材的使用必须经历四层转化，即第一层是教育权威和（或）政府部门编写和设计的法定教材，第二层是教师为落实课程目标设计的合适教材，第三层是教师在教学中运作的教材，第四层是学生在学习中体验的教材③。刘家访认为教师课程理解的对象应该包括课程文本、课程本体与课程运用三个方面，其中课程文本包括"课程开发""学科课程标准""教科书体系与结构""教科书编撰"四个方面；课程

---

①　李广、孙玉红：《教师教材理解范式的深度变革》，《教育研究》2019 年第 2 期。

②　李松林：《论教师学科教材理解的范式转换》，《中国教育学刊》2014 年第 1 期。

③　Remilard. J. T. & Heck. D. J.，"Conceptualizing the Curriculum Enactment Process in Mathematics Education". ZDM Mathematics Education,2014,46(5):705—718.

本体包含了"课程目标的制定""课程内容的选择""课程组织的实施""课程评价"四个部分;课程运用包含"教学任务""教学环境""教学技术""教学过程""教学环节"等课程实施过程。三者的关系为"从层次上是从课程文本到课程本体再到实际运用的课程,具有从理论形态转向实践形态的倾向"①。杨道宇认为"课程理解既包含认识论旨趣,又包含本体论旨趣"②,课程理解需要追求课程"意义"与"意味","意义"表现为对客观化课程文本中的作者意图和课程文本符号所指称的事物;"意味"则表现为课程文本对于读者的生存论意义。陈丽华认为,教师的课程理解应包括课程现象、文本与事件,"其中教师对课程文本的理解是显性而常规的"③。鲍道宏认为,教师的课程理解包括对课程目标的理解、对课程内容的理解、对教学的理解以及对课程评价的理解四个方面。④

从有效教学视角看,李松林从深度教学出发,认为深度的学科教材解读需要:从学科教材理解的目标来看,需要教师利用教材中最有价值的知识来促进学生的学习与发展;从学科教材理解的内容来看,需要理解"教材知识的类型与层次""教材知识的性质与价值""学科教材的要素与结构""课程的目标与精神";从学科教材理解的行为来看,需要采用"双基—多维""外表—内核""局部—整体"三种技术路线;从学科教材理解的水平来看,需要追求渗透度、简洁性与准确度⑤。李广、孙玉红从"培养什么人""怎样培养人"和"为谁培养人"三个维度出发,认为教师教材理解的深度范式需要通过教材本体理解促进课程开发与专业发展相促进,通过教材价值理解促进逻辑取向与价值追求的融合,通过教材应用理解促进文本解读与意义建构走向统一⑥。

①　刘家访:《教师课程理解研究》,福建教育出版社,2014,第31—42页。
②　杨道宇:《意义与意味:课程理解的双重追求》,《教育理论与实践》2014年第13期。
③　陈丽华:《教师课程理解:意蕴与转向》,《全球教育展望》2012年第3期。
④　鲍道宏:《课程理解:制度与文化"新基点"》,江苏教育出版社,2011,第31—32页。
⑤　李松林:《论教师学科教材理解的范式转换》,《中国教育学刊》2014年第1期。
⑥　李广、孙玉红:《教师教材理解范式的深度变革》,《教育研究》2019年第2期。

从教学操作经验视角看,窦桂梅认为,语文教材解读需要破解语言密码(课文中具体的语言文字)、发现结构密码(课文中的写作特点)、阅读相关材料(与课文相关的文字图片)。① 谭念君认为,尊重教材解读教材是创新处理教材的基石,因此,教材解读需要把握教材的整体性、理解教材编写意图、抓住教材重点和难点以及挖掘隐含的数学思想方法②。刘全祥认为,数学教材解读需要:站在成人的角度读一读,厘清知识是什么;站在编者的角度读一读,弄清编者为什么这样编排;站在儿童的角度读一读,选择儿童容易接受的角度③。江风等认为,语文教材解读需要深入解读课程内容、发现课程结构的精妙、提供阅读理论指导④。

从以上研究可以看出,从不同视角展开的对教材理解对象与内容的研究具有不同的抽象程度与表达方式。课程视角主张教材理解的层次化,希望通过理解使教材能够在不同抽象层次的课程之间进行转化;教学视角则从活动角度,对教材与教师、学生之间的互动关系进行分析;操作视角则侧重将教师对教材理解的操作过程进行设计。不同视角下的教材理解都表明一个共同的认识,即教材理解过程是一个具体化、情境化的过程,最终要落脚到学生学习与发展这个基本点上。

四、教师教材理解的影响因素研究

教师教材理解的影响因素研究早期主要出现在教师"钻研教材"话语中,课程理解范式兴起后,又主要体现为"教师课程理解的因素"或"教师教材解读因素"话语。从研究来看,大致可以分为三个主要方面:教师个人因素、社会环境因素与文化价值因素。

从教师个人因素来看,研究者往往从教师个人的知识、能力、体验、情感、责任、态度等方面去分析教师各自素质是如何影响教材理解的。如李冲

---

①　窦桂梅:《回到教育的原点》,漓江出版社,2015,第76—78页。
②　谭念君:《小学数学教材处理的智慧》,湖南师范大学出版社,2011,第24—34页。
③　刘全祥:《提大问题,做大气的数学教师》,上海教育出版社,2015,第35—39页。
④　江风:《适于脑的语文教学》,山东教育出版社,2015,第94—108页。

锋认为,影响教师课程理解的内部因素包含了教师既有知识、教师个体能力、教师个体经验、教师情意态度四个方面[①];鲍道宏认为,教师责任感、教师专业知识、教师熟悉的教学模式及其效能是影响教师课程理解的自身因素[②];宋维玉在总结教师课程理解的形成与演变中认为"经验是教师产生多元课程理解的重要原因"[③]等。

从社会环境因素来看,教师所处时空环境也是影响教师教材理解的重要因素。如马云鹏认为,教师的工作环境,包括培训、管理监督、地理环境和可利用资源是影响教师教材理解的因素[④];李冲锋认为,教师的时间因素、财务因素、环境因素等外部因素也影响着教师的课程理解,并且,当外部因素不能很好地满足教师发展需要时,外部因素在教师专业发展中起决定作用[⑤];鲍道宏认为,新课程方案及其培训(课程的理念更新、课程内容结构的变化、新课程评价变化、新课程培训)与教育环境(课程资源、教师文化与学校制度、班级组织)是影响教师课程理解的重要因素[⑥]等。

从文化价值因素来看,教师所处历史时代的教育理念与价值观、课程与教学观等也是影响教师教材理解的重要因素。如鲍道宏认为,教师所处社区的价值观与期望构成了教师课程理解的重要文化环境[⑦];郑志辉、伍叶琴、皮军功认为,传统文化、社区价值观、园本文化是幼儿园教师课程理解的文化因素[⑧]等。

当然,各种因素并非独立存在,而是作为一个整体,正如有学者所言,历

① 李冲锋:《教师课程理解及其影响因素探析》,《全球教育展望》2002 年第 11 期。
② 鲍道宏:《课程理解:制度与文化"新基点"》,江苏教育出版社,2011,第 160—170 页。
③ 宋维玉:《教师是怎样理解课程的?——青海省某县九位教师课程理解的叙事探究》,东北师范大学博士学位论文,2017,第 183 页。
④ 刘家访:《教师课程理解研究》,福建教育出版社,2014,第 21 页。
⑤ 李冲锋:《教师课程理解及其影响因素探析》,《全球教育展望》2002 年第 11 期。
⑥ 鲍道宏:《课程理解:制度与文化"新基点"》,江苏教育出版社,2011,第 125—155 页。
⑦ 同上书,第 156—160 页。
⑧ 郑志辉、伍叶琴、皮军功:《幼儿教师课程理解的内涵、现状及其社会文化影响因素》,《学前教育研究》2010 年第 5 期。

史教师的教材理解是"历史教材编写形态、历史教师专业素养、历史教学环境合力作用的结果"①。

除此以外,教师教材理解研究在方法上也逐渐由单一的理论研究转向定性与定量相结合,演绎与归纳相结合。如,刘家访在建立教师课程理解分析框架的基础上,通过问卷调查与访谈对教师教科书理解的现实样态进行分析与判断;宋维玉以叙事为主要方法对青海省九位教师的课程理解进行了归纳式分析。

五、相关研究评述

教材理解既是一个古老的话题,也是一个新的话题。说其古老是因为自从有了制度化教育,就有了教材理解;说其新是因为传统的教材理解因教材本质与传统教育观念的束缚,仅仅是将其视为一种知识的复现,教师在理解教材过程中的自主性与创造性并未凸显出来。从教育历史来看,诠释学的发展及其在当代的兴盛,以及基于此的课程理解范式的转向为教师的教材理解打开了一扇新的门,透过这扇门,我们可以窥见教师教材理解新的观念与方式的兴起。

从现有研究来看,通过对传统教材理解范式的批判,基于诠释学与课程理解范式的教师教材理解研究逐步敞开,对教师教材理解的理论基础、内涵价值、范式内容等得到初步研究,取得了初步性研究成果,为继往开来的深入研究奠定了坚实的基础。但从批判的角度看,这些研究还存在以下不足。

(一)缺乏有效教学角度

从研究视角来看,教师教材理解研究主要是基于诠释学与课程理解范式的研究,缺乏从有效教学角度,把教师教材理解视为教学活动重要组成部分的研究。一种研究视角决定了一种思维方式和话语体系,同时也决定了该研究成果的学科意义与适用范围。从当前来看,关于教师教材理解的研究大多从以下两个基本视角展开。

第一种视角是哲学诠释学视角。在很大程度上,教师教材理解再次受

---

① 刘桂奇:《历史教师运用教材的影响因素》,《高教学刊》2015 年第 3 期。

到重视并督促人们展开系统研究是在哲学诠释学的驱动下形成的。在传统以知识为中心的教学中,教师教材理解的核心表现为对教材知识的认识,备教材就是获得学科的系统知识的过程,缺乏对文化、学生与教师自我的关怀。自诠释学引入我国后,诠释学特别是哲学诠释学对人的本质、存在方式、价值意义等做了系统性的思考,并把"理解"作为生成"本真人"的基本方式。从核心意义上看,诠释学是人文科学理论,从狄尔泰将理解作为人文科学方法论之后,海德格尔、伽达默尔等无不是从人、文化、历史、语言等方面充分地去发现人的本真状态,并将其作为人文科学研究的基本旨趣与方法论基础。正是在诠释学的关照下,教师的教材理解开始从"知识认识"走向"人文关怀",开始从知识扩展到人、文化、历史、生活世界等各个方面,形成了一种以教材为核心的关系性思考模式。但当研究者从这一视角对教材展开研究的时候,又不可避免地陷入了话语体系难以转化的困境,总是以哲学诠释学中的理解、间距、前理解、诠释学循环等概念来"套"入教师教材理解之中,玩起了文字游戏。

　　第二种视角是课程理解范式视角。派纳的《理解课程——历史与当代课程话语研究导论》一书被译介入我国,对我国落后的课程论研究而言,犹如找到了一盏指明灯,向我们指出了课程论研究的基本方向。这正如该书的译者在序言中指出的那样,"中国课程领域尽管没有发育出成熟的课程开发范式,但并不意味着中国要重复西方课程开发范式的发展过程。恰恰相反,中国应在一开始就基于课程理解范式与西方展开广泛而深入的'会话',在会话中形成中国自己的课程理解"[①]。这种发展方向得到了研究者的认同,近20年来,国内学者纷纷对课程理解进行理论分析与本土化建构。自2001年张华在《全球教育展望》上发表《走向课程理解:西方课程理论新进展》一文以来,到2022年,与"课程理解"直接相关的研究论文达到146篇,课程理解成为我国课程领域研究的重要内容之一[②]。硕博论文与课题研究

　　① 派纳,等:《理解课程——历史与当代课程话语研究导论(上册)》,张华等译,教育科学出版社,2003,译者前言。
　　② 李茂森:《我国课程理解研究:回顾与展望——基于2001~2018年的CNKI核心期刊论文分析》,《上海教育科研》2019年第10期。

也逐年增多,所涉及的内容也逐渐全面,对我国课程论的推进起到了巨大的作用。虽然从逻辑上看,"课程理解"包含了"教材理解",但"课程理解"与"教材理解"毕竟属于两个不同的学术概念,课程的宽泛性与教材的具体性有本质的区别,课程理解的自由性与教材理解的规定性之间也不可同日而语。在我国,课程与教学在传统中属于两个不同的基本领域,课程对应的教育问题是"教什么",而教学对应的教育问题是"怎么教";课程侧重对内容进行选择与组织,教学侧重对活动进行规划与设计。虽然21世纪初,在美国课程论影响下,我国试图重建课程与教学的关系,尝试以"课程与教学论"来取代传统的课程论与教学论,但从当前来看并不成功,不管是在理论话语还是实践话语中,课程与教学仍然是作为两个基本概念来使用的。因此,基于课程论的课程理解虽然在逻辑上包含了教材理解,但却并未真正触及课堂教学的本质与核心,并未与教学实践产生紧密的关联,以至于无法为教学实践提供有效指导。

正因为如此,教师的教材研究需要有新的视角,需要将具有形而上学性质的哲学诠释学视角与课程理解范式视角转化到具体的教学活动之中,使理解性教育能够真正地与教学实践关联起来,更为具体地指导教师的教学实践。而这个视角就是教学活动视角,它指向有效教学或深度教学,从教学的具体活动过程,基于教师的教学活动实践来探讨与分析教师教材理解的基本观念、维度、过程与方式等。

(二)缺乏"中层理论"的建构

从研究层次来看,教师教材理解研究主要集中在宏观的理论转变层次与微观的经验总结层次,缺乏居于二者之间的"中层理论"的建构。

作为一种具有强烈实践性特征的学科,教育学研究具有系统性,既需要在思想观念上进行更新与转变,也需要对教育实践进行有效指导。从当前对教师教材理解的研究来看,研究层次主要是宏观层次的理论认识与微观层次的经验总结,并且二者在本质上存在脱节,而沟通这二者的关键在于"中层理论"的建构。

"中层理论"是美国社会学家默顿在《社会理论与社会结构》中提出的概念。默顿认为,理论这个概念可以指向从工作假设到公理体系中间的任何一个层面的对象,这种指向的多元性导致了理论一词的含混不清,因此他的社会学理论特指的是"中层理论"。所谓中层理论,指的是"介于社会系统的一般理论和对细节的详尽描述之间"①,它"既非日常研究中广泛涉及的微观但必要的工作假设,也不是尽一切系统化努力而发展起来的用以解释所能观察到的社会行为、社会组织和社会变迁的一致性的统一理论,而是指介于这两者之间的理论"②。中层理论既排斥微观细节工作的烦琐性,又排斥"宏达理论(grand theory)"的形而上学,希望在抽象综合性理论与具体经验性命题之间架设一座桥梁。从人类整个学科体系来看,教育教学本身就具有中层理论的特征,它介于实践行动与哲学、心理学、社会学等之间。从教师教材理解研究发展来看,经过多年理论式的宏观研究,教材理解的基本观念与范式转向已经基本形成,而基于"钻研教材"的教师教材理解实践的经验总结研究也逐步脱离传统的知识取向与忠实取向,形成一些优秀的经验总结,但在宏观理论研究与微观经验总结之间仍然存在教材的割裂,因此需要"中层理论"来融合二者,以使教师教材理解在诠释学或课程理解范式——课程——教学之间形成一个系统的谱系。因此,从中层理论角度对教师教材理解的合理性进行研究既避免了依据"套用"诠释学的话语体系来"重新"表述教师的教材理解,又克服了以经验总结的方式的随意性,可以有效达成哲学诠释学与教材理解实践行为之间的沟通与整合。

(三)缺乏发生学思维

在一定程度上,研究的创新来自研究方法的创新,运用新的思维方式与操作方法来探究某个问题会带来新的研究成果。从当前研究方法来看,教师教材研究重视"横断式"研究,而忽视了发生学研究,从而推崇教师教材理解的范式转向,使得教师教材理解的传统范式与当代新范式之间形成割裂。这既是一种片面追求的表现,也为教师进行教材理解带来了困惑与困境。

"横断式"研究注重运用新理论、新视野、新理念来思考相关问题,注重范式转型与理念替代,往往对传统采取批判与抛弃的立场与态度。在当前

---

① 默顿:《社会理论和社会结构》,唐少杰、齐心等译,译林出版社,2008,第51页。
② 同上书,第50页。

教师教材的研究中,大多理论研究者受到诠释学与课程理解范式的深刻影响,对传统教材理解范式极尽批判,不屑一顾,希望在新的理念与范式下对教师教材理解进行范式转型,极力提倡意义创生与自我理解。因此,从本质上看,"横断式"研究不是从历史的角度,对传统教师教材理解进行扬弃,而是采取概念重建,希望进行一场彻底的革命。教育改革具有其自身的规律性,它不是一种彻底的推翻或概念重建,而是一个渐进的过程,是通过扬弃的方式对传统的批判性反思与更新的过程。这正如王策三在反思新课程改革时指出的那样:"教育、课程、教学等在其改革发展的道路上,充满了变数和偶然性,反复无定,很难把握,任何简单的决定论观点都是错误的,轻易地谈论教育规律并对规律作机械的理解也是肤浅的。"①我们对教师教材理解的研究不能抛弃传统"钻研教材"的精髓而"另起炉灶"。"课程改革不是新课程模式的简单移植,不是由研究者到开发者而至教师的线性的、直接的、强制的过程,而是协商和转化的过程"②,是一个学习传统、继承传统,并在此基础上改掉不合理的成分,注入新的成分,使其更好地适应社会发展需要的过程。而破除这种"横断式"研究的不足就需要从方法论上确立发生学的研究,即对意义的关照不仅仅要注重生存论意义,也要注重其发生根源,要在施莱尔马赫、狄尔泰、海德格尔、伽达默尔以及利科等的思想关联中去寻求不同意义的转化与生成过程,建立意义的发生学与谱系,在客观与主观、单一与多元、理论与实践之间建立沟通的桥梁,在关系中把握教师教材理解的历史特征。

　　正是在这样的思考中,本书致力对意义发生说的考察,对意义的不同层次、类型以及转化进行分析,对理解的丰富内涵进行揭示,以扬弃的态度与方式揭示教师教材理解的系统维度与过程。

---

　　①　王策三:《"新课程理念""概念重建运动"与学习凯洛夫教育学》,《课程.教材.教法》2008 年第 7 期。

　　②　施光跃、李荣、郇旭东:《新课程与教师专业化发展》,合肥工业大学出版社,2007,第 15 页。

第三节 研究的目的、意义、思路与方法

一、研究目的

本书基于诠释学与教师教学实践,立足"中层理论"视角,试图建构教师教材理解的合理维度与过程。具体而言,包含几个基本目标:①梳理与建构相关概念,划定研究范围与核心问题;②对教师教材理解现状进行考察,分析教师教材理解实践的问题及其成因,明确问题指向及其研究的实践价值;③对诠释学中的理解的合理性进行梳理,从教育学视野出发,以扬弃的态度与方式对理解进行反思;④在现状考察与理解的合理性反思基础上,结合教材的本质、功能,教师教材理解的基本旨趣,建构教师教材理解的理论基础;⑤对教师教材理解的合理维度与过程进行分析,明确教师教材理解的内容与方法。

二、研究意义

(一)理论意义

1. 有助于形成现代教材观

对教材的理解与认识是教师进行教材理解以及开展教学活动的基础,教材观是教材理解观以及教学观的核心组成部分。从历史发展来看,伴随着社会的发展与教育教学观的转变,教材经历了从"蓝本"到"文本",从"'教'材"到"'学'材",从"知识"到"文化"等众多转变。这些转变在契合社会发展与教育发展的同时,也在不断推动着教育与社会发展。从理解的角度系统思考教材本质问题,并以"中层理论"视角探讨教师教材理解问题是站在历史当代与未来的角度对教材的本质、功能、结构等进行系统的审视与重建。这种重建对于在新的历史时代中,在新的理论思想中建构指向当下与未来的教材观具有重要的推动作用。

2. 有助于推进"教学诠释学"

"教学诠释学"不是将文学诠释学、历史诠释学、科学诠释学等简单移植到教学领域之中,而是基于诠释学的基本观念、原则与方法,结合教学作为一个独立的学科领域所彰显的特殊价值与功能所形成的一种特殊的教学论形态。当前对"教学诠释学"的研究往往还处于一种"移植"状态,主要表现在两个方面:一是套用诠释学的基本概念,将诸如理解、间距、诠释学循环、意义生成等概念套入教学论之中,缺少从教学论立场,采用教学论思维方式与话语体系,形成一种"概念搬移"现象;二是在采用的诠释学理论中,往往只偏重海德格尔、伽达默尔一脉的诠释学思想,忽视了其他诸如施莱尔马赫、狄尔泰、贝蒂、赫施、利科、哈贝马斯等的诠释学思想,从而缺乏一种整体性与发生学的视野。本书以教师教材理解为切入点,运用理解理论、文本理论等对教师教材理解的合理性进行系统分析,暗含着笔者对当代"教学诠释学"发展方向的肯定、补充与建构,对于推动"教学诠释学"的发展具有重要意义。

3. 有助于丰富深度教学的理论基础

深度教学是"核心素养"时代教学变革的方向①。在这一方向的引导下,不同研究者从知识、核心素养、学科教材理解范式等不同的角度展开了研究,并形成了一些新的研究成果,为深度教学的理论发展与实践变革起到了积极的推动作用。深度教学是一种教学观,也是一种教学存在样态,且这种整体性的教学观是以不同教学要素的重新认识、定位与建构作为其基础的。教材是教学活动的基本要素,对教材本质、功能、结构等的系统认识有助于进一步夯实深度教学的理论基础,推进深度教学的研究与实践。

(二)实践意义

1. 可以为教师教材理解行为提供方法论基础

教学行为主要受制于观念、习惯与外部教育教学制度。从观念与行为的关系角度来看,当前教师的教材理解行为多受制于具体学科的知识逻辑,形成

---

① 罗祖兵:《深度教学:"核心素养"时代教学变革的方向》,《课程.教材.教法》2017 年第 4 期。

学科主义的教材理解模式。这种理解模式固然顾及了学科知识在教学中的重要价值,却忽视了教学的整体性,造成了"以要素代整体"的错误逻辑。也正是在这种模式下,语文、数学、艺术、品德等不同学科之间的文本方式呈现出多元与混乱的状态,缺乏统一性。本书旨在寻求教学层面教材理解的合理性,这种合理性可以为不同学科教材理解提供方法论指导,从而使不同学科教材理解的多元现象获得一种统一性的要求,形成"多元"与"一元"的统一。

2. 可以有效提升教学品质

"教学品质"这一概念指向的是一种教学境界,它是"在教学过程中实现了良知与审美的结合,体现了教师、学生生活质量的提升和人格尊严的捍卫"①,具有创造性、价值性与平等性等内涵。从要素来看,教师是提升教学品质的核心要素,教师教材理解是推进教学品质提升的关键环节。因此,厘清教师教材理解的合理性,是抓住了提升教学品质的关键环节,对于有效提升教学品质具有直接的推动作用。

三、研究思路

本书致力建构教师教材理解的分析框架,按照研究的基本逻辑,结合研究内容和研究方法,形成本书的研究思路。具体如图 1-1 所示。

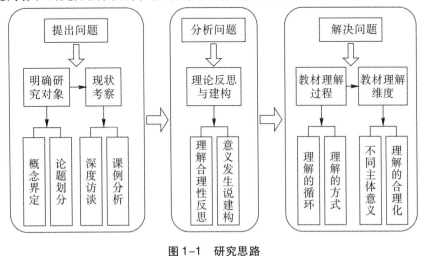

图 1-1 研究思路

---

① 张华:《"教学品质"之我见》,《教育发展研究》2011 年第 6 期。

从图1-1可以看出，按照研究的基本逻辑，在研究过程中，首先对核心概念进行界定，以明确研究的对象与论题。在此基础上，通过深度访谈与课例分析，对教师教材理解现状进行考察，以揭示教师教材理解的基本问题并进行追问。在追问过程中，聚焦到教师教材理解的合理性基础，并通过对已有理解的合理性的反思，建构以意义为核心的"意义发生说"。在"意义发生说"基础上，本书对教师教材理解的过程合理性与内容合理性进行分析，过程合理性聚焦于探索教师教材理解的机制与方式，而内容合理性聚焦于探索教师教材理解的基本维度，主要包括不同主体意义及其合理化。

四、研究方法

世界是一种关系性存在，实体在关系中获得自身，"关系重于、先于实体"[①]，关系性思维是认识世界的核心思维形式。从纵向看，关系性思维表现为经验理论、宏达理论与中层理论之间的关联。从中层理论出发对于处理实践行为具有足够的抽象程度，对于宏达理论具有足够的扩展与延伸作用。在教学哲学研究中，中层理论是关联经验理论与宏达理论并产生理论网络的核心环节，中层理论的缺失将导致理论认识与实践行为之间的脱节。以关系性思维看待教师教材理解的合理性：一方面要超越经验理论（经验视角）的狭隘性与片面性；另一方面要改变宏达理论（诠释学视角）的话语体系与抽象程度，并在二者之间去探求整合二者的思想、理论与话语体系。这也是实践合理性的本质所在。

在这种方法论下，我们一方面需要从事实出发，从教师教材理解的实际活动出发去获得教师教材理解基本事实状态；另一方面又需要借助概念、理论对其进行审视，勾勒出其行为活动的基本依据与轨迹。因此，本书研究需要采取事实分析与逻辑分析相统一的方法。具体方法如下。

（一）逻辑分析法

所谓逻辑分析法，"就是通过运用辩证的和形式的思维方法来认识教育

---

① 张广君：《教学本体论》，甘肃教育出版社，2002，第118页。

资料,从而得出本质的、规律性认识的一种研究方法"①。逻辑分析是一种以逻辑学为标准的思维运思方式,它要求不同层面之间、统一层面的各个要素之间符合基本的逻辑,从而体现研究的整体性与严密性。在本研究中,为厘清不同概念及其关系,形成系统的思维框架,需要通过概念本身及其关系的逻辑分析来阐明概念的内涵、特征。因此,逻辑分析法是本书的一种基本方法。

(二)历史分析法

历史分析法在很大程度上是对各种历史文献资料进行检验和剖析,或多或少的回溯性是历史分析法的重要特征②。因此,历史分析是一种纵向研究方法,是通过对过去事件的回溯性分析获得其中蕴含的普遍关系,进而对当前和未来进行预测。教材、理解等概念都是历史性概念,对这些概念的历史进行梳理与分析,有助于获得其基本内涵,也才能在此基础上获得时代的特殊意味。在本书中,相关概念的界定以及其他相关内容都需要从历史的角度进行梳理,以获得在当代社会中相关概念及其关系的时代意蕴。

(三)课例研究法

课例研究是以教师的某节课(如示范课、普通课)进行录像、整理,去发现该课的基本运行过程,从中获得研究所需要的材料。对于本书而言,教师的教材理解直接体现在课堂教学之中,通过对教师课堂教学的观察,选择出具有典型性的课例(包括优秀的典型与不足的典型),并从中去分析其所包含的教材理解的观念与方式,再结合访谈进行验证与拓展,可以有效获得教师教材理解的基本思路。

(四)访谈法

访谈是从教师教材理解行为表现去获得其观念的有效方法。当我们走进课堂,通过观察,找出教师教材理解的典型课例后,就需要借助深度访谈去探究其背后蕴含的教师教材理解的观念、方式与策略,并通过访谈内容,获得教师教材理解的问题,从而为本书研究提供事实证据。

---

① 石佩臣:《教育学基础理论》,东北师范大学出版社,1996,第661页。
② 范伟达:《现代社会研究方法》,复旦大学出版社,2001,第413页。

第二章
教师教材理解的内涵与论题

英国政治学家海伍德(A. Heywood)在《政治学核心概念》中强调:"概念的形成是推理过程中必不可少的步骤,它是我们进行思考、批评、辩论、解释和分析的'工具'。"①概念在研究中具有基础性作用,它是确定研究对象、范围,进行理论分析、推理、批判的思维工具,可以说,所有研究都可以归结为概念研究。因此,在研究之初,明确研究课题的核心概念是开展研究的基本前提。对概念的批判与建构最重要的是寻求恰当的方法,即如何建构自己研究的核心概念,并将其操作化。

谢弗勒(I. Scheffler)在《教育的语言》中将定义区分为规定性定义(The Stipulative)、描述性定义(The Descriptive)与纲领性定义(The Programmatic)三种基本类型②。在三种定义中,规定性定义是使用者在特定研究范围内所下的且一以贯之的定义,但因作者的视角、思维方式等原因,往往主观色彩较为浓厚,常引起争议。描述性定义是对事物进行客观描述,它表达事物在具体情境中的实然样态,但会因为情境的变化难以超越时空。纲领性定义则是在"是"与"应该"基础上表达事实与价值统一的定义,它兼顾事物的基本事实与研究者的价值预设,可以在公共意义上谈论正确与否。正如索尔蒂斯(J. F. soltis)所言,寻求教育的真正定义,就是规定要在教育活动中寻求某些有价值的手段和目的③,定义过程是主体依据客观事实进行价值判断的

---

① 海伍德:《政治学核心概念》,吴勇译,天津人民出版社,2008,第 4 页。
② 瞿葆奎:《教育学文集·教育与教育学》,人民教育出版社,1993,第 32 页。
③ 同上书,第 36 页。

过程。按照索尔蒂斯对教育定义的方法思考,对事物进行定义通常要考虑三个方面:一是事实,即事物存在的基本事实样态,它体现着事物的客观性;二是价值,即人依据自身与社会的需求对事物的价值诉求,它体现着事物的主体性;三是逻辑,即在事实与价值之间以符合逻辑的方式进行思维整合与语言描述,使二者能够有机地统一在一起,它体现着人认识事物的逻辑性。本部分主要遵循着事实、价值与逻辑统一的方法对本书的核心概念进行界定。

本章主要对教材和理解两个概念进行分析,并在分析的基础上建构教师教材理解的基本内涵,讨论本书的基本论题。

第一节　教材的内涵分析

一、简要历史回顾

任何时代的教育活动都需要教材提供教学的内容,但教材的核心形式——教科书却是近代的产物,"它是课程演变到一定阶段才形成的特殊教材形式"①。在我国奴隶社会和封建社会,教材主要以诸如"四书五经"之类的儒家经典为主,除蒙学以外,并未编写符合学生年龄特征和学科特点的教科书。按照陈桂生的考察,教科书的出现受到国家民族现代语言、各门经验学科基础知识的整合,以及现代自然科学与现代人文科学在课程中占有一定的地位三个基本条件的制约,因此,"普遍采用教科书是 19 世纪中叶才开始的"②。

受西方近代课程的影响,自新中国成立以来,我国中小学课程主要是以学科的形式为主,分科课程成为课程的代名词。这个时期的教材是以学科的教育形式为基本样态的,即以学科知识为主干,按照学生的心理逻辑与学科的知识逻辑编制教材,教材就是"权威知识"的载体。这种教材的本质理

---

① 陈桂生:《普通教育学纲要》,华东师范大学出版社,2009,第 178 页。
② 同上书,第 181 页。

解一直持续到 21 世纪初的新课程改革。新课程改革是一种概念重建运动,对教育、课程、教学等教育学基本概念进行了新的建构,经验课程、活动课程、综合课程等概念以"新理念"的形式进入研究者与实践者的视野,并开始洗礼教育工作者的思想,课程开设重视学生经验、学生活动,教材的编制在很大程度上开始削弱学科逻辑,取而代之的是学生的经验逻辑。在这一背景下,研究者开始反思教材的本质问题。本着推进新课程改革的初衷,打破教师的教学惯例,杨启亮在 2002 年发起了对教材本质反思,认为"就知识而言,时代需要学习者具有扎实功底、广博视野、知识结构和文化素养,已远非教材所能负载,狭隘的教材知识观必须改变,这种改变意味着教材是教学使用的材料,是引起某种关系理解、智慧活动的辅助性材料"[1]。自此以后,在新课程文化土壤上,在诠释学思想以及课程"理解范式"的兴起中,以及在信息化教育的推动下,对教材或教科书本质的理解观点纷呈,教材的"材料观"[2]"对话观"[3]"社会经验观"[4]"活动观"[5]"教诲观"[6]"文化观"[7]"活动文本观"[8]等观点不断涌现,教材首次成了一个"说不清、道不明"的概念。其后,在新时代背景下,以"立德树人"为根本宗旨的教育价值取向,以"统编本"教材为主要代表的教材建设进一步推进,"增强教材的思想性""体现国家意志""与国家意识形态保持一致"的教材改革与发展的态度与方向使得教材的思想性、政治性凸显出来。可以说,到目前为止,教材本质研究方兴未艾,还"在路上"。

---

[1]　杨启亮:《教材的功能:一种超越知识观的解释》,《课程.教材.教法》2002 年第 12 期。

[2]　沈晓敏:《关于新媒体时代教科书的性质与功能之研究》,《全球教育展望》2001 年第 3 期。

[3]　周建平:《生态式教育视野中的教材观》,《当代教育科学》2004 年第 9 期。

[4]　克拉耶夫斯基:《普通中等教育内容的理论基础》,金世柏,马宝兰,王孟春等译,人民教育出版社,1989,第 134 页。

[5]　苏鸿:《论中小学教材结构的建构》,《课程.教材.教法》2003 年第 2 期。

[6]　石鸥、石玉:《论教科书的基本特征》,《教育研究》2012 年第 4 期。

[7]　吴小鸥:《教科书,本质特性何在? ——基于中国百年教科书的几点思考》,《课程.教材.教法》2012 年第 2 期。

[8]　孙智昌:《教科书的本质:教学活动文本》,《课程.教材.教法》2013 年第 10 期。

二、教材的内涵与特征

（一）教材的内涵

那么,究竟什么是教材呢? 遵循事实、价值与逻辑相统一的事物定义方法,结合相关研究,我们尝试对教材进行定义。

从事实来看,教材究竟以怎样的样态存在着呢? 教材的存在样态可以通过对教材的描述性定义得知。这种描述性定义往往散见于各种教育类教材与百科全书之中,如《中国大百科全书·教育卷》认为"教材有两种解释:(1)根据一定学科任务,编选和组织具有一定范围和深度的知识技能体系,一般以教科书的形式来具体反映;(2)教师指导学生学习的一切教学材料。"[①]"教材又称课本,它是依据课程标准编制的,系统反映学科内容的教学用书。"[②]"教材是由一定育人目标、学习内容和学习活动方式分门别类组成的可供学生阅读、视听和借以操作的材料,既是教师进行教学的基本材料,又是学生认识世界的媒体。"[③]从这些基本理解来看,教材是教学材料的总称,其核心是教科书,所包含的范围十分广泛,只要是用于教学的材料,如练习册、广播电视节目、幻灯片、教学实物等都可以称为教材。但是在实践中,如果你询问教师"你备课时'钻研教材'主要是钻研什么?"大部分教师的答案是课程标准、教科书与教学参考书。因为教师在准备日常教学时,课程标准、教科书与教学参考书是其主要依据,这也是他们眼中的"教材"。这意味着理论研究者把教材描述为"教学材料"过于宽泛,而在实践中真正起到教材作用的仅仅是"课程标准、教科书与教学参考书",其中课程标准提供教学的观念与结构,教科书提供具体内容,教学参考书提供教学方法,它们共同承担着教材的作用。理论研究者眼中的教材与实践工作者眼中的教材的范围差距使我们意识到"教材"可以分为"依据性教材"和"依附性教材"两种

---

① 中国大百科全书总编辑委员会:《中国大百科全书·教育卷》,中国大百科全书出版社,1985,第 144 页。

② 全国十二所重点师范大学联合编写:《教育学基础》,教育科学出版社,2008,第 151 页。

③ 廖哲勋:《课程学》,华中师范大学出版社,1991,第 197 页。

不同的类型。依据性教材是教师进行教学的基本依据，包括遵循的教学理念，制定的教学目标，选用的知识内容，设计的教学活动以及评价的标准与方式等；依附性教材指教师通过对依据性教材的理解，结合实际教学情境所创制出来的诸如讲义、幻灯片、教具等材料，它们本身不具有独立性，是教师通过理解依据性教材而创制出来的对教学进行辅助的材料。因此，从事实来看，教材具有广义与狭义之分，广义的教材指用于教学的材料，既包括依据性教材，也包括依附性教材；而狭义的教材指的是依据性教材，即课程标准、教科书与教学参考书。本研究的主旨是探讨教师对教材的理解问题，因此所采用的教材概念在事实层面是依据性教材，它是理解的具体对象，而非结果。

从价值来看，教材的价值本质上是一种教育价值，也就是说，学生学习教材究竟要获得什么、发展什么，从根本上来说，是由教育的价值决定的，是教育价值在教材上的具体体现。从我国教育价值变迁来看，主要经历了从知识获得到生命发展的历史轨迹。新课程改革以前，受制于我国经济发展水平低、知识贫乏以及注重筛选的教育体制，获得知识信息、形成知识结构以及运用知识解决问题的能力是教育实践的基本价值诉求。在经历"教育本质讨论"与"教学本质论争"以后，教育与生命紧密地联系在了一起。顾明远曾就当代的教育价值观进行过系统概括，将其表述为："教育是人生存和发展的基础，教育要使人的生命得以发展。从生命发展的视角来说，教育的本质可概括为提高生命质量和提高生命价值。对个体来说，提高生命质量，就是使个体通过教育，提高生存能力，从而能够生活得有尊严和幸福；提高生命价值，就是使个体通过教育，提高思想品德和才能，从而能够为社会、为他人作出有价值的贡献。"[①]这从根本上明确了我国教育的当代价值，即教育是使学生提高生命质量与生命价值。教育的生命价值观从根本上影响和制约着教材的价值诉求。具体而言，教材的价值主要体现为学科核心素养。"学科核心素养是指通过某学科的学习而逐步形成的关键能力、必备品格和价值观念"[②]，它通过学科教育获得，在学生的素养发展中起基础性作用，是

---

① 顾明远：《再论教育本质和教育价值观——纪念改革开放 40 周年》，《教育研究》2018 年第 5 期。

② 余文森：《论学科核心素养的课程论意义》，《教育研究》2018 年第 3 期。

能让人更好地生活、学习与成长的。学科核心素养作为一种学科教育目标，
是编订课程标准、编写教科书的纲领。我国新一轮的课程标准修订就是以
核心素养为基本导向，它规定着课程性质、理念、目标、内容、结构以及学生
学业成绩评价与实施建议，"只有把学科核心素养这个'纲'举起来，课标修
订工作才会有灵魂和主题，才会顺利有效地进行"①。因此，从教材价值来
看，我国教材价值遵循从教育价值确认到学科核心素养为纲，到教材的具体
价值这样一个演绎式的过程。从理念上来看，它们都指向人的生命质量与
生命价值。

　　从逻辑来看，课程标准、教科书、教学参考书又是如何转化为学科核心
素养，指向学生生命质量与生命价值的呢？这里的关键在于知识。换句话
说，学生只有通过知识学习才能更有效、更全面地发展学科核心素养，提升
生命质量与生命价值。这是因为知识是人类认识与改造世界的智慧结晶，
是最具有育人价值的载体，在知识生产与知识发展过程中凝聚着各个不同
时代人类的智慧，是教育价值最为集中、最为优质的载体。人们在思考学科
核心素养的培育中，学科知识构成了其基本逻辑起点，"在学科课堂条件下，
作为必备品格和关键能力合力形成的学科核心素养，主要还是在知识建构
的过程中逐渐发展起来的"②，核心素养的养成与生命质量、生命价值的提
升，是知识学习升华的结果。"素养不可能凭空形成，知识是素养形成的主
要载体"③，只有把教育教学建基于知识基础上，通过知识的内化、外化、从知
识的表层深入知识深层，将知识运用于学生对生活的处理、对价值的追求、
对理想的构想，让知识扩散于学生的整个生命空间，教育教学的"大厦"的根
基才是稳固的，教育教学才能充分发挥在文化传承、生命成长与社会发展的
基本功能。

　　当然，这里的知识并非指哲学认识论意义上的知识，而是教育意义上的
知识，它是哲学认识论意义上的知识在教育领域的扩充与转换。对于这一
问题，郭元祥进行了系统的思考。他认为，哲学意义上的知识总是徘徊在学

①　同上。
②　李松林：《培育学科核心素养的三个教学问题》，《教育科学研究》2017 年第 8 期。
③　余文森：《论学科核心素养的课程论意义》，《教育研究》2018 年第 3 期。

生的成长之外,并未有效促成与学生的真正"相遇",它所追求的是"真理问题",而非教育的"幸福问题"。因此,从教育立场看待知识,知识具有生命立场和主体视野、生成立场和过程取向、价值立场和意义关怀三方面的特性①。教育立场下的知识在根本价值、存在样态、类型结构等方面发生了巨大的转变,赋予了知识广阔的"教育空间",知识涉及经验体验、思想方法、价值信念、道德品质等方面,具有主体性、生成性、价值性等诸多特性。正是在这一立场下,知识被解构与建构,知识的不同层次、类型、维度被挖掘出来,如个人知识与公共知识②;事实性知识、概念性知识、方法性知识与价值性知识③;知识的实质、知识的形式与知识的意义④;等。诸多教育立场下的知识分类研究形成了一种知识谱系,从发生学意义上关联了学生生命的各个层面与各个方面。教育知识观的建构为知识提升学生生命质量与生命价值提供了可能的空间,而将这种可能转变为现实的是知识教学。当前所倡导的深度教学是对知识教育价值实现的一种新的尝试与突破,它希望以知识为载体,通过各种活动与过程,促进知识与学生的"相遇",进而在学生的生活与理想中认识、发现、建构知识的意义,使知识教学成为"是触及学科教材本质的教学、是触及学生心灵深处的教学、是触及学习过程本质的教学"⑤。总而言之,从逻辑来看,教材要有效实现育人价值,其基础在于知识,通过教育立场下知识观的建构,培育学生学科核心素养,进而培育学生发展核心素养,最终实现学生生命质量与生命价值的提升是从教材到教育价值的基本逻辑。

从事实、价值与逻辑的系统思考中可以看出,虽然我们反对教材是权威知识的知识中心主义理解,但知识仍然是教材的核心,这里的知识不是哲学知识,也不是科学知识,而是教育知识,知识依据教育的价值与过程而被改

---

① 郭元祥:《知识的性质、结构与深度教学》,《课程.教材.教法》2009 年第 11 期。

② 余文森:《个体知识与公共知识:课程变革的知识基础研究》,教育科学出版社,2010,第 33 页。

③ 季苹:《教什么知识:对教学的知识论基础的认识》,教育科学出版社,2009,第 83—97 页。

④ 潘洪建:《致知与致思:课程改革的知识论透视》,山东教育出版社,2015,第 13—14 页。

⑤ 李松林:《回归课堂原点的深度教学》,科学出版社,2016,第 37 页。

造,它与学生的生活紧密相连,与学生的学习活动紧密相关,与教育的价值追求保持一致,是学生获得生命质量与生命价值提升的核心工具。因此,在本研究中,教材本质上是一种教育知识文本,它是在一定的教育价值与目标指引下,由国家编写或审定,通过学科逻辑、学习逻辑以及价值逻辑相统一的方式组织起来的,指向学生生命质量与生命价值提升的基础性材料,其核心是课程标准、教科书与教学参考书。在这一概念界定中,突出了教材的四个基本内涵:其一,教材是以教育知识为核心组织起来的,而教育知识来自学科知识、学生经验与教育价值的整合,并围绕着学生的学习规律与学习活动而进行组织;其二,教材是以当代教育价值为基本导向的,它以内容与活动相结合的方式指向学生生命质量与生命价值的提升;其三,教材是一种可理解的文本,它从"科学范式"转向"理解范式",通过教师、学生对教育知识的理解获得意义的揭示与建构,理解是从教育知识到生命质量与生命价值提升的逻辑关键;其四,教材是学生学习的基础性材料,包括学科知识的基础性、学生学习活动的经验性以及学生成长的奠基性。

(二)教材的特征

将教材界定为教育知识文本,意味着教材具有以下特征。

1. 学科性

不管如何理解知识,知识总是与学科具有一致性,因为学科是知识的"母体"。因此,教材知识的选择总会涉及学科,涉及学科的研究对象与问题、基本概念与范畴、学科思想与方法,以及学科精神与价值。只是教材知识作为一种教育知识,与传统的"权威知识"具有根本上的区别,它不再是以学科为本,而是以教育(学生)为本;不再是客观而不容置疑的,而是反思、批判与建构的对象;不再是以纯粹的学科逻辑组织,而是兼顾了学科逻辑、心理逻辑与价值逻辑。因此,教材的学科性不再是传统意义上的学科结构与逻辑,而是始终贯穿着教育的"幽灵"。

2. 学习性

教材中的知识是为了让学生进行学习的知识,因此它会以学习的思维与方式进行选择与组织,也就必然关涉学生的生活经验,遵循学生的学习心理规律,顾及学生的学习方式。如,在"统编本"小学《道德与法治》教材编写中,因传统的"说理论证"式的教材编排以控制的方式排斥学生品德养成的情感性、行动性、经验性、难以触及儿童心灵,因此初步尝试叙事方式,包括"以'成长叙事'建构品格、在文学叙事这一'伦理实验室'中学习、以'大叙事'为坐标、将'成长叙事'与理论体系融合在一起"①,以使道德教育回归本然方式。

3. 文化性

文化的核心是价值观,是人们对于客观事物的基本认识与美好追求,其核心在于意义。教材的文化性所揭示的是教材知识学习的核心为揭示并建构意义体系,"基于文化理解的知识观把知识视为古今中外不同个体或群体理解与适应自然的意义空间"②。因此,教材的文化意味着传承经典文化与发展个体文化的结合:一方面,通过揭示教材知识的意义,去理解、内化、传承不同族群的经典文化;另一方面,在教材知识意义揭示的基础上,结合时代背景与个体经验去建构个体文化,以发展与创新文化。

4. 意识形态性

在马克思那里,意识形态是以经济基础为基本条件维护统治阶级利益的思想价值体系,阶级性是其基本特性。教材的意识形态特征所反映的是"谁的知识"的问题,其本质是知识与权力的关系。在特定的时空条件下,只要国家、阶级还存在,教材的意识形态特征就存在,"教材编写是国家事权,事关整个民族灵魂层面的塑造,必须体现国家意志"③。

5. 专业性

教材的专业性指的是教材蕴含着对教师专业素养的要求,是推进教师专业成长的重要途径。任何教材在编写过程中必然涉及教育理念、课程理论与教学思想,蕴含教学目标、学习方式、评价标准等一系列教育学的基本问题。教师只有在研读教材过程中理解相应的要求,才能有效结合实际教

---

① 高德胜:《论小学〈道德与法治〉教材的"叙事思维"》,《课程.教材.教法》2019 年第 6 期。

② 郑富兴:《基于文化理解的意义学习》,《中国教育学刊》2011 年第 10 期。

③ 韩震:《教材编写的意识形态维度》,《课程.教材.教法》2019 年第 7 期。

学情境展开课堂教学,才能创造性地使用教材。而这一过程本质上也是教师专业成长的过程。

三、教材与相关概念辨析

教材是一个综合性概念,其外延包含较广,不免与其他相关概念具有交叉性,需要进行简单说明。在相关研究中,曾天山曾对教材与教学内容、学科、课程、教科书、教具等概念进行过较为系统的区分①。在此基础上,我们依据本研究对教材的理解,对教材与课程、教科书、教学内容进行进一步辨析。

(一)教材与课程

课程是一个一直存在有争议的概念,不管是从课程概念的历史,还是在研究或实践中,人们对课程概念的采纳具有差异性,课程一直没有一个明确的定义。施良方曾把课程的典型定义分为六种,即"课程即教学科目""课程即有计划的教学活动""课程即预期的学习结果""课程即学习经验""课程即社会文化再生产""课程即社会改造"②。李定仁、徐继存主编的《课程论研究二十年(1979~1999)》则将国内对课程的典型理解分为三种:"教学科目说""教学活动说"和"学习经验说"③。可见,不同的观点从不同的角度和层次对课程进行了理解与界说,体现着不同侧面的合理性。但从有效教学出发,任何课程都是学生学习的材料,都是学生实现身心发展的载体或工具,它不是以某种形态出现,而是以多种形态出现。正因为如此,有学者把课程本质理解为一种"教育性经验",是在学校场域中存在和生成的有助于学生积极健康发展的教育性因素以及学生获得的教育性经验④。因此,课程作为一种教育性经验,不仅是外部给予的,也是学生自己生成的;不仅是生

---

① 曾天山:《教材论》,江西教育出版社,1997,第8—11页。

② 施良方:《课程理论:课程的基础、原理与问题》,教育科学出版社,1996,第3—7页。

③ 李定仁、徐继存:《课程论研究二十年(1979—1999)》,人民教育出版社,2004,第6—9页。

④ 李森、陈晓端:《课程与教学论》,北京师范大学出版社,2015,第6页。

活体验,也是一种文化观念,它包括了所有促进学生学习和发展的东西。

按照这种理解,在学校中,课程的表征十分广泛,不仅教科书、教学指导书、学生阅读材料等传统材料属于课程,教师所开发的课程资源、学生所具有的生活体验以及在教学活动中师生所生成的共同认识,也都属于课程。因此,从教材与课程关系来看,教材必然属于课程,是课程的组成部分。但作为课程的教材相对于其他课程形式,具有自己的特点,其中最为突出的就是教材的方向性,即教材引导着教育教学的基本方向,引导着学生学习与发展的基本方向,在所有的课程形式中居于核心地位。

(二)教材与教科书

相对而言,教科书也是一个众说纷纭的概念。《中国大百科全书·教育卷》中把教科书理解为:"根据教学大纲(或课程标准)编订的、系统地反映学科内容的教学用书。"[①]苏联学者巴拉诺夫认为"教科书是最重要的教学手段,是教学过程中不可缺少的最重要的教学手段,是根据教学大纲并考虑学生掌握知识在年龄上的可能性规定教材的内容"[②]。日本学者认为:教科书是"根据教学大纲加以排列的,作为各门学科的主要教材而供应学习现场的书"[③]。当前我国学者对教科书的本质进行了系统、深入研究,总的来看,对教科书的理解具有共同之处,主要表现在:第一,教科书是依据课程标准所编写的,是课程标准(或教学大纲)的具体化,课程标准是教科书编写的基本依据;第二,教科书是指直接在教学现场所用的书,背后支撑教科书编写与评价的材料则不属于教科书;第三,教科书与学科知识具有密切联系,往往以学科知识为其核心内容。从以上简单梳理可以看出,教科书具有广义和狭义之分,广义的教科书指的是依据课程标准所编写的在教学现场所用的书,包括课本、学生阅读书等;而狭义的教科书专指课本。

---

① 中国大百科全书编辑部:《中国大百科全书·教育卷》,中国大百科全书出版社,1976,第145页。

② 巴拉诺夫、沃莉科娃、斯拉斯捷宁:《教育学》,李子卓、赵玮等译,人民教育出版社,1976,第140页。

③ 筑波大学教育学研究会:《现代教育学基础》,钟启泉译,上海教育出版社,1986,第251页。

从教科书所包含的范围可以发现,教材包含着教科书。相对于教科书,教材的范围更为广泛,除了教科书以外,还包含了课程标准、课外阅读材料等,它可以超越学习现场,也可以突破固定形式。当然,从两者关系而言,教科书是最为主要的教材,它从根本上规定了教材的内容、学习目标,甚至学习方式和评价标准,在教材中起着主导性作用。

(三)教材与教学内容

教学内容的概念是一个教学论的概念,主要指向的是"教给学生什么"。自新课改以来,课程概念成为"显学",教学内容往往被"课程内容"概念取代,以至于在相关文献中鲜见对教学内容进行系统梳理和分析的。一般而言,教学内容有广义和狭义之分。广义的教学内容指课程层面的教学内容,包括所有科目的设置与编制、学科的结构、课程的形态(如学科课程、活动课程、综合课程等)和类型(必修课与选修课)[1]。而狭义的课程是针对课堂教学而言的,是教师依据课程标准和教学计划所规定的,在教学活动中指导学生学习和掌握具体的知识、技能、思想观念、行为习惯等全部经验的综合[2]。在实践中,教师所理解的教学内容往往指的后者,他们将课程标准、教科书所规定的"教授什么"的静态形式和加工形式视为教学内容。所谓静态形式指的是教科书所规定的学科知识;所谓加工形式指的是教师对静态形式的处理,包括改变内容结构、拓展内容材料等。

可以看出,教学内容是教材的核心部分,它主要以知识的形式出现在教科书之中,是教师教学和学生学习的主要对象或载体。因此,从教材教学内容的关系来看,教材一方面包含着教学内容,规定了教学内容的范围,指明了"应该教什么";另一方面,在"用教材教"的教材观念下,教学内容在具体内容上又可以超出教材的范围,教师可以以教科书规定的内容为基础,改变、增加教学内容资源,以形成适合于情境化、个性化的教学内容。因此,从根本上说,教材是教学内容的依据,教学内容是教材的情境化、活动化、个性化处理的结果。

---

① 代蕊华:《课堂设计与教学策略》,北京师范大学出版社,2005,第9页。
② 张旭、豆海湛:《教师必备的课堂掌控艺术》,西南师范大学出版社,2018,第122页。

第二节　理解的内涵分析

一、理解的内涵

理解既是一个日常概念,也是诠释学的一个特殊概念。作为一个日常概念,理解具有多重含义。如,"我理解你所讲的了"表示我明白了你所表达的意思;"我理解你的遭遇"表示我能够和你产生情感共鸣。因此在日常生活中,理解具有了解、知道、情感认同的含义,汉语大辞典也将其解释为"懂;了解"。在诠释学中,理解是一个学术用语,并在不同的诠释学阶段有不同的含义,这些含义包括作者原意的获得、读者意义以及文本意义。

由于教育学学科本身的综合性与复杂性,其理解的内涵也具有综合性与复杂性。美国学者威金斯(G. Wiggins)和麦克泰格(J. McTighe)在《追求理解的教学设计》一书中将理解视为一个与"知道"有区别的概念,并以此揭示了理解的六个侧面,即解释、阐明、应用、洞察、神入、自知[①]。我国学者熊川武把现实教育中的理解归纳为认知性理解、感情性理解和行为性理解三种基本类型,并在此基础上认为,教育中的理解是以理解理论为指导的,是作为主体的师生与理解对象沟通,在感情、认知和行为上筹划并实现生命可能性的过程,它包括师生同益、感情先行、强德富智和笃行不懈四个基本内涵[②]。

可见,教育学中的理解有两种基本考量路向:第一是诠释学路向,即以诠释学为理论基础、思想方法界定教育中的理解,这种路向是以"诠释学——教育"的进路展开的,它以区别的态度看待认识与理解,表述非常明确的是杨四耕在《课堂是一种态度》中主张的:"如果我们把揭示人生的意义

---

① 格兰特·威金斯、杰伊·麦克泰格:《追求理解的教学设计》第2版,闫寒冰、宋雪莲、赖平等译,华东师范大学出版社,2017,第94—95页。

② 熊川武、江铃:《理解教育论》,教育科学出版社,2005,第23—44页。

看作是认识论的任务,我们就永远不可能把这个意义揭示出来,因为,这个意义在知识上永远是个问题"[1];第二是综合路向,即从教育学实践层面出发,把理解视为一种由诠释学、心理学、社会学等学科领域中理解的综合产物,它既是本体的,也是认识的,还是方法的,并且在教育学中有不同类型和层次的表征。第一种路向有利于利用诠释学理论对我国传统教育中的知识主义进行批判反思,建构指向人生意义的理解观;第二种路向有利于从具体教育实践出发对理解进行操作性把握,并将教育学传统与当代教育学观念进行有效整合。

　　本书中的理解主要指的是教师的教材理解,总体上采用"综合路向",即不把理解视为诠释学所特有的概念,而是将诠释学、心理学与社会学等领域中的理解概念进行综合提炼,以形成本研究的操作性概念。问题在于:如何整合与提炼? 从不同领域、不同层次对理解的界定来看,它们有一个共同的基点,即意义。也就是说,理解永远是针对意义的,只是在不同的领域中其所强调的意义内涵存在差异而已。在日常生活中,"我理解你所讲的了"指的是我明白了你表达的意义;在心理学中,理解是新旧知识的同化与建构,注重的是符号所指称的意义之间的内在关系;在社会学中,情感的沟通与认同意味着"我"以角色互换的方式获得了你所体验到的意义;在哲学诠释学中,"我"对文本的理解指的是对象对"我"的人生筹划所产生的影响意义。因此,理解的核心在于意义,不同领域、层次的理解表现为意义的类型与层次不同。同样阅读杜甫的诗歌,有的读者获得的是字面意义,有的读者获得的是心理意义,而有的读者获得的是精神意义。但不管哪种意义的获得都是属于理解,只是属于不同类型与层次的理解而已。

　　对于教师的教材处理而言,理解是一个连续的过程,它既需要对教材中的"他者"(如作者、编者、学生等)所期望表达或获得的意义的揭示,也需要教师依据自身的生活经历、教育价值与信念、教学具体情境等去对"他者"意义进行揭示、反思与重构,最终形成适合于在具体教学情境中的意义。这种意义在内容、组织形式、表达方式等方面与教材中的"他者"意义具有明显的

---

[1]　杨四耕:《课堂是一种态度:从"教学认识论"到"教学诠释学"》,华东师范大学出版社,2015,第17页。

差异。因此,从教师对教材理解过程来看,经历了由揭示到重建到情境化的基本过程。正因为如此,在本研究中,我们把理解界定为:对文本意义的揭示与建构的连续过程。这一界定意味着以下几个方面的内容。

1. 理解是一个心理、社会与精神领域的综合活动过程

理解是一个复合型概念,虽然诠释学使理解成了一个重要的哲学范畴,并在社会学等领域得到广泛运用,但诠释学中的理解多指向人的精神意义,而这并不能包含理解的全部含义。教学作为一个特殊的文化领域,既需要诠释学作为理论基础进行形而上的思考,又需要人的心理发展客观规律为根本以体现其科学性,还需要人与人之间的交往以体现社会性。因此,理解在本研究中是一个综合性的概念,它既指向人的精神领域的精神性理解,也指向人心智活动过程的心理性理解,还指向人与人之间的情感性理解。

2. 理解是意义生成的过程与机制

文本是理解的直接对象,但理解的核心在于意义,理解总是与意义缠绕在一起。在诠释学中,不管是语法规则、心理移情还是视域融合,理解总是指向意义的过程,不同的是,其所侧重点是单纯的语词意义、作者意图还是读者意义;在心理学中,认知结构的建构过程本质上仍然是意义产生关联的过程,奥苏伯尔的有意义学习强调的就是新旧知识之间的意义关联;在社会学中,理解的方法关注的仍然是在社会中个体行为的意义问题。因此,总的来看,理解直接针对意义,意义向理解开放,文本仅仅是二者之间的一个合适的中介,理解是意义生成的过程与机制。

3. 理解是一个主观与客观相统一的过程

在诠释学中,从忠于作者原意的方法论诠释学到走向读者生存的本体论诠释学,理解在主观与客观之间转变。"如何看待文本的客观和建构性是理解文本的两个关键因素"[①],但主观与客观绝不是不可调和的两个方面。客观世界失去主观精神的关照将变成"一潭死水",主观精神世界失去客观基础将变成幻想的"乌托邦"。理解的主观性与客观性是一种连续的过程,

①　徐晓敏:《教学文本的教育意义生成初探》,南京师范大学硕士学位论文,2012,第10页。

二者之间形成一种张力,只有基于世界中原初事实的主观建构才能彰显人类生活的多姿多彩。理解的主观性与客观性统一同时也意味着理解的本体论与方法论的统一,即理解既是人的基本存在方式,同时也是人们认识事物的一种基本的方法论,二者构成连续的谱系。

二、理解与相关概念辨析

不管是心理学,还是诠释学,理解都与众多概念纠缠在一起,厘清这些概念,可以进一步明确本书中理解的含义。

(一)理解与了解、领会、运用等的关系

心理学对理解在学习过程中的定位在很大程度体现了理解与了解、领会、运用等的关系。布鲁姆(B. S. Bloom)的教育目标分类学将教育目标分为认知、情感、技能三个基本领域,并在认知领域中,将学习结果分为知识、领会、运用、分析、综合、评价六个主要类别[①]。威金斯和麦克泰格在《追求理解的教学设计》中则把理解分为解释、阐明、应用、洞察、神入、自知六个侧面[②]。这些研究在一定意义上显示了理解的心理过程。总的来说,理解是对"了解、知道"等的深入,它不仅要求知道对象,更要求对象与自己的认知结构产生密切联系,融入自己的认知结构之中。因此,理解是一种深入了解,认知结构的纳入和重构是理解的基本特征,它与领会意思相近。理解构成了运用的基础,只有在理解的基础上,才能面对实践情境进行灵活运用。可以看出,理解相似于领会,它居于了解与运用之间,是一种深入的了解,也是运用的先决条件。

(二)理解与解释或说明的关系

从诠释学历史发展来看,理解一直与解释或说明纠缠在一起,阐明本书对理解与解释或说明的立场,有助于进一步清晰理解的内涵。按照潘德荣的梳理,理解与解释(说明)的关系,大致有三种基本观点:第一,理解与解释

---

① 布卢姆:《教育目标分类学(第一分册:认知领域)》,罗黎辉等译,华东师范大学出版社,1986,第19页。

② 格兰特·威金斯、杰伊·麦克泰格:《追求理解的教学设计》第2版,闫寒冰等译,华东师范大学出版社,2017,第94—95页。

(说明)相互对立,分别指向精神科学与自然科学;第二,理解与解释(说明)以解释为基点相互统一,解释是理解的目的;第三,理解与解释(说明)以理解为基点相互统一,解释仅为理解的外化。第一种观点随着诠释学的发展早已被抛弃,核心在于理解与解释(说明)如何统一。从思想上讲,利科的观点更有助于本研究的深入。利科在理解的主观性与解释(说明)的客观性之间放了"文本作品",并赋予了"文本作品"以独特的具有客观性的意义,使理解既摆脱了"作者原意"和"读者意义"之间的无序关系,又避免了相对主义。"利科由此证明了一个不同于作者主观意图的'客观'意义的存在,一旦理解根植于文本,不再流连于游移不定的作者与读者的主观性,相对主义便无隙可入了。"①从教材来看,教材虽然承载着作者(国家、编者等)的原意,并通过诸如课程标准、教学指导书等表达了出来,但教师的教学并非"教教材",而是需要对教材进行情境化、个性化处理,教材本身的知识内容是教材"原意"的基础,也是教师理解教材的基本条件。换句话说,教材本身的知识内容才是真正承担国家社会对学生培养期望,以及教师对教材育人价值理解的核心载体。因此,教材作为一种"作品文本",自身所蕴含的意义才是教材理解的基础。

具体而言,理解与解释或说明的关系是一种循环互生的关系。一方面,理解需要以教材自身意义为基础,进行合理性建构,以形成教育性解释或说明;另一方面,解释也需要以教材自身意义为基础,以促进更好地理解。这种关系在教材使用研究中表现得最为明显,"教师的教材使用不单单是'教教材'或者'用教材教'的问题,而是必须考虑如何通过教材与学生展开互动,不断际遇学生的存在状态,以创造儿童的学科"②。

①　潘德荣:《西方诠释学史》第 2 版,北京大学出版社,2016,第 514—515 页。
②　安桂清:《教材使用的研究视角与基本逻辑》,《课程.教材.教法》2020 年第 6 期。

第三节　教师教材理解的内涵建构与基本论题

一、教师教材理解的内涵建构

从以上对教材和理解的界定,我们已然知道,教材是指向学生学习与发展的教育知识文本,而理解是对文本意义的持续揭示与建构。以这两个基础性概念的认识为前提,在本书中,我们将教师教材理解界定为:中小学(小学与初中)教师在特定的历史社会中,通过主客统一的逻辑与方式持续揭示与建构教材的意义,以促进学生身心成长的基本过程。这一界定具有以下三重基本内涵。

(一)教师教材理解的本质是合理地、持续地揭示与建构教材的意义

新课程改革后,由"教教材"向"用教材教"的转向显示了教材的工具性价值。"教材的工具性一方面在于其作为教学的工具,要有利于学生和教师的使用,另一方面在于其作为德育重要工具的特殊用途使其具有重要的教育价值"[1]。教材的工具性取向意味着教师对教材的理解不仅要从深度上吃透教材,更要在广度上超越教材的范围,从教材走向历史文化、学生成长与教师发展,也意味着教材作为一种意义载体的文本蕴含着丰富的教育意义,需要通过教材理解去合理地揭示和构建教材的意义体系。正是教材的这种工具性使得教材的教学性、传承性、社会性等其他属性能够得以实现。因此,教师理解教材就是要揭示教材内部所蕴含的丰富的意义世界,并将其与学生的生存境遇融合,进而合理构筑学生的意义世界。

(二)生命教育是我们探讨教师教材理解问题的基本立场

研究是一种基于立场的革命,研究教育问题必然要遵循教育立场。从

---

[1]　王郢:《教材研究导论》,人民出版社,2016,第 9 页。

具体内容来看,教育立场同样是一个变化的过程,而在当代的教育立场中,生命立场是基本点。从当前的理论研究与实践改革来看,生命作为教育的基本逻辑起点正在蓬勃兴起。从理论研究来看,重视学生生命、丰富学生生命意义、促生学生生命自觉已然成为思考教育问题的基本逻辑起点与评价标准。从古希腊"用体裁来训练身体,用音乐来陶冶心灵"[①],到存在主义者雅斯贝尔斯的"教育是人的灵魂的教育"[②],以及杜威的"教育即生活"等,无不充满着生命的魅力。我国学者肖川把生命教育分为教育价值追求、教育存在形态以及多主题教育实践领域三个层次,认为"只有能够关注生命、促进生命成长并进而成全生命的教育,才是真正具有'善的目的'的教育"[③]。从实践来看,叶澜教授领导的"新基础教育"研究与实践孕育出了"生命·实践"教育学派;郭思乐教授从"师本"转向"生本",并逐渐建立起教育体系与操作框架[④]。生命教育理念、生命教育课程、生命教育课堂、生命教育管理等逐渐构筑起了生命教育的基本体系与基本立场,也成为我国当代思考教育问题、改革教育实践的基本立场。将生命教育作为我们探讨教师教材理解的基本立场,不仅因为当代教育发展基本趋势,也源于当前我国教师教材理解的实践困境,它是使教师的教材理解从经验走向理性,从表层转型深层的基本前提。

(三)主客观统一是研究教师理解教材的基本思维方式

理解是一个心理过程,更是一个社会与文化的过程。诠释学中关于理解争论的核心在于理解是否有客观的有效性标准。从早期的语言规则到"心理移情",以及在批判海德格尔与伽达默尔理解理论的相对主义倾向基础所形成的文本中心主义理解,旨在为理解寻求一个有效的标准。教材理解既需要诠释学所赋予理解的特殊意蕴,也需要重视心理学中对于理解的心理过程与机制的客观性描述,所形成的是一个综合性的内涵体系。这个

---

① 单中惠、朱镜人:《外国教育经典解读》,上海教育出版社,2004,第6页。
② 雅斯贝尔斯:《什么是教育》,邹进译,生活·读书·新知三联书店,1991,第4页。
③ 肖川:《教育的使命与责任》,岳麓书社,2007,第3页。
④ 郭思乐:《教育走向生本》,人民教育出版社,2001,第10页。

内涵体系一方面受制于教育文化领域的特殊限制,另一方面又需要吸收诠释学、心理学、社会学中理解的有益成分,只有这样才能彰显教育学视野下的理解的特殊性与丰富性。正是在这样的思考前提下,本研究才采用界定理解的"综合路向"。与此同时,从教育学视野来看,教学所探究的核心问题是知识与学生成长的关系问题,即"转识成慧"的问题①,也是"未解与确解关系问题"②,二者所表达的都是如何通过知识学习进行生命意义建构的问题,只是前者从知识的视角,后者从理解的视角。不管哪种视角,都意味着教育是在社会发展、知识学习与个体成长及其统一关系的立场下来思考学生学习内容与学习目标之间的达成问题。对于学生而言,学习是一个了解信息、获得知识、进行运用以及建构生命的系统过程。布鲁姆(B. Bloom)对教育目标的层级性划分充分显示了学生学习与成长的序列。这种序列从方法论来看是一种从客观到主观并实现统一的过程。教师教材理解也遵循着这样一种教育学视野,它需要在为学生提供符号信息、概念原理、运用创新以及生命反思与建构中彰显其理解的维度与层次,并最终实现不同维度的有序统一。

二、教师教材理解研究的基本论题

从本书的基本旨趣来看,对教师教材理解进行研究并不是为了以启示的方式去探讨诠释学为教师教材理解带来的新变化,也不是去仔细考究教师在具体理解学科教材过程中所需要的技巧与方式,而是在承认基于诠释学的教师教材理解范式基础上,超越具体理解技巧和方式,去建构具有"中层理论"性质的教师教材理解的合理框架,以关联理论认识与实践操作。基于此目的,结合中小学教师教材理解的基本内涵,得出本书包含的三个基本论题。

---

① 李松林、巴登尼玛:《何为教学论研究的核心问题》,《教育理论与实践》2016年第1期。
② 熊川武:《论教学论基本问题》,《华东师范大学学报(教育科学版)》2010年第1期。

（一）我们应该以何种理论审视教材理解

理解的合理性问题主要是诠释学所探讨的问题，但诠释学对理解的探讨是一种哲学思考，是指向人类社会中所有成员的探讨，其所确立的各种合理性并不能对中小学教育、对教师的教材理解具有完全的针对性与适切性。因此，面对哲学层面所掀起的"理解浪潮"，如何能站在教育的立场，以教育的思维与方式进行改造与转化，使之为教育服务，为教师的教材理解服务便是教育研究者所努力的方向与应尽的责任。面对诠释学中不同的理解的合理性——强调作者的、关注读者的、放置于文本的——我们应该以什么样的立场与态度、思维与方式汲取其营养，来建构适合于教师教材理解的理解理论是本研究所需要研究的重要论题。

（二）教师教材理解的基本过程

从过程角度出发，教师应该怎样去理解教材是教材研究、教学诠释学研究等的重点问题。从当前研究来看，大多停留在宏观方法论层面，即运用诸如海德格尔、伽达默尔、利科等的诠释学理论的基本观念与方法，对教师教材理解进行关照与借鉴，所形成的大多是具有"宏大叙事"性质的观念澄清与路径思考，无法在理论的系统性与实践的操作性上给予更为充分思考。鉴于此，以一定的理论为基础，系统探讨教师教材理解过程，包括阶段、方式、特点等，可以更为充分和系统地厘清教师应该如何进行教材理解。

（三）教师教材理解应该从哪些维度进行

当我们有一种适合于教师教材理解理论时，问题就会转向：依据这样的理解理论，教师究竟应该怎样去理解教材？或者说应该从哪些维度去审视、解构与建构教材的意义？维度揭示的是方向与内容的整合，这种整合既不是宏观形而上学的判定，也不是微观情境中的具体方式，而是在二者之间，依据具体历史文化中的教育价值诉求与具体内容的关系结构去寻求一种具有中间层次的观念与内容的整合。这种整合既需要从教材的多主体意志中去寻求合理的主体相关性，也需要在实际的内容上去寻找基本路径。

第三章
教师教材理解的现状考察与理论反思

在教师职业成为一项正式职业,并逐步走向专业化道路以前,教材理解就一直是教师教学的基本工作,是为了促进教学质量提升而进行的准备性工作,如何理解教材似乎也不存在什么争议。新中国成立以后,在学习苏联教育理论的基础上,结合我国特有国情,逐渐形成了以知识为中心的教学思想与体系,知识成为教育的目的。这样的教学思想与体系对教师如何理解教材所提出的也只有知识性要求,特别是基本知识与基本技能,认为教材解读仅仅是对知识,特别是对需要考试的知识的解读。改革开放以来,伴随着经济的发展,国家和社会对人才培养的需求已经逐渐脱离了单一的知识要求,理想信念、创新能力、实践能力等逐渐成为推动社会变革的重要力量。在此背景下,我国对教育本质、教学本质等进行了广泛而深入的讨论,开始重新确立教育价值观,"提高生命的质量和提升生命的价值"①逐渐被认为是教育的基本追求。

在重新确立教育本质与价值的过程中,不同的理论开始渗入并积极为教育本质与价值提供支撑。在这些理论中,诠释学是最为典型的代表。诠释学以"意义"为基础,以"理解"为核心概念,以"教育的理解性就是教育的本质规定性"②为基本观念,支撑着教育教学改革。正是在教育的中心从知识转向学生的过程中,知识逐渐被置于工具性的位置,是学生学习与发展的

---

① 顾明远:《再论教育本质和教育价值观——纪念改革开放40周年》,《教育研究》2018年第5期。
② 邓友超:《教育解释学》,教育科学出版社,2009,第7页。

核心工具与载体，而理解则是实现这一转变的关键。由此，教师对教材的理解应该从知识中心转向学生中心，逐渐形成了以诠释学为基础的教材理解范式。

在教师教材理解的范式转换中，教师应该如何理解教材也成了教学实践中的一个基本问题。而对这个问题的现状考察则是进一步深入理解和建构教师教材理解范式的前提与基础。

第一节　中小学教师教材理解的现状考察

一、考察设计

为了把握教师教材理解的现状与问题，本书主要采用访谈和课堂观察两种基本方法。

（一）考察内容与访谈提纲编制

从本质上说，方法是为目的服务的，要确定研究的方法，首先需要确定研究的目的。从实践角度来看，教师的教材理解是为了提升教学的有效性，教学论范式应该成为教材解读的基本范式。有学者把学科教材理解的教学论范式分为目标、内容、方式和水平四个维度，分别表达"为何而理解""理解什么""如何理解"和"理解得如何"①。根据本书研究的需要，在对教师教材理解现状进行考察时，我们主要从三个维度出发，即教材理解的目的、教材理解的内容与教材理解的方式。依据这三个维度，编制了访谈提纲，对教师教材理解的三个维度进行深入访谈，以揭示其基本样态。

（二）考察方法

1. 教师访谈

访谈是两人之间相互交换看法，而深度访谈是排除访谈干扰，让访谈者

---

① 李松林：《论教师学科教材理解的范式转换》，《中国教育学刊》2014 年第 1 期。

与被访谈者在自由的氛围中能够没有顾忌,敞开心扉,深入交换相关主题或问题的理解和看法,从而确定访谈对象内心的真实。"深度访谈是一种运用开放式问题获得相关数据、了解参与者意义的方法,这种意义涉及个体如何看待他们的世界,如何解释他们生活中的重要事件。"①为真实地了解教师教材理解的现状,本书选取了河南省周口市的六所学校(四所小学、两所初中)的 13 位教师作为访谈对象。这 13 位教师在学校性质、所教学科、教龄与职称方面具有一定的代表性,可以较为充分地反映当前中小学教师教材理解的现状。

表 3-1　被访谈教师信息一览表

学校	学校性质	教师	所教学科	教龄(年)	职称/职务	备注
ZF 小学	城市小学	王老师	小学数学	27	中小学高级/副校长	
		董老师	小学语文	12	中小学一级	
WC 小学	城市小学	李老师	小学数学	10	中小学一级/学科组长	
		王老师	小学科学	4	中小学二级	
ZYL 小学	城乡结合部小学	白老师	小学数学	23	中小学一级/学科组长	
		项老师	小学语文	3	中小学二级	
		冯老师	小学英语	18	中小学高级/副校长	
QYL 小学	村镇小学	董老师	小学语文	14	中小学一级	
		刘老师	小学数学	6	中小学二级	
LJT 中学	村镇中学	范老师	初中地理	4	中小学二级	
		张老师	初中语文	18	中小学一级/学科组长	
WCZ 中学	城市中学	石老师	初中数学	13	中小学一级	
		邢老师	初中英语	6	中小学二级	

① 麦克米伦、舒马赫:《教育研究:基于实证的探究》第 7 版,曾天山组织翻译,教育科学出版社,2013,第 465 页。

访谈采取以学校为单位的面对面方式,在访谈时进行录音,并在访谈后对录音进行整理,然后进行材料编码。编码规则是学校—教师—访谈时间,如"ZF—W—180508"表示 2018 年 5 月 8 日对 ZF 小学的王老师进行访谈。访谈时间主要集中在 2018 年 9 月至 2019 年 5 月。

2. 课堂观察

案例研究是探索难以从所处情境中分离出来的现象时采用的研究方法。① 对于教学工作而言,教师的众多意识和观念往往是通过其在情境中的行动来进行表达的,正是这些行动,将教师某些难以说清楚的意识和观念直观地表现了出来。对教师的教材理解而言,教师的教材意识、理解意识等往往是通过他们的教学设计和课堂教学活动进行表达。因此,选取教师教学设计和教学活动的典型案例,对其进行分析,可以进一步对教师如何理解教材进行较为深刻的把握。

本书所选取的案例主要是本人工作单位与中小学开展的校地合作项目。2014 年至 2019 年,为拓展学校社会服务功能和提升教师的专业水平,周口师范学院教育科学学院与周口市教体局、周口市中小学实施了"教学技能训练与高效课堂构建"校地合作项目。该项目以课堂研究为主题,以"教学切片"为方法,以提升中小学教师教学设计能力与专业成长意识为目的,以高校教师、教体局教研室教研人员、中小学骨干教师为研究共同体,以专题讲座、听评课、专题研讨为主要形式。在校地合作过程中,积累了 100 多节示范课,为本书提供了大量典型案例。

二、中小学教师教材理解的现状

(一)教材理解目标:重"双基",轻情感

教师在理解教材时应该追求怎样的目标? 这个问题是教材理解的根本性问题,因为教材理解目标的预设主要来自教师自身的教学观和教材意识,直接影响着教材理解的思维方式和行为方式。从系统论来看,教师对教材

---

① 罗伯特·K.殷:《案例研究方法的应用》第 2 版,周海涛主译,重庆大学出版社,2004,第 13 页。

的理解并非是孤立存在的,而是与教师自身对教学活动的认识、理解、认可、接受紧密相关。也就是说,不同的教学观会导致不同的教材意识,而不同的教材意识会直接影响教师对教材的理解。

新中国成立以后的教育变革,总体而言经历了两种不同的教学观,即知识中心主义教学和儿童中心主义教学。二者之间的分水岭则是以新课程改革为标志。新课程改革以前,受赫尔巴特教育思想和苏联教学理论的影响,知识在我国教学中具有目的性价值,"在教学过程中,讲授起着主导的作用:安排得当的讲授是学生顺利掌握知识、技能和技巧的主要条件"[1]。这种以知识为中心的教学论思想,是"继承了传统教育派的教学论思想"[2],延续的是赫尔巴特的基本路线。由于我国现代学校制度建立较晚,缺乏系统的学校教学思想,且由于政治原因,苏联教学思想对我国教学论学科建立和教学实践的影响根深蒂固,以知识为中心的教学论思想成了新课改以前我国教学论思想的主流。随着改革开放,我国经济得到飞速发展,仅仅拥有知识的人才难以进一步推动国家和社会的发展,创新能力逐渐成为人才的核心标志。在此基础上,我国对教育本质、教学本质进行了大讨论,对以知识为中心的教学论思想进行了全面、系统、深刻的反思和批判,形成了各种教学本质说,儿童中心教学论思想逐渐取代知识中心教学论思想,我国开始致力于具有中国特色的教学论建设,"实际上,创立具有我国特色的教学论也是近百年来有识之士努力追求的目标"[3]。在这一目标推动下,我国开始吸收、借鉴国外相关理论,并掀起了一场庞大的基础教育课程改革。在2001年教育部印发的《基础教育课程改革纲要(试行)》中,明确提出了要"改变课程过于注重知识传授的倾向,强调形成积极主动的学习态度,使获得基础知识与基本技能的过程同时成为学会学习和形成正确价值观的过程",强调了以儿童为中心的自主学习、合作学习和探究学习等学习方式。新课改的土壤,极

---

[1]　冯克诚:《苏联社会主义教育思想与论著选读》,人民武警出版社,2011,第119页。

[2]　同上书,第6页。

[3]　李定仁、徐继存:《课程论研究二十年(1979~1999)》,人民教育出版社,2004,第41页。

大地推动了研究者和实践者的改革与探索,力求使"当前我国基础教育中课堂教学的价值观从单一地传递教科书上呈现的现成知识,转为培养能在当代社会中实现主动、健康发展的一代新人"①。

虽然在理论上,我国教学论思想已经逐步确立儿童中心,但在实践中,教师的教材理解却远未达到理论的预期。

王老师在介绍自己教材解读的经验时谈到以下内容。

教师在使用教材时,要了解课时、单元、年级、全套教材的知识体系,做到教前心中有数,教时有的放矢,要追问教材所提供材料的必要性与目的性,对有效材料要积极运用,对不足材料考虑是否扩充,对不适材料或教学内容顺序不当的要灵活调整。如数学三年级上册第三单元四边形中的长方形的周长,教材中很多题目求周长要用到两位数乘一位数的计算,但这部分内容教材安排在第六单元。如按教材安排进行教学,师生都将面对不少困难,学生也消化不了。我想对教学内容进行调整,先教第六单元多位数乘一位数的计算,再回头教第三单元四边形,学生对周长的计算就顺理成章地完成了。数学新旧知识间具有内在紧密联系,章与章之间相互衔接、环环相扣,以层层递进的方式学习,哪个知识点掌握不好都会影响后面的学习,采用跳跃式的学习方式定会有阻力。如上面所说的,教材编排多位数乘一位数学生还没有接触过,在求长方形的周长计算练习题中却出现不少两位数乘一位数的计算,如按原教学顺序掌握周长计算公式是新知识点,计算也是新知识点,两个新知识点同时进行教学,学生如何消化得了。在教学中教师要把握好教材,做出适当的、合理的调整,使教学任务完成得更轻松,学生学得更快乐。(ZF-W-181025)

从王老师对教材理解的经验总结可以看出,知识仍然是教材理解的中心,"课时、单元、年级、全套教材的知识体系"构成了教师教材理解的核心关注点,如何对知识学习的顺序进行调整成为该教师最为得意的教材理解

---

① 王建军、叶澜:《"新基础教育"的内涵与追求——叶澜教授访谈录》,《教育发展研究》2003 年第 3 期。

经验。

这种现象并非单独存在,在教师谈及自己教材理解的过程、内容或有益经验时,字里行间往往是对知识的关注,却忘记了情感、品德、价值观等的存在。

王老师在介绍自己对教材理解的有益经验时提到了以下五点内容。

我觉得一个好教师在进行教材解读时需要做到五点:第一,身边至少有三个版本的教材及《教师教学用书》,注重教材内容的整合;第二,注重教学内容间的纵横向联系;第三,注重对例题和练习题的研读,既要注重教学内容中公开信息的解读,又要注重其背后所隐藏的秘密;第四,注重对教学目标的研读,特别要研究如何围绕教学目标进行"教、学"和"评价";第五,注重教具和学具的解读。(ZF-W-181025)

同样,如何利用《教师教学用书》系统理解知识之间关系被视为教材理解的重心,传授知识在教学实践中仍然被视为"铁律",知识的育人价值往往被人忽视。

以知识为中心的教材理解体现在课堂上,便是重视知识目标,却忽视了能力、情感、态度与价值观等目标。教学目标是对教学活动开展后学生学习结果的预期,是对学生通过教学活动后在身心各个方面变化的期望,在本质上体现着对教育的理解,制约着教师"教什么"和"如何教"的问题。在教学论发展史上,教学目标变革往往是教学论思想变革的核心体现。我国教学目标变革伴随着教学论思想变革大致经历了三个基本阶段。第一个阶段是"双基"为主的教学目标。这是我国传统教学的目标形态,认为教学主要是为了促进学生基本知识和基本技能的掌握,体现的是知识中心教学论思想。第二个阶段是"三维目标"。这是我国新课改所提出的教学目标框架,要求从"知识与技能""过程与方法""情感态度与价值观"三个维度进行教学目标设计,体现了素质教育下注重儿童全面发展的教学论思想。第三个阶段是"学科核心素养"指导下的目标。这是自2016年林崇德教授发布"中国学生发展核心素养"研究成果以后,对教学目标设计的新要求。对于核心素养与"三维目标"的关系,余文森认为:核心素养更能体现以人为本的教育思想,三维目标是核心素养的手段与途径,核心素养是对三维目标的传承与超越①。2020 年,教育部制定的《普通高中课程方案(2017 年版 2020 年修订)》正式提出:"中国学生发展核心素养是党的教育方针的具体化、细化""课程标准要围绕核心素养的落实,精选、重组课程内容,明确内容要求,指导教学设计,提出考试评价和教材编写建议。"②学科核心素养成为课程标准制定的基本依据,我国课程教学也正式步入了核心素养时代,进一步体现了学生为本的教学论思想。从教学目标发展的三个阶段可以看出,不同的教学目标设计体现着不同的教学论思想。从实践来看,不同的教学目标设计同样体现着教师的教学思想和教材意识。

董老师在小学六年级英语课 *what is your hobby?* 中的教学目标设计③:

1.能根据音标正确拼读并运用单词表中的单词,如,hobby, poem, maybe 等。

2.能正确地用英语表达自己的喜好,如,go traveling, collect stamps, walk a pet dog, listen to music 等。

3.能正确地运用不同的方式,如,like/love/enjoy/prefer/be fond of/be interested in + doing 结构来表达兴趣爱好。

4.能运用本课所学语言,就自己和他人的喜好用英语句型交流。

从以上教学目标设计可以看出,董老师重视单词和英语表达能力,但却忽视了学生英语学习兴趣、英语文化情感、态度与价值观目标,使教学目标出现"残缺"。

教学目标的"残缺"不仅体现在教学目标设计层面的缺失,还体现在达

---

① 余文森:《从三维目标走向核心素养》,《华东师范大学学报(教育科学版)》2016 年第 1 期。

② 中华人民共和国教育部:《普通高中课程方案(2017 年版 2020 年修订)》,人民教育出版社,2020,第 4 页。

③ 课例来自:2017 年 10 月 25 日,某小学英语示范课。

成教学目标活动上,如,教师设计了情感、态度与价值观目标,但却缺乏达成活动,使这类目标成为"空中楼阁"。

轩老师的《生命 生命》教学设计

一、教学目标

(1)读准多音字"弹",掌握"震撼、欲望、糟蹋、骚扰、茁壮、有限"等词语。

(2)正确、流利、有感情地朗读课文,读懂文中引发对生命思考的三个事例。

(3)抓住关键词语,联系上下文或生活实际,体会句子含义。

(4)感悟作者对生命的思考,懂得珍爱生命、尊重生命、善待生命,让有限的生命体现出无限的价值。

二、教学重点

抓住重点词语,联系上下文和生活实际,体会句子的含义。

三、教学难点

感悟作者对生命的思考,懂得珍爱生命、尊重生命、善待生命。

四、教学过程

(一)揭题导入

播放课件让学生知道生命的可贵。

(二)精读课文,感悟生命

1. 出示文中的生词和学习小指南

请同学们自读课文。要求:借助拼音,读准字音,读通句子,遇到难读的句子多读几遍,文中讲了哪几件事? 画出你最感动的句子并交流谈体会!

(1)检查反馈。

(2)这真是一只勇敢的飞蛾!

(3)面对这样一只飞蛾,你会做出什么选择?

过渡:求生的飞蛾让作者震惊,也为自己赢得了生命,那小小的香瓜子,又是怎样拨动作者的心弦呢?

2.学习课文的第三段

(1)自主学习,找出让自己感动的句子。

(2)汇报感悟。

(3)指导朗读。请带着你的感受,读一读第三自然段(自由读,指名读,齐读)。

(4)回扣课题。

小结:环境恶劣,困难重重,但瓜苗仍然不屈向上,茁壮生长,这就是——(学生齐读课题)生命、生命。

3.学习"心脏跳动"事例

过渡:听着你们读得这么好我也想读读,能不能给老师一个机会,示范读,想想哪些地方最让你感到震惊?

(1)出示:"那一声声沉稳而有规律的跳动,给我极大的震撼,这就是我的生命,单单属于我的。"

(2)出示:"我可以好好地使用它,也可以白白地糟蹋它。一切全由自己决定,我必须对自己负责。"

①"糟蹋"是什么意思?(浪费、不珍惜)在我们的生活中有哪些行为是在"白白地糟蹋"自己的生命?(学生说现象)

②我们看看杏林子是怎样对自己的生命负责的。

③出示杏林子的资料。

④此时此刻,你想说什么?

⑤是呀,生命是属于我们自己的,我们要向杏林子学习,必须对自己负责。这就是——生命、生命。

(三)感悟生命,升华情感

让孩子再次感悟生命的重要。

(四)布置作业

课外阅读:杏林子《和命运较量》,海伦凯勒《假如给我三天光明》写读后感。

轩老师的教学设计中明确提出了情感态度与价值观目标,即"感悟作者对生命的思考,懂得珍爱生命、尊重生命、善待生命,让有限的生命体现出无限的价值",可以说体现了目标设计的全面性,却没有明确设计相应的达成活动。在实施过程中,轩老师也仅仅在课结束时用了 2 分钟左右向学生提问:"我们在生活中应该怎样珍惜生命?"从学生犹犹豫豫的回答中,也发现了学生并未对生命的珍贵有深刻的认识。从轩老师的教学设计和实施来看,基本知识与基本技能仍然是教师所追求的教学目标。

虽然自我国新课改以来,伴随着三维目标的确立和学科核心素养的提倡,以学生为本,注重学生全面发展的教学论思想已经基本确立,并在实践中通过研究和政策推进逐步得到实施,但教师的教材理解仍然存在注重基本知识与基本技能的失衡现象,"双基"似乎成了一道抹不去的"阴影"。这种现象的存在除了我国基础教育评价体制的知识——功利取向外,教师的教材意识和理解能力也是重要原因,并且二者呈现出相互缠绕的关系。

对教师而言,理想与现实是制约教师教学工作的两股力量。一方面,受过专业训练的教师,具有自己对教育教学的基本认识和理解,拥有一定的教育理念,具有对好教学的内在追求;另一方面,教师在社会中的学校工作,必须遵守政府、学校、社区和家庭等的要求或规定。从应然来看,教师的教育理想与教育现实应该以互动共生的方式推动教师的专业成长,教育理想以目标导向指明了教师专业成长的方向与道路,而教育现实以实际经验与行动推动着教师教育理想的实现。然而,从实然来看,这二者却相互矛盾与冲突,主要表现为学校、教育主管部门、家长等对教育功利性的追求往往与教师自身的教育理想出现矛盾与冲突。让"学生学的快乐"还是要"考试排名第一"是教师的艰难选择,也直接影响着教师的教学行为。

近年来,众多研究者关注教师教学行为的实践逻辑,在一定程度上反映了教师的教学生活现状。在这些研究中,法国社会学家布迪厄(P. Bourdieu)的社会实践理论成为最为重要的理论基础。布迪厄用场域、关系和资本三者及其之间的关系回答了人的实践问题,认为行动者凭借各自拥有的特定资本和特定惯习,在一定的社会场域中生活,在一定的社会制约条件的客观环境和结构中,不断地创造和建构自身以及生活在其中的社会①。在布迪厄的理论中,实践=惯习×资本+场域,惯习、资本和场域构成了影响人实践的核心要素。基于这一理论,人们开始去探索教师教学行为的实践逻辑。如有学者认为,权力资本制约着教师的教学行为;惯习指导着教师的教学行为;学校场域影响着教师的教学行为,上述因素使得新课改理念走进课堂困难重重②。

教师教材理解行为同样受到实践逻辑的影响。近年来的基础教育改革在教学理念与方式上发生了翻天覆地的变化,并在行政推动下深入到了基础教育各个方面,形成了一场巨大的潮流,推动着教师的教学观念与行为的变化,教师对新课改的理念和术语大多都已经理解、认同并接受。但由于教学传统(特别是老教师)、权力部门的影响,教师很难按照新课程理念去进一步优化自己的教学行为,以至于说的是新课程,做的是旧教学,穿着新鞋,走着老路。在"学生的考试成绩直接关系着教师的业绩、经济利益"等行政权力资本价值取向指引下,任何教育理论的先进性在权力资本面前也必将黯然失色。③ 正是由于这种实践困境,教师的教材理解行为往往更多地受到评价的影响,基本知识、基本技能等能够"立竿见影"地提高学生成绩的内容必然成为了教师进行教材理解的追求。

一位初中语文教师说道:"其实,你说的这些(交流时向教师表达教材理解需要考虑知识的价值,要从学生对知识学习的兴趣,知识对学生的情感、能力、态度、价值观培养的作用,知识对于学生生活的意义与运用等方面去进行教材理解)我们都接受,学校请来做讲座和培训的专家教师也有类似的看法。但我们也很无奈,一个年级 8 个班,如果每次考试都是倒数,都过不了学校这一关,什么评优评先、评职称等都轮不到你,在学校没人重视你。所以,只有提高学生的考试成绩,把时间都用在知识上。"(LJT-Z-180915)

没有过多的时间和精力设计促进学生能力、情感、态度等方面的教学活

---

① 宫留记:《布迪厄的社会实践理论》,河南大学出版社,2009,第 10 页。

② 魏宏聚:《实践逻辑对影响教师课堂教学行为因素的案例分析》,《天津师范大学学报(基础教育版)》2010 年第 1 期。

③ 同上。

动,把教学与考试紧密关联,重视基本知识与基本技能的训练,这便是教师在理解教材时的真实写照。

(二)教材理解内容:重知识,轻价值

对学科教材而言,知识是其核心,任何教材内容的选择都是以知识为核心的,知识逻辑是教材内容的基本逻辑之一。教材知识与学科知识具有差异,这种差异主要体现在三个方面:第一,教材知识是一种简约性的学科知识,它体现着学科知识的基本框架;第二,教材知识是一种基础性学科知识,它往往是学科知识的基础部分;第三,教材知识是一种教育性知识,它的核心目的是育人。教材知识的这三个基本特点,意味着教材知识是以简约性、基础性和教育性的方式存在的,也意味着教材知识具有不同的层次与结构。从层次来看,教材知识至少呈现出三个层次:第一层次是事实、概念与原理,它是教材所直接呈现的,是教材的主要内容;第二层次是学科方法与思想,它隐含在第一层次之后,体现着思考概念与原理的基本思维方式与价值思想;第三层次是育人价值,它是学生学习教材知识后在认知结构、思维能力、价值信念等方面的发展和提升,是教材知识与学生互动过程中所生成的。

对教材的完整理解是教材知识三个层次的统整性理解,即既要理解教材所直接呈现的事实、概念和原理,又要理解其背后所隐含的学科方法与思想,更要理解在此基础上学生的发展指向与内容。只有将教材知识完整地揭示出来的理解,才是真正意义上的教育性理解,才能将教材理解与一般意义上的文本阅读区分开来。

基于这样的分析框架,实践中的教师教材理解所呈现的状况便是:重视知识本身,而忽视了教材知识的育人价值。

李老师在谈到应该从哪些方面去进行教材解读时表达了以下观点。

主要从三个方面进行思考,解读数学知识目标、教学内容逻辑、数学知识研究方法。比如学习表内乘法(一),分解教学目标:让学生初步认识乘号,会写、会读乘法算式,理解乘法的意义。理解教学内容逻辑:抓住教学难点读写乘法算式、加法算式改写乘法算式的演变过程和意义。解读教学方法:通过情景引入,利用算式卡片、小棒等教具展开教学。(WC-L-181121)

李老师认为,教材解读最重要的是要"解读出具体数学知识的整体结构与数学本质,读出数学知识背后所蕴含的数学思想方法的演变过程"。教师在进行教材解读时的最大问题是:"教师往往关注的只是局部或单个知识点,经常会忽视部分与整体的联系,知识间的结构被打散,内在联系被割裂。"(WC-L-181121)

从李老师对教材解读的认识来看,教材的知识结构是其所关注的核心内容,通过知识结构的解读,可以进一步读出数学知识背后所蕴含的数学思想方法。这种对教材理解的认识具有普遍意义,在访谈过程中,大多教师都持有这种观点,认为解构出教材的知识结构,并挖掘出教材知识背后的学科思想与方法,便是吃透了教材。

一位语文教师也持有同样的观念,认为教材解读主要是:"要解读出语文教材编排的结构体系,有一个系统的宏观认识。老师要有前后勾连的意识,连点成线,理清各要素之间的联系,对小学阶段语文要素整体地教、连续地教、有针对性地教。"(ZYL-X-181009)

诚然,教材知识中的事实、概念与原理以及其背后所蕴含的学科方法与思想是教材理解的重要内容,也是进行有效教学的基础。但教材知识是一种育人知识,其核心价值在于促进学生发展,具有工具性质。忽视了知识的育人价值,仅仅以知识本身作为教材理解的重心,必然导致知识中心主义教学。

教师理解教材时对知识育人价值的忽视必然体现在课堂上,而这种课堂教学的典型特征便是缺乏对育人目标与达成活动的设计。

张老师对小学语文五年级《自己的花是让别人看的》一课的教学设计是这样进行的。

展示课教学设计简表①

基本信息	授课人:张＊＊ 授课年级与内容:五年级语文《自己的花是让别人看的》 上课时间:5月20日		
课标要求	1.加强阅读基本功训练,提高默读速度; 2.采取不同的读书方式,发现语言规律,学习表达方法		
预设目标	1.有感情地朗读课文,背诵课文第三自然段; 2.认识3个生字,会写7个,理解"花团锦簇、姹紫嫣红"等词语的意思; 3.感受异域风情,理解"人人为我,我为人人"的人生境界		
	活动内容	活动组织形式简述	试图达成何种预设目标
活动一	回顾导入	1.回顾上学期《小苗与大树的对话》中大树指谁?简要介绍季美林先生。 2.引入本篇课文,学生齐读课题,强调谁的花让谁看	记住作者与课题
活动二	掌握学习重点	1.明确本单元知识学习方法:知内容、识风情、品语言。 2.学生自读课文,用合并段意法概括文章主要内容	了解学习方法,熟悉课文内容
活动三	学习"奇丽"景色,感知语言魅力	1.学生通过抓关键词语、想象画面等学习方法学习第二、三自然段。 2.师生交流学习成果	熟练掌握学习方式,达到熟读成诵
活动四	总结学习方法,学习"奇特"之处	1.总结第三段的学习方法,学会抓关键词学习第二自然段。 2.学生交流汇报	提高学生自学能力
活动五	教师小结	1.引出本文观点:人人为我,我为人人。 2.学习这种"人人为我,我为人人"境界	拓展延伸,学会分享

---

① 课例来自:2017年5月20日,某小学语文示范课。

从张老师的教学设计简表可以看出,张老师对课文中的生字、生词、课文背诵等比较重视,对于"人人为我,我为人人"的价值观虽然有所设计,但仅仅是通过教师总结得出,既缺乏操作性目标设计,又缺乏相应的达成活动,使得"人人为我,我为人人"的价值观仅仅停留在语言层面,并未触及学生经验和心灵的深处。

展示课结束后,在研讨阶段,有教师提出价值观目标及其达成问题,张老师回答道:"魏老师在讲座时说道教学目标设计要体现全面性和达成性①,特别是要体现情感、态度与价值观目标,我依据这节课的内容特点,也设计了'人人为我,我为人人'的人生境界。刚才听到各位老师的点评,我才发现这个教学目标存在两个方面的问题:一是目标过于宏观了,缺乏可操作性,表述也不清晰,可以考虑转化为'团结互助',显得更为具体一些;二是缺乏了达成活动,只是在最后做了一个小结,算是点了题,但没有依据学生的生活体验来设计相应的达成活动。我以后会继续努力,谢谢大家的指点!"

张老师意识到了自己在教学设计时的不当之处,但从教材理解的角度来说,这种不当实际上是对知识育人价值的漠视。从本质上而言,知识的育人价值是对教材的课程因素的理解,即课程的目标与精神。我国学者郭元祥曾对知识的教育学立场进行过较为系统的论述,他认为,哲学认识论立场下的知识观对于解决教育中的问题具有明显的局限性,它缺乏对教育场域特质的关照,因此,需要转化立场,从教育立场去重新认识知识,把知识与学生发展紧密关联起来。"从根本上说,教育学的知识立场的基点是人的生成与发展,它始终围绕着人的发展来处理知识问题。"②知识与学生学习紧密相关,这是课程编制进行知识选择、组织与评价的基本价值取向。这种取向使教师在对教材知识理解时,不能仅仅把知识视为人类的认识成果,而要从课程、教学、学生学习等维度去进一步理解知识如何促进学生发展。对于知识如何具有育人价值,有学者对知识结构进行了解析。这种解析的观点较多,如波兰尼(K. Polanyi)的隐性知识和显性知识、联合国经济合作与发展组织

---

① 此展示课是校地合作教研的一部分,之前魏老师对如何设计教学目标做了专题讲座,提出了教学目标设计的全面性、操作性和达成性三个基本要求。

② 郭元祥:《知识的教育学立场》,《教育研究与实验》2009 年第 5 期。

(OECD)的 Know-what,Know-why,Know-how,Know-who 四种知识类型,以及国内郭元祥、李润洲等所划分的事实性或概念性知识、方法性知识和价值性知识①,等等。但不管如何划分,知识价值都构成了知识的重要成分。知识的价值是知识对于学生成长的价值,是学生在学习和理解知识过程中对学生的生活、理想、思维能力等产生的积极作用,它集中体现在如何解决问题、如何训练思维、如何丰盈精神等各个方面。

当教师对教材知识仅仅停留在知识本身的层面,而缺乏对知识的育人价值的追问和表达时,这种理解就是片面的理解或浅层的理解,以这种理解作为教学的基础就是片面的教学或浅层的教学,因为它无法让学生在学习知识的过程中感受到知识的实用性、知识的精神意味和知识的方法魅力。

(三)教材理解方式:重"移植",轻创造

"移植"的基本意思是"将秧苗或树木移至他处栽种",隐含着不做具体分析,照搬照抄的涵义。在教材理解过程,"移植"意味着从他人那里(如教师用书、其他教师的理解、网络资源等)把教材理解"搬过来",变成自己的教材理解。移植性的教材理解秉持着一种忠实取向,它将课程标准、教师用书等对教材的理解作为自己的理解,严格忠实地按照它们的方案进行教学。而创造性理解则与移植性理解相反,它秉持的是一种创生取向,要求教师依据自己的教育教学理解和具体的教学情境对教材进行加工改造,形成能够适合具体教学情境的,具有自己独特风格的教材理解。移植和创造两种方式对教材的使用和处理主要表现为"教教材"和"用教材教"。前者严格按照教材所规定的目标、内容、过程、方法进行教材理解,后者则主张以教师为主体,依据教学实际对教材进行改造加工,以生成具体的教学活动。

从二者关系来看,我国经历了从"教教材"到"用教材教"再到二者折中的历史过程。在新课改以前,我国的课程由国家统一管理,实行的是国定制,学校和教师并无改变课程的权力和空间,教师的教材理解也需要遵循国家的基本要求,教材使用观是"教教材"。新课改以后,课程管理权力下放,

---

① 李润洲:《学科核心素养的遴选及其关系辨析——一种知识结构的视角》,《南京社会科学》2019 年第 4 期。

实行国家、地方和学校三级课程管理,提倡地方和校本课程,教材理解也注重课程资源开发,提倡按照新课程理念和自己对教育教学的理解对教材进行加工,"用教材教"的教材使用观逐渐成为一种基本认识。进入新时代以后,由于教师在理解教材时存在自由度过大的问题,就出现了一些违背学科规律和国家意识形态的理解。2014年,教育部印发《中小学教科书选用管理暂行办法》,加强了教材的审定。2018年,教育部颁发的《教育部教材局关于开展义务教育国家课程教材检查工作的通知》中明确指出"经教育部审定通过的国家课程教材,未经许可不得擅自修改"[①]。自此教师的教材理解步入了"折中期",主张在法定教材与学生学习之间形成一种系统的使用逻辑,如有学者将这种逻辑确定为研究(理解法定教材)、重组(形成教师设计的教材)、调整(教学中运作的教材)和优化(学生体验的教材)[②]。

在经历了一系列教材改革后,教师采用何种方式理解教材也在不断探索。但在实践中,教师对教材的理解方式似乎变化不大,总体而言呈现侧重"移植",忽视创造的特征。

石老师在谈到自己教材理解的过程时提及以下内容。

我们平时的教学主要依据教材与教学用书,学校配备有一本教案书,这些都方便了我们平时的备课与教学,但仅有这些资料是远远不够的,所以我个人也会借阅其他的一些资料,努力使课堂内容更丰富一些。

在教材解读这一块,我做得很仔细。每遇到一节新内容,我都会先通读一遍教材,画出里面的概念、关键词、定理与公式,而后再仔细阅读里面每句话所隐藏的知识点,包括图片与小字部分,这些都是顶级专家经过很长时间的研究与不断完善编写出来的,语言是精练准确的,所以我们只有仔细阅读后并不断整理完善才会使平时的教学更加游刃有余。对教材的编排有详细

---

① 教育部教材局关于开展义务教育国家课程教材检查工作的通知,http://www.moe.gov.cn/s78/A26/tongzhi/201809/t20180918_349171.html,访问日期:2019年2月5日。

② 安桂清:《教材使用的研究视角与基本逻辑》,《课程.教材.教法》2019年第6期。

了解后,可借助教学参考书进一步完善课堂内容,像本节课的教学目标、教学重难点、知识脉络、中考怎样考察的、典例与习题设计怎样设计得更有梯度,既要符合学生的年龄特点与认知结构,又要依据考纲要求达到学生掌握基础知识与基本技能、提高解题能力的目的,也可以通过变式训练与一题多解等方式提高学生的发散思维能力。(WCZ-S-181204)

从访谈可以看出,石老师在进行教材理解时非常注重教科书、教学用书并在此基础上来参考其他资料,共同完成自己的教材理解。大多教师在谈到如何进行教材理解时,都非常重视课程标准、教科书和网络资源,认为只有阅读和掌握这些资料才能完成教材理解,进行教学设计。

白老师在谈及教材理解的步骤时说道:"每学期初解读教材时,先通过《教师教学用书》中的教材说明,对本册的教学内容和教学目标、教材的编写特点、教学中需要准备的教具和学具以及课时安排等,进行初步的了解;然后再结合实际教学进度解读单元教学内容,在单元教学解读时,一般先详细阅读《教师教学用书》中的教学目标、内容安排及其特点和教学建议;最后是课时教学内容解读,这个环节很重要,通过解读课时教学内容(例题和习题)的编写意图和教学建议,明确本节课教学目标、教学的重难点、关键以及教学方法。"(ZYL-B-181106)

白老师在理解教材时对《教师教学用书》特别看重,认为《教师教学用书》对教学进行了规划设计,教师只需要在此基础上进行微调就可以上课了。

《教师教学用书》是为辅助一线教师在教学中用好教材、落实教学目标及课程目标,由教材编写者组织力量专门编写的教学指导用书,是课程资源的重要组成部分。①《教师教学用书》是具有官方性质的教学参考书,它以一定的课程与教学思想,针对具体版本的教科书,从教材解析、教学目标、教学建议、教学资源、教学设计等维度对如何理解教材、设计和开展教学进行了较为详细的预设,为中小学教师进行备课、上课提供了最为重要的参考。很

---

① 诸定国:《统编语文教材〈教师教学用书〉编写创新与使用建议》,《语文教学通讯》2019 年第 14 期。

多教师,特别是新手教师对《教师教学用书》十分看重,十分依赖于《教师教学用书》进行教学设计。甚至有老师开玩笑地说,《教师教学用书》是"一本在手,天下我有"。这种认识与《教师教学用书》的编写意图大相径庭。《教师教学用书》的编写意图中已明确指出:"《教师教学用书》是教师教学参考用书,编写本书的主要目的是帮助教师把握教科书特点,领会编写意图,明确教学要求并提出教学设计和实施建议。需要强调的是,本书中的教学建议、教学设计、课时安排,只是给广大教师提供一个教学的基本依据,仅供参考。教师要结合当时、当地、本人、本班的实际情况,创造性地进行教学设计,安排教学进程。"①可以得知,《教师教学用书》仅仅是帮助教师进行教材理解和教学设计,并不能替代具体教学情境中教师自身的教材理解与教学设计,不能以"拿来主义"的态度使用《教师教学用书》。

网络资源、教科书等与《教师教学用书》具有相同的性质,它们都只是教师进行教材理解的基本依据和参考资料,需要教师在此基础上依据自己的教材理解和具体的教学情境进行改造加工,最终形成自己的独特理解,而不是进行"移植"。

在一次公开课中,栗老师按下述方式进行导入。②

教师:各位同学,今天,老师给大家带来了三首古诗,(展示PPT)请同学们借助拼音大声地来读一读,猜猜这三首古诗写的是哪个季节的景色。

学生们:(大声朗读三首古诗标题)

教师:好了,大家读得很整齐,那么读出描写的是哪个季节了吗?

学生们:(议论纷纷)

教师:哪个同学说一下。

学生1:应该描写的是秋天。

教师:回答得很好,你是怎么知道的呢?

学生1:因为"江上秋风动客情"中有"秋风",所以我猜是秋天。

---

① 人民教育出版社课程教材研究所小学语文课程教材研究开发中心:《义务教育教科书教师教学用书·语文(六年级上册)》,人民教育出版社,2019,第9页。

② 课例来自:2017年10月18日,某小学语文示范课。

教师：嗯，回答得很好，这三首诗都是描写秋天。今天，我们就来先学第一首诗《山行》。

在研讨时，有老师对于这节课的导入提出了质疑，认为，虽然这三首诗都是描写秋天，但采用读诗的办法引入课堂，忽视了学生对秋天的体验，难以让学生在已有经验与新知识之间建立有效的衔接。调动学生自己对秋天的体验进入学习。

面对该老师的质疑，栗老师反驳道："对于这节课的导入，我详细看了《教师教学用书》。《教师教学用书》就是按照这种方式进行导入的，我觉得还可以，就采用了。当然不同老师有不同的理解，其他的导入方式可能更好。"

从栗老师的话语中，可以明显感觉到，《教师教学用书》在她心中的地位是十分重要的，按照《教师教学用书》上课也是天经地义的事情，是不应该受到质疑的。而这种认识绝非个别现象，几乎是中小学教师的基本共识。

在实践中，忠实于《教师教学用书》、教科书、网络资源等，对他人的教材理解进行"移植"，视为自己的教材理解，缺乏自己的独特理解是一种较为普遍的现象。从教材使用过程来看，教师对教材的理解是一个循环的过程。这种循环以教材的确定性和法定性意义与教师的知识经验为基础，通过层层转化和补充，逐步实现教材的教育价值，最终形成学生的学习教材。对于这种转化过程，瑞米拉德（T. J. Remilard）与赫克（J. D. Heck）从课程视角将其分为四个层次，即法定教材、教师设计的教材、教学中运作的教材和学生体验的教材。[1] 格代（G. Gueudet）与特鲁凯（L. Trouche）则从教学视角认为这种转化是教师与教材的互动过程。这个过程包含两个方面：一方面，教材中的资源给予影响着教师的实践；另一方面，教师对不同资源选择与组织影响着这种转化。[2] 不管是课程视角还是教学视角，从法定教材到学生体验教

---

[1] Remilard. J. T. & Heck. D. J, "Conceptualizing the Curriculum Enactment Process in Mathematics Education", ZDM Mathematics Education 46, no. 5(2014):705—718.

[2] Pepin B, "Resourcing Curriculum Materials: In Search of Appropriate Frameworks for Researching the Enacted Mathematics Curriculum", ZDM Mathematics Education 46, no. 5 (2014):837—842.

材之间都存在巨大的鸿沟,它需要教师的理解来实现转化,而这种转化是通过教师与教材之间的"理解的循环"来实现的。而实践中教师对教材的移植性理解恰恰忽视了这种转化,使教材直接从法定教材过渡到体验教材,所得到的结果恰恰是:无法生成学生的体验教材。因此,教师对教材的理解本质上是一种创造的过程,它需要教师借助自己的教育观念、教学经验以及学生的学习状况和教学条件,系统而全面地对法定教材进行解构与建构,创造性地形成学生的体验教材。

三、教师教材理解现状反思

实践中,教师教材理解呈现重视"双基"、知识本身和移植性理解,忽视情感、知识育人价值和创造性理解的弊端。这种弊端从根本上看是教师对教材理解的不完整,即教师以意义割裂的方式片面获得教材的部分意义,忽视了教材意义之间的连续性与完整性。这种现状使得教师对教材的理解难以深入,总是浮于表面,对教学质量提升难以起到积极的作用。那么,问题在于:在新课改推行近二十年的今天,教师的教材理解水平为何并未比新课改之前提高多少呢?

要反思这一问题,首先需要对实践中教师教学行为的发生进行系统考察。在实践中,教师每天都进行着教育教学工作,发生着教育教学行为,那么这些行为的发生或改变究竟受到何种因素的影响呢? 对于这一问题,有关"教师行为的实践逻辑"方面的研究给予较为合理的解释。

我国对教师行为实践逻辑的研究主要是以法国社会学家布迪厄的社会实践理论为基础的。布迪厄以实践来超越社会学中的主观主义与客观主义,认为无论是主观主义还是客观主义,都是对理论理性的偏好,都将理论理性简单地投射到实践活动中去,忽视了实践的基本特征。因此,要超越主观主义和客观主义,必须对实践进行系统分析,"因为实践是实施结果和实施方法、历史实践的客观化产物和身体化产物、结构和习性的辩证所在"[①]。在布迪厄看来,实践是在时间中开展的,紧迫性是实践的一个基本属性,实

---

① 皮埃尔·布迪厄:《实践感》,蒋梓骅译,译林出版社,2012,第74页。

践也因而具有模糊性和不确定性。"实践逻辑的步骤很少是完全严密的,也很少是完全不严密的。"①在揭示行动的实践逻辑过程中,布迪厄形成了"场域""资本"和"惯习"三个基本概念。"场域"是关于位置的关系网络,它像一张大网覆盖置于其中的所有个体,每个个体或组织都占据着这张"网"的节点,在以不同的行动逻辑组成场域逻辑的同时,也受场域逻辑的影响。"资本"是场域中个体或组织进行竞争的力量,资本的多少决定了在场域中的地位,这些资本主要包括经济资本、文化资本、社会资本和符号资本。"惯习"是积淀在个体身体内部的一系列历史关系,体现为个体的各种身心图式,是影响个体的内在力量。从场域、资本和惯习三个概念出发,布迪厄形成了行动者的实践逻辑,即实践＝惯习×资本+场域。② 从布迪厄的社会实践理论出发,学校场域不仅仅是一个教育场域,而且还是政治场域、经济场域和文化场域,蕴含着不同的逻辑。学校场域中的教师不仅受到不同场域中的行事逻辑的影响,还受到自身的教育惯习的影响,而教师教学行为的发生则取决于不同影响因素的大小。

在场域、资本和惯习三者之中,惯习是决定教师教学行为的内在力量,也是教师获得资本的重要途径。从教育角度来看,教师工作场域和资本的改变显得困难重重,但对惯习的改变却能有所作为,虽然它仍然是一项艰巨的任务。在布迪厄的实践理论中,虽然系统分析了场域、资本在实践中的重要作用,但惯习却被视为一种内生性力量,"对于实践活动来说,刺激并不存在于它的客观性亦即有条件的和约定的合法因素之中,它只有在遇到习惯于辨认它的行为人时才能发挥其作用"③,惯习所形成的行动图式内在于行动者的心灵深处,是唯一可以由行动者自身所掌控的力量。这种力量是保证行动者的个体特征的决定力量,也是行动者可以通过自身努力能够实现改变的力量,它对于建构行动者在观念与行为的一致性上具有关键性作用。"它(惯习)确保既往经验的有效存在,这些既往经验以感知、思维和行为图

---

①　皮埃尔·布迪厄:《实践感》,蒋梓骅译,译林出版社,2012,第18页。

②　皮埃尔·布尔迪厄:《区分:判断力的社会批判(上)》,刘晖译,商务印书馆,2015,第169页。

③　皮埃尔·布迪厄:《实践感》,蒋梓骅译,译林出版社,2012,第75页。

式的形式储存于每个人身上,与各种形式规则和明确的规范相比,能更加可靠地保证实践活动的一致性和它们历时而不变的特性。"①对于教师的教材理解而言,当我们无法对场域和资本进行有效控制的时候,要改变教师的教学行为,只能依靠教师惯习的改变。

对教师教材理解而言,要打破教师理解行为的弊端,使得教师的教材理解走向一种合理的路径,可以依托建构一种合理的理解框架,形成教师教材理解的一种心理图式。新课程在实践中并未取得预期的效果,一线教师虽然在不同程度上具有一定的新课程理念,或者说在话语上已经使用新课程的话语体系,但教师的教学行为仍然带有"传统教学"的严重烙印,呈现"穿新鞋、走老路"的现象。正如有学者所说的那样,造成教师教学行为与新课改理念的割裂,"可能在于我们忽视了教师教学行为方式变革的实践逻辑"②。有学者分析了教师教学观念与教学行为关系的三种情形:一是观念与行为的一致性关系,即有什么样的教学观念就有什么样的教学行为;二是观念与行为的错位,即教师口头表达的是一种教学观念,但支撑其行为的是另一种教学观念;三是观念与行为之间的不充分,即教师的教学行为来自其口头宣称的教学观念,但实践效果远远达不到观念的预期。③ 显然,第一种是我们所期望的,第二种教师教学行为已经被诸如场域、资本的外部规范所"绑架",而第三种则在于教师个体惯习改变的滞后性。从教师个体来看,要促进观念与行为之间的一致性,就需要使观念能够具体化,使之成为一套具有代表性和操作性的框架,以搭建起观念与行为之间的桥梁。而对于教师教材理解而言,搭建这种桥梁就需要对教师应该如何理解教材建构一个合理的理解框架,形成一种"中层理论",以促进教师的教材意识、理解意识转化为实际行为。

---

① 皮埃尔·布迪厄:《实践感》,蒋梓骅译,译林出版社,2012,第76—77页。
② 阎亚军:《教师教学行为方式变革的实践逻辑》,《教育学术月刊》2009年第11期。
③ 李渺:《教师教学观念与教学行为"断裂"的现象分析及其思考》,《当代教育科学》2007年第19期。

第二节　理解的合理性及教师教材理解的反思

合理扬弃是研究的基本特征,要获得教师教材理解的合理框架,首先需要对历史中关于理解的合理性问题进行梳理与分析,并从中发现其优点与不足,再结合自身研究进行选择或综合。

当前对理解合理性的探讨主要存在于两个领域:哲学与诸如文学、历史学、宗教学等具体领域。从二者关系来看,哲学领域的探讨具有根源性,具体领域的探讨是借用哲学领域关于理解合理性的基本观点、方法与原则去思考具体领域的具体问题,因此具体领域的理解合理性探讨可以被视为哲学领域的表征,因为"哲学以思想、普遍为内容,而内容就是整个的存在"①。因此,本部分的理解合理性的梳理与反思主要是以诠释学中的相关学说为主。

美国学者加拉格尔(S. Gallagher)在其著作《解释学与教育》中,为了便于探讨解释学与教育的关系,将解释学分为了四种基本类型:保守诠释学、中庸诠释学、激进诠释学、批判诠释学。每种诠释学思想中都蕴含着对教育而言有益的参照与借鉴,从而形成不同的理解合理性,这为我们梳理与分析理解的合理性问题提供了基本的框架。

一、保守诠释学及其理解合理性

保守诠释学是由施莱尔马赫和狄尔泰所确定的诠释学传统并在后期由贝蒂与赫施给予进一步阐述与发展,它以追求作者的意义或意图作为自己的基本目的和旨趣。对于保守诠释学的精神,加拉格尔的概括是:通过合适的方法和努力的工作,解释者应该能够脱离他自己的历史时代,以便能像作

---

① 黑格尔:《哲学史演讲录(第一卷)》,贺麟、王太庆译,商务印书馆,2011,第101页。

者那样理解作者的意图,和超越历史局限性,为了达到普遍的或至少是客观的真理①。这种概括无疑是准确的。

施莱尔马赫将诠释学视为一种解释的艺术并以此通达作者的原意。"艺术的解释和非艺术的解释的区别既不依赖于对象是熟悉的还是陌生的,也不依赖于对象是话语还是文本,而只是依赖于我们是否想精确地还是不精确地理解某些事物。"②因此,"诠释学的主要任务,是以这样一种方式处理每一种解释,以至对另一种解释的处理并不引起结果有所改变,或者换句话说,每一种解释必须以对另一种解释加以处理的同等重要加以处理"③。为达到对作者原意的理解,施莱尔马赫采用语法原则和心理学原则,认为"这两种解释同样重要,如果我们说语法的解释是低级的解释,而心理学的解释是高级的解释,这是不正确的"④。施莱尔马赫对作者原意的追求在狄尔泰那里被进一步发展。在狄尔泰看来,"精神科学的要旨,不应当是根据外在于生命的范畴来理解生命,而应当从源自生命的内在范畴来理解它"⑤,"以生命理解生命"构成了狄尔泰诠释学的基础与核心思想,体验、表达、理解构成了狄尔泰诠释学的基本模式。贝蒂与赫施在反对海德格尔与伽达默尔的本体论诠释学中,继续弘扬作者原意,以寻求理解的客观性基础。贝蒂将理解视为通过精神客观化物——"富有意义的形式"为中介去重建作者的精神世界的过程,"理解在这里就是对意义的重新认识(re-cognition)和重新构造(re-construction)"⑥。赫施通过将意义划分为"含义"(meaning,德语为sinn)和"意味"(significance,德语为 bedeutung)来"捍卫"理解的客观性,认为"本文含义始终未发生变化,发生变化的只是这些含义的意味"⑦,因此理

① 加拉格尔:《解释学与教育》,张光陆译,华东师范大学出版社,2009,第8页。
② 施莱尔马赫:《诠释学演讲(1819—1832)》,洪汉鼎译,载洪汉鼎主编《理解与教育:诠释学经典文选》,东方出版社,2001,第58页。
③ 同上书,第52页。
④ 同上书,第51页。
⑤ 帕尔默:《诠释学》,潘德荣译,商务印书馆,2012,第133页。
⑥ 贝蒂:《作为精神科学一般方法论的诠释学》,洪汉鼎译,载洪汉鼎主编《理解与教育:诠释学经典文选》,东方出版社,2001,第129页。
⑦ 赫施:《解释的有效性》,王才勇译,生活·读书·新知三联书店,1991,第268页。

解就是对固化于语言符号之中的含义的理解,是猜想与证实的辩证法。

　　保守诠释学致力对作者原意的理解,他们认为文本是作者创造之物,并在创造文本的过程之中借助于语言符号等的公共意义来表达自己的意图,而这种意图就是理解的目的。依据作者意义的创造过程,理解从本质上是一个"反向"的过程,即通过语言符号等的公共意义来重建作者的意图,以达到理解的客观性要求。以此,在保守诠释学中,诠释学循环是一种文本的部分与整体的循环,文本的部分意义受制于整体意义,文本的整体意义受制于部分意义,在二者的循环理解中才能真正接近或把握作者的意图。而且从本质上看,这种循环是通过语言符号等的公共意义去获取作者个人意义的过程。因此,在保守诠释学中,"再现原则"是其最为核心的理解原则,"可能是最重要的同时也具有最大数量规范内容的保守解释学的原则,包含了再现或重建的概念"①。

　　从依托于语言符号等的公共意义追求作者意图,以获得理解的客观性的追求来看,保守诠释学所赋予的理解合理性的核心思想在于客观性,或称之为客观合理性,即理解是追求客观意义的过程。这种客观合理性与教育相结合所形成的保守的教育理论注重的是教育的传递性,即教育的作用就是把一个民族的文化遗产传递给新一代,"从人类学的角度来看,在人类社会中教育的基本目的就是文化传播,即把群体中成人所共享的特定信息传递给孩子们"②。从教育功能来看,传递知识与文化是教育的功能之一。胡德海先生在区分教育事业与教育活动两种基本形态基础上,认为"就教育活动这一教育形态而言,可以认为它是人类一种特有的文化传递形式、手段和工具。其实,教育的基本属性就是它的传递性"③。在他看来,传递性是比培养性与社会性更为基本的功能,是教育功能中的"本体性功能",正因为教育具有传递人类知识与文化的功能,才能在此基础上实现教育促进人的发展与社会发展功能。这种强调教育传递性的观念从存在形态与结构来看是合

---

①　加拉格尔:《解释学与教育》,张光陆译,华东师范大学出版社,2009,第171页。

②　E. D. Hisch, Jr., *Cultural Literacy*: *What Every American Needs to Know* (Boston: Hougton Mifflin,1987) ,p.16.

③　胡德海:《教育学原理》,甘肃教育出版社,2006,第255页。

理的,也极为精确地切中了教育的最为基本的活动结构。在教育历史上,永恒主义教育、要素主义教育均将人类文化与核心要素作为教育的核心,同样蕴含着教育作为一种传递性活动的价值倾向。

从理解的客观合理性与教育的传递性出发,教学的核心目的便是传递人类文化知识,教学即为一种"特殊的认识过程",教师的教材理解便是追寻教材中体现着人类文化成果的公共性意义。诚然,教材是传递人类文化的经典性材料,它可以更为快捷、有效地让学生获得人类基本的知识与文化。但这种教学观所秉持的核心是以赫尔巴特为代表的"主知主义"教学观念,它把教学的核心置于知识之上,而忘却了学生和教师自身的存在。正如杜威批判的那样,"传统的计划,本质上是来自上面的和来自外部的灌输。它把成年人的种种标准、教材和种种方法强加给仅是正在缓慢成长而趋向成熟的儿童。它所规定的教材、学习和行为的种种方法,超出年轻学习者的已有经验范围,是他们力不能及的东西"①。弗莱雷(P. Freire)把这种以知识为中心的教育描述为一种"储存行为",学生是保管人,教师是储户,并将这种"知识恩赐"视为压迫意识的一种特征,这种教育下的学生"因为缺乏创造力,缺乏改革精神,缺乏知识而被淘汰出局"②。因此,教学不仅要传授知识,更要在传授知识的过程中让学生主动思考与探究,通过知识的思考与探究获得自身技能、价值与信念,使之不仅拥有知识,而且拥有学习力、创造力与改革精神。这种目标恰如怀特海(A. N. Whitehead)在《教育的目的》中指出的那样,"我们的目标是,要塑造既有广泛的文化修养又在某个特殊方面有专业知识的人才,他们的专业知识可以给他们进步、腾飞的基础,而他们所具有的广泛的文化,使他们有哲学般深邃,又如艺术般高雅"③。因此,教材理解不仅仅是理解教材中的知识与文化,更是理解如何通过这种知识与文化让学生获得智慧,实现成长,因为在教材中,"具有教育作用的或能够引导生长的,并不在于学科本身。如果不考虑学习者所达到的生长阶段,任何学

---

① 杜威:《我们怎样思维·经验与教育》,姜文闵译,人民教育出版社,2005,第244页。
② 弗莱雷:《被压迫者教育学》(修订版),华东师范大学出版社,2014,第36页。
③ 怀特海:《教育的目的》,庄莲平、王立中译,文汇出版社,2012,第1页。

科内部都不具备固有的教育价值"①。

二、中庸诠释学及其理解合理性

中庸诠释学是由诸如海德格尔、伽达默尔、利科等人所确定的诠释学传统。相对于保守诠释学以客观性态度对作者原意的执着追求,中庸诠释学却把这种追求称之为不可能达到的目的,是一种"虚妄"。在中庸诠释学看来,没有任何办法能够保证对作者原意的客观性理解,而阻隔这种客观性理解的便是读者本身以及历史所形成的偏见。一方面,读者本身是深处历史境遇中的人,不可避免地带有自身的前理解,这种前理解决定了理解必然带有主观性色彩;另一方面,深嵌于语言之中的各种各样的传统所造成的不断变化的偏见,既束缚了我们的理解力,阻止我们能够获得绝对的文本意义,又能够让我们在某种程度上获得文本的意义②。因此,理解只能是对话,只能通过视域融合(fusion of horizons)在读者与文本间展开一种创造性交流。这种交流包含着浓厚的创造色彩,而不仅仅是再现。

中庸诠释学对理解的创造性的合乎逻辑与历史潮流的论证打破了诠释学对于还原或重建作者原意的美妙构想,使得理解真正成为基于读者自身境遇的对话过程。这种诠释学主张首先由海德格尔开创。海德格尔在追问存在的意义时,把"此在"的存在分析作为基本的切入点,并指出此在的"境缘性"结构。此在的境缘性结构在赋予此在以极度悲剧色彩的"被抛"状态的同时,又为理解作为此在的基本存在方式奠定了生存论基础。正是以理解的方式,此在才能在这种悲剧式的"境缘性"中逐步筹划,显现自己。此在的理解式筹划在生存论结构中意味着其并非随心所欲,而需以"前结构(Vorstruktur)"为前提,它包括"先行具有(Vorhabe)"、"先行视见(Vorsicht)"和"先行掌握(Vorgriff)","先行具有、先行视见及先行掌握构成了筹划的何所向"③。延续海德格尔的本体论诠释学道路,伽达默尔进一步

---

① 杜威:《我们怎样思维・经验与教育》,姜文闵译,人民教育出版社,2005,第263页。

② 加拉格尔:《解释学与教育》,张光陆译,华东师范大学出版社,2009,第8页。

③ 海德格尔:《存在与时间》(第2版),陈嘉映、王庆节译,商务印书馆,2015,第177页。

从"理解何以可能"问题出发,完成了哲学诠释学的系统建构。伽达默尔将语言介入诠释学,并将其置于中心的位置,认为人是具有语言的存在,一切理解都发生在语言之中,发生在语言的对话性质之中。因此,在伽达默尔那里,历史是一种具有不同视域之间的对话,是相互理解,是一种"视域融合"的过程。利科在寻求主客观诠释的缝隙中求助于文本,把文本理解为"所有通过文字固定下来的话语"①,从而隔断了作者与文本之间的必然联系,使文本成为了自在的意义世界,理解也就成为了读者与文本的相遇。"对于注释者而言,诠释就是把自己置于由文本所承担的诠释关系所指示的意义里。"②

中庸诠释学断然拒绝作者对于文本的意义限制,希望在摆脱作者的限制过程中,关注读者自身境遇与状态对于理解的积极意义。在由作者转向读者的过程中,前理解或前结构取得了合法性地位,成为理解的发生学前提,读者的主体性得到了充分肯定。从理解的合理性来看,不管是海德格尔、伽达默尔还是利科,它们所注重的理解都是读者与文本的"相遇",读者与文本之间的关联构成了理解的基本关系。因此,这种合理性可以称为"对话合理性",表明理解是通过作者与文本的对话而产生。正是在对话的过程中,读者的主体性意识得到承认并被视为理解的根本,理解不再为了再现,"理解包含着创造"③。

可以说,真正以诠释学为理论基础来系统思考教育问题是从海德格尔与伽达默尔开始的,他们所创立的本体论诠释学以理论的系统性与特殊的价值取向而受到教育的青睐。在加拉格尔《解释学与教育》中谈论如何从诠释学来思考教育问题时,所秉持的基本立场是中庸诠释学的,中庸诠释学处于作为讨论框架的三种僵局——再现、权威和解放、对话——中,犹如一个"辩手"一般坦然接受来自各个方面的质疑。因此他所得出的教育本质是中庸诠释学性质的,即教育的本质是"一个解释的过程。它有类似于质疑的解释学循环结构。它出语言的传统语境所告知,产生自我理解以及传统、学科

---

① 利科:《从文本到行动》,夏小燕译,华东师范大学出版社,2015,第148页。
② 同上书,第172页。
③ 加拉格尔:《解释学与教育》,张光陆译,华东师范大学出版社,2009,第8页。

内容、个体和共同体的相互联系的转变"①。在我国第一本运用诠释学理论探讨教育问题的著作《理解与教育》中,把中庸诠释学(主要是海德格尔与伽达默尔的本体论诠释学)视为解决由科学主义所带来的对自我认识遮蔽的理论武器。中庸诠释学所提供的"对话合理性"基于读者,采用对话的范式思考理解问题,确实为思考现代教育问题提供了基本的方向,但不可否认的是,它仍然不是一种让人十分满意的合理性范型。一方面,中庸诠释学的相对主义倾向历来受到学者们的诟病,特别是其对于作者原意的回绝在很大程度上削弱了读者意义的发生学根源,同时其对个人前见与历史传统的过于重视在一定程度又导致了读者的主观主义倾向,因此,贝蒂与赫施等人从方法论角度认为伽达默尔的诠释"包含一种对方法合理性的回绝";哈贝马斯与阿普尔等人则从意识形态角度认为"伽达默尔在强调成见、权威和传统时忽视了意识形态要素"②。另一方面,在反对传统教育对知识传递的固有模式中,教育的中心从知识转向了学生,学生生命构成了教育价值的基本指向,"从生命发展的视角来说,教育的本质可概括为提升生命质量和提高生命的价值"③,但重视学生生命价值并非意味着抛弃知识,知识作为人类文明的核心成果,不仅是文化传承的重要形式,更是学生生命价值的意义之源。尊重传统,努力体悟知识所蕴含的文化精神不仅需要创造性的个性化理解,更需要还原式的客观性理解,只有基于客观的主观建构才能真正地实现教育的文化传承与学生的个性发展的统一。

三、激进诠释学及其理解合理性

激进诠释学是由德里达(J. Derrida)和福柯(M. Foucault)等所持的一种诠释学传统。在海德格尔将诠释学从认识论转向本体论的同时,也通过对此在的存在方式分析把理解的重心由作者转向了读者,开启了理解的主观主义倾向。在海德格尔的启发下,德里达与福柯等解构主义和后现代主义

---

① 加拉格尔:《解释学与教育》,张光陆译,华东师范大学出版社,2009,第156页。

② 洪汉鼎:《诠释学:它的历史和当代发展》(修订版),中国人民大学出版社,2018,第202页。

③ 顾明远:《再论教育本质和教育价值观——纪念改革开放40周年》,《教育研究》2018年第5期。

进一步沿着这种主观主义倾向,并彻底贯彻,逐渐构成了激进诠释学。激进诠释学秉持着读者这一极,既怀疑作者原意获得的可能性,又怀疑中庸诠释学通过对话获得创造性意义的可能性。在他们看来,根本不存在原初意义,语言不仅对于理解没有什么帮助,反而限制理解,他们的目的不在于建立一种真实的或创造性的解释,而在于解构文本,"激进诠释学的目的在于解构文本的意义,而不是为分析它或重建一个不同的意义"①。对激进诠释学而言,理解的本质是一种"语言游戏"。

德里达的解构主义诠释学来自他对文字学的研究。文字学(Grammatologie)是德里达自创的一门学问,旨在从最为基础的"文字"开始来反对西方传统的逻格斯中心主义相关理论。传统对语言的研究注重的是音声,对书写的文字则是过于忽略,"重音声而轻文字,是这一传统的特征"②,因为在传统的诠释学中,言语比文字更适合于意义的传达。而德里达则相反,他将自己的解构诠释学建基于文字之上。德里达的文字概念指的是更为宽泛意义上的文字,泛指"一切视觉的、空间的符号系统,它的基础就是'延异'"③。"延异"包含着差异、过程与生成等特征,文字的延异特征意味着文字的意义并不受制于作者、读者以及外在霸权、政治等的影响,而只源于自身运动的可能性。因此,由文字符号组成的文本意义是在文本内文字符号之间的关联以及与文本外符号关联所共同生成的,它并没有由文本结构或者其他诸如作者等所决定的稳定意义,它的意义是一种流动、变化,并全方位开放和扩散的意义,它消除了主体和指称对象的"在场"。文字的延异特征以及由此带来的文本意义的流动、开放从本质上是为了去除文本意义的"中心论",从而"明显地打破了逻格斯中心主义"④。文本意义的"去中心"立场以怀疑的态度对待以往的所有诠释学,甚至从基本立场来看,诠释学可以分为两种基本的立场:一种是追求真理或起源的诠释学,它们的目的在于通过各种方式去寻求文本中所蕴含的某种具有确定性的意义,包括

---

① 加拉格尔:《解释学与教育》,张光陆译,华东师范大学出版社,2009,第9页。
② 潘德荣:《西方诠释学史》第2版,北京大学出版社,2016,第457页。
③ 同上书,第459页。
④ 德里达:《论文字学》,汪堂家译,上海译文出版社,1999,第115页。

德里达等解构主义之外的所有诠释学;另一种就是消解这种具有确定性意义的激进诠释学,它不再把目标转向某种意义,而是转向过程与生成,把注意力放在了游戏上面,理解就是一种文字的游戏。游戏原则是激进诠释学的核心原则,而在激进诠释学中,游戏并非传统的主体性的形而上学概念,而是没有被哲学传统所定义的游戏概念,它仅仅是一种体验原则,是一种在语言系统之内的"嬉戏"。

　　为了解构形而上学,德里达排除了一切主体对文本的求真性需求,把意义还原给了"原初文字",所剩下的就只有"游戏"。这种构想从理解的合理性角度看,可以用"游戏合理性"来概括。"游戏合理性"排除了一切理解的标准问题,没有中心、没有结构,把理解置于一种动态情境的生成之中,有的仅仅是差异,从某种意义上说是一种"怎样都可以"的合理性。这种对理解的理解提倡个性化,并且极端地推崇个性化,使得人们对于文本可以随意施为。但显然,对于教育而言,这种缺乏标准性的理解必然导致教育的虚无主义,它全然否定了教育作为一种有目的、有计划、有组织的指向性活动的基本特性。从文献中也可以看出,虽然激进诠释学在文学等领域得到了较大的运用,在文学批判等领域涂上了色彩浓厚的标记,"从批评史的角度看,德里达的解构理论改变了我们对文学作品的阅读和阐释方法,启发人们重新认识文学批评的性质和目的"①,给文学创作与批判提供了新的起点与空间,但在教育领域却几乎无人问津,极少由学者从激进诠释学角度对教育或教学进行专门研究。不管是作为国家教育事业,还是作为具体的教学活动,基于儿童的未成年性与可塑性,以及国家社会时代背景对社会成员或公民的素养规范性要求,教育都需要在较为明确的价值导向中,以一定的知识为基础,通过教育教学活动的展开来激发潜能、固化思想与行为,以使学生能够获得在社会中生存,在人生中成长、发展与创造的基本知识技能、思维方法、价值观念与道德品质。因此,走向虚无的激进诠释学在消除中心、否定主体、取消具有支配式的理解观时,也就消除了其对于教育领域的适切性。

---

　　①　杨冬:《德里达的启示——解构理论与文学批评》,《吉林师范大学学报(人文社会科学版)》2014 年第 5 期。

四、批判诠释学及其理解合理性

批判诠释学是由哈贝马斯(J. Habermas)、阿佩尔(N. Appert)等批判理论家所坚持的诠释学传统。"批判诠释学的特征是激进诠释学和保守诠释学的奇特组合"①,一方面批判诠释学要求个人及其社会交往要排除诸如政治权力、意识形态的干扰,希望理解是一种纯粹的理解,而不是在虚假意识下的理解,具有解放的旨趣;另一方面,在企图摆脱各种虚假意识纷扰的过程中,他们坚信会有一种正确的方法从有限的、历史的情境中获得一种绝对客观的理解。因此,从批判诠释学来看,抗干扰、回归纯粹的意义获取是理解的基本旨趣。

与伽达默尔将语言作为诠释学不同,哈贝马斯把个人的生活交往作为一切理解的基础,"交往"成为批判诠释学的核心概念。在哈贝马斯的研究历程中,交往蕴含着三种不同的内涵:交往行动、交往关系与交往结构,呈现三个层级,而且"从一般意义上说,上述三个层级呈现出层级递进关系,后一个层级包含前一个层级的内容"②。交往行动体现着主体间性,是以理解为特征的目的性行为;交往关系是一种以交往为特征的社会关系,它的成熟性是衡量社会进步的尺度;交往结构是交往进入政治领域的结果,它是商谈性民主政治成功的机制。因此,在哈贝马斯那里,交往是整个社会的基石,良好的交往是推进社会健康发展的重要动力和基本形式。良好的交往意味着避免交往中的虚假意识,需要的是一种"深度解释学"(depth hermeneutics),而非肤浅或轻信的解释,以克服扭曲交往。克服扭曲交往的基石是对伽达默尔的语言普遍性进行质疑与批判,把语言的解释结构纳入社会结构体系之中,将其与权力、强迫、统治、经济等关联起来,将语言视为所有的生活联系相互依赖的元结构,以便对意识形态进行批判,形成交往理性。阿普尔的先验诠释学体现在其代表作《哲学的改造》之中。在其中,阿普尔以范式与重建的方式建构着自己的先验诠释学体系,而这一体系所要解决的问题便

---

① 加拉格尔:《解释学与教育》,张光陆译,华东师范大学出版社,2009,第9页。
② 欧阳英:《关于交往概念的综合理解——由哈贝马斯交往理论引发的深入思考》,《世界哲学》2018年第2期。

是语言分析哲学与精神科学的同一性问题。他认为,"理解"与"意义"在诠释学与语言哲学那里具有不同关联性,诠释学对意义与真理具有双重性要求,"从路德到狄尔泰,作品本身的意义与真理要求,仍旧是衡量所有诠释学理解的尺度,从而也是衡量关于解释学理解之可能性的先决条件这个哲学问题的尺度"①;而在语言分析哲学中,"意义"与"真理"的内在联系遭到质疑,"我们必须假定已经把对象作为意义赋予语词了;但是我们却不能先天地假定语言中的陈述是与事实相联系"②。这种分歧造成了自然科学理解与人文科学理解的对立与矛盾,"理解"与"说明"彼此处于对立与竞争的地位。而要解决二者的冲突,阿普尔的构想是"交往共同体(communication community)"。"交往共同体"是所有具体共同体形式(如诠释共同体、研究共同体等)所共有的特征,具有先验性质,其基本性质是主体间性,即主体间的相互理解、沟通、交流与认同。这样,阿普尔在精神科学理解与自然科学理解之上设立了一个更为基础性的"交往共同体"原则,把"理解"与"说明"全部纳入这一原则,从而消解二者的分歧与冲突。

从哈贝马斯与阿普尔的诠释学思想中可以看出,批判诠释学所秉持的理解合理性是一种交往合理性。但这种交往是一种不受限制的交往,或者称之为纯粹的交往,它以主体间性为本质,既需要从语言的普遍性中抽离出来,获取语言的意识形态与经济技术关照,又需要抵制霸权、政治以及经济技术等外在因素造成的欺骗与扭曲,致力于主体间纯粹对话与沟通。因此,批判诠释学是限制与开放的统一体,它是致力于真正交往的交往合理性。

"交往"理念对教育的影响是重大的,特别是在教学领域,教学的交往本质成为了批判传统教学特殊认识本质的最有力的武器,并引领和推动我国当代教学改革与发展。自改革开放以来,我国对教学本质的讨论出现了三次高潮(1982年、1990年、1997年)③。21世纪初,李定仁、徐继存等在《教学论研究二十年:1979—1999》一书中对改革开放二十年来有关教学本质的争

①　阿佩尔:《哲学的改造》,孙周兴、陆兴华译,上海译文出版社,2005,第3页。
②　同上书,第7页。
③　张广君:《教学本体论》,甘肃教育出版社,2002,第222页。

论进行了系统的梳理与反思。到目前为止，在教学论领域基本上形成了教学的交往本质观并在框架内对教学的交往本质进行补充与发展。对于什么是交往，田汉族通过心理学、社会学、哲学等多维度考察，认为"交往是活动的最基本形式，亦是人最基本的精神需要之一；交往是动态地表现出来的主体之间相互作用、相互交流、相互沟通、相互理解，它是人的基本存在方式；交往是生命体之间的相互影响和彼此创造"①。从这一理解可以看出，"交往"超越了"认识"，它从教学的"特殊认识说"所造成的主客关系的教学形态中超越出来，以主体间性为核心，弘扬学生的主体性，进而强调教学与学生生活、生命的必然联系，提倡教学的人文关怀，使教学能够成为学生生命意义建构的核心方式。不可否认，交往教学以其特殊的视角与意蕴引领着我国教学理论反思与教学实践改革，新课程改革以后出现的诸如"合作学习""课堂分享""课堂互动"等教学理念与方式无不蕴含着交往教学的基本理念。与此同时，我国在大力提倡与推广交往教学的同时，交往教学的实践却也出现了种种困境，如"平等性缺失、真实性缺失、适度性缺失和交互性缺失"②等问题。教学的交往本质的实践困境不仅是操作层面的问题，也是理论层面研究的缺失，特别是其与"特殊认识说"的关系问题在一定程度上仍然存在诸多疑问。1999 年王本陆在《教学认识论：被取代还是发展》一文中，就针对学者们对教学认识论的批判做了较为细致的分析，认为"以建设性的态度来认真思考教学认识论前途的选择问题"，需要进一步"发展和完善教学认识论"③，而不是用"交往"取代"认识"。甚至在多年后的"钟王之争"仍然隐含着这两种不同教学本质的立场之争。教学本质的"交往说"与"特殊认识说"过于复杂，不可简言判之，但从这种理论争论与实践表现来看，"交往"与"认识"之间的关系仍需要进一步分辨清楚，我们在意识到其存在的差异的同时，也需要把更多的精力去关照二者之间的联系，而不是以一极简单地取代另外一极。

---

① 田汉族：《交往教学论》，湖南师范大学出版社，2002，第 13 页。
② 郑会敏：《教学交往的缺失与模型建构》，《现代中小学教育》2016 年第 10 期。
③ 王本陆：《教学认识论：被取代还是发展》，《教育研究》1999 年第 1 期。

五、教材理解需要何种理解

从以上对不同诠释学理论的梳理与反思中可以看出,基于不同的领域、视角,不同类型的诠释学对理解的合理性认识是不同的,从而导致其所关注不同的意义、理解的方式以及对教育本质的理解。保守诠释学以"再现"为根本旨趣,希望通过语言规则与心理重建的方式去获得文本中作者所要表达的客观性意义,这种合理性我们称为"客观合理性",它意味着教学需要注重传统价值与文化信息的再现;中庸诠释学以"创造"为旨趣,主张从读者的视角出发,通过不同主体的视域融合来达成读者所获得的具有创造意涵的意义,以实现自我理解,这种合理性我们称之为"对话合理性",它对教育的启示是要在传统、学科内容、个体与共同体的相互联系中寻求学生自身的理解与转变;激进诠释学以"游戏"为旨趣,认为意义就是由文字符号所带给文本的意义,主体的理解是以"游戏"的方式与文本发生关系,这种合理性我们称之为"游戏合理性",它要求对教育进行重新解构并在解构中实现批判与自主;批判诠释学以"解放"为旨趣,反对以霸权为特征的社会关系对理解的限制性影响,主张通过纯粹的交往实现理解中的真实意义,这种合理性我们称之为"交往合理性",它对教育的启示是要注重真实的教育。

从这一梳理可以看出,不同的理解合理性都具有合理的维度,同时也存在着缺失的一面,它既为教师理解教材的合理性提供了借鉴,同时也避免了误区。

表 3-2　不同诠释学类型的理解合理性

诠释学类型	理解合理性	关注的意义	理解的方式	教育本质的理解
保守诠释学	客观合理性	作者的原意	语言规则与心理重建	注重传统价值与文化信息再现
中庸诠释学	对话合理性	创造的意义	对话与视域融合	注重传统、学科内容、个体与共同体的相互联系的转变

续表 3-2

诠释学类型	理解合理性	关注的意义	理解的方式	教育本质的理解
激进诠释学	游戏合理性	文本自身意义	游戏与权力①	注重教育的解构、批判与自主性
批判诠释学	交往合理性	无遮蔽的意义	解蔽与批判	注重真实情境中的对话与解蔽

那么问题在于，教师的教材理解需要何种合理性？是选择还是综合？问题的解决起始于方法的确立，要建构教师教材理解的合理性，首先需要确立恰当的方法论原则。

一般认为，"方法论是关于方法的学说或方法的理论"②，而"方法是人类认识世界和改造世界的思路、途径、方式和程序的系统"③，因此，方法论是从更为抽象的层面对方法背后所蕴含的思维方式与逻辑进行分析与说明，其本质是一种思维方式。对于思维，杜威认为"思维起源于某种疑惑、迷乱或怀疑"④，它既不是自然发生，也不是完全依据"普遍原则"发生，而是由"疑惑、迷乱或怀疑"诱发。在此基础上，杜威将思维分为经验的思维与科学的思维，并认为"抽象思维就是在经验中用新眼光看待熟悉的事物，进行想象，开拓新的经验的视野"⑤。杜威对思维的发生学观点看到了思维的情景性基础，指出了经验在人类思维中的发生学价值。法国哲学家布留尔（L. Bruhl）在《原始思维》一书中提出了"原始思维"概念，认为原始思维是"原逻辑的"

---

① 激进诠释学中的权力与批判诠释学不同。批判诠释学的权力意味着外在的一种霸权关系，它通过法律、惩罚等强加给解释者，而激进诠释学的权力既不是外部的强制，又不是解释者内部的自由主张，而是一种关系，是内外相互结合的一种被主体认同的技术、标准等。因此，激进诠释学的权力是以解释者的认同为基本出发点的。

② 《辩证唯物主义方法论》编写组：《辩证唯物主义方法论》，解放军出版社，1989，第1页。

③ 陈寿灿：《方法论导论》，东北财经大学出版社，2007，第1—2页。

④ 杜威：《我们怎样思维·经验与教育》，姜文闵译，人民教育出版社，2005，第21页。

⑤ 同上书，第168页。

和"神秘的","它不像我们的思维那样必须避免矛盾"①,而是通过对神秘性的兴趣来进行综合,"原始人一般都表现了对于事物的神秘属性比对于他们自己思维的逻辑严整性要大得多的兴趣"②。"原始思维(原逻辑思维)""逻辑思维"与杜威提出的"经验思维""科学思维"具有相同的成分,都在意图表明思维不仅具有形而上学的性质,而且至少从发生学来看,具有情境的特征,这显示了思维的不同层次及其意义。

这一方法论给予我们思考教师教材理解的合理性的启示是:①理解的合理性不仅有诠释学层面的抽象化概括与表达,也有不同领域中不同层次的具体表达,二者既具有内在的关联,也有区别,不能简单地用"抽象—具体"的态度对待;②教师的教材理解既需要从诠释学层面的合理性中去寻求其合理的因素,更需要在具体的理解情境中去探究影响这种合理性的具体内涵,以体现不同情境中理解的合理性的个性化特征。因此,遵循这种认识,对教师教材理解的合理性探索需要遵循以下基本方法原则。

(一)以对不同意义的偏爱与追求为核心

从诠释学层面看,各种理解的合理性的核心在于对不同意义的偏爱与追求,意义的类型及其关系形成不同领域或层面的理解的合理性的基础。

不同的诠释学类型具有不同的合理性,对教育而言具有不同的借鉴与启示。然而这种对理解的单一侧面的强调虽然在不同的学者那里是基于不同的研究领域、视角、立场或旨趣构建的,但从根本意义上来说,都是具有片面性的,虽然这种片面性本身就是研究的追求。由此,对教师教材理解的合理性建构就存在两种基本路径。一是选择,即承认某种理解的合理性,并以此为理论基础来探讨教师教材理解问题。这种研究路向是当前人们利用诠释学的思想、理论与方法来解构与建构教育相关问题的主要路径,特别是接纳中庸诠释学的基本观念,并以此展开对教育本质、过程、方法、师生关系以及评价管理的重新思考与定位。这种路向可以称之为"选择路向",是我国当前运用诠释学理论思考教育教学问题的核心路向。二是综合,即以教育

---

① 布留尔:《原始思维》,丁由译,商务印书馆,2009,第 81 页。
② 同上书,第 85 页。

的特殊性为基点，整合诠释学中不同历史阶段以及不同流派对理解的理解，形成一种综合性的认识，并以此来反思与重构教育问题。这种研究路向可以称为"综合路向"。华东师范大学熊川武、江玲所著的《理解教育论》所采用的就是这种路向。两种路向各自具有不同的学术价值，"选择路向"致力于理论的片面与深刻，对于批判与重建教育学具有重要的理论引领性作用；而"综合路向"致力于实践的反思与完善，对于教育实践的改革与发展具有改进与推动作用。

就本书而言，所采取的是"综合路向"。之所以采用这种路向有以下原因：其一，西方诠释学从 20 世纪 80 年代引入我国，并在 90 年代进入教育学领域，到目前为止已有 30 多年，而这 30 多年正是我国教育观重建的关键时期，到目前为止，基本上完成了重建任务。在这方面，华东师范大学叶澜先生引领和推动的"新基础教育"改革，并在此基础上所形成的"生命·实践"教育学派以"教天下人事，育生命自觉"①的中国式教育表达最具有代表性。这意味着从思想与理论层面对教育学的重建任务基本完成，中国的"教育范式"基本形成。按照库恩（T. Kuhn）的理解，在范式发生转换后所进入的便是常规科学阶段。所谓"常规科学"指的是"严格根据一种或多种已有科学成就所进行的科学研究，某一科学共同体承认这些科学成就就是一定的时期内进一步开展活动的基础"②。在常规科学阶段，教育学研究的基本立场、观念与方法已经初步确立，所需要的研究是对这一框架内不同研究内容的"丰满"，因此，致力于批判与重建的"选择路向"在国内并无多大的研究空间。其二，教师教材理解是一个"中间"问题，它所关注的既不是宏观层面的理解合理性，也不是关注教师在具体理解教材时所采用的基本技艺，而是在二者之间从"中层理论"角度探讨理解的基本原则与方向。这种"中层式"的研究问题从总体而言是源自实践的，是针对教师教材理解的实践问题的，希望能够在观念与方法上给予指导，以改进在当前教育学范式内教材理解的有效性问题。而实践从本质上是情境的、综合的和智慧的，单一维度的理论

---

① 叶澜：《中国哲学传统中的教育精神与智慧》，《教育研究》2018 年第 6 期。
② 库恩：《科学革命的结构》第 4 版，金吾伦、胡新和译，北京大学出版社，2003，第 9 页。

很难完成这种性质的任务,需要基于实践的需求,综合不同维度的理论形成一种综合性的、具体性的"中层理论"。

本书的"综合路向"意味着需要对不同类型的诠释学中理解的合理性进行批判、反思与建构,在这一过程中,意义的关联性便被凸显了出来。理解的本质是意义的建构,不管何种理解的合理性,首先所触及的便是意义,只是因为不同类型的诠释关注和承认意义的不同侧面,从而构成了争论。因此,以意义概念为基础综合不同类型的理解合理性既能切中理解的关键,又能在当前教育范式内关联教材本身,因为教材作为文本,其核心仍然是意义。基于此,对意义概念的解构与建构便构成了探讨教师教材理解问题的关键。

(二)建构于教育学视野下

教师的教材理解需要置于教育学视野下去进行建构,以使理解的合理性具有浓厚的教育色彩与教育意义。格雷西亚在对文本意义进行分析时提出了一个基本原则,即"文本意义的限度最终依赖于文本执行的文化功能,该功能又决定着文本意义的限度是严格的、宽泛的、模糊的或开放的"[1]。在此基础上,格雷西亚确立了十二种文本类型,包括法律的(legal)、文学的(literary)、哲学的(philosophical)、宗教的(religious)、科学的(scientific)、历史的(historical)、政治的(political)、教育的(pedagogical)、忏悔的(confessional)、娱乐的(entertaining)、启示的(inspirational)和备忘的(pneumonic),并将其作为理解文本的十二个基本范畴。[2] 格雷西亚的观点为我们思考教材理解问题提供了方法论启示,即教材理解不仅受制于诠释学的普遍性理解的研究,更是受制于教育学领域的基本文化特征。从其功能来看,诠释学对于理解的普遍性研究为在教育学领域思考教材理解问题提供了各种理论的可能性,教师教材理解便是依据教育实践对各种可能性进行选择或综合,以建构体现教育学领域特征的理解的合理性。

因此,教育学相对于其他文化领域的特殊性是建构教师教材的理解合

---

① 格雷西亚:《文本性理论:逻辑与认识论》,汪信砚、李志译,人民出版社,2009,第162页。

② 同上书,第118页。

理性的基本出发点,以此为基点所建构的教师教材的理解合理性既能带有浓厚的教育色彩,也能在最大程度上发挥理解的教育意义。

(三)教师教材合理性的建构需要以教材本身为基础

理解的限度问题或意义的限度问题是诠释学与各个领域思考理解合理性的核心问题。保守诠释学以作者原意为基本限度,因而把不符合作者原意的理解称之为"误解";中庸诠释学消解了"误解"概念,认为所有发生的理解都是正确的理解;激进诠释学则以文字本身为基础,把理解的限度限定在文本本身的"文字游戏"之内;批判诠释学以交往理性为限度,把扭曲的交往所形成的虚假意识排除在外。综合来看,影响理解的限度的要素包含很多,几乎涉及各个方面。格雷西亚把影响意义限度的因素概括为作者、读者、语境、社会、语言、文本、文化功能七个方面,并认为"它们中似乎没有哪一个能独自解决这个问题(意义的限度问题——作者注)"[2]。这种表述显得过于复杂,我们可以把这些因素大致分为三个大类,即主体、对象与情境,所蕴含理解的基本运动是:主体在一定情境中通过与对象的互动产生意义。在这三个因素中,主体是主观维度,它是获取或创造意义的主动方面;对象是客观维度,它是意义产生的客观基础;情境是重要的影响因素,它是意义传递或形成新的意义的基本条件。因此,理解的限度问题是一个关系问题,它既不是由主体决定,也不是由对象决定,更不是由情境决定,真正决定理解的限度的是它们之间的关系,也就是说,理解必须在三个要素的综合中产生,如果理解的发生运动中出现了某个要素的缺失,或者违背了三个要素的基本一致性,那么,这种理解就是"误解"。

理解的运动所形成的理解的限度充分向我们展示了教材在意义生成中的基本作用。在理解运动中,教材作为教师理解的对象对于意义的发生所起到的作用有两个方面最为典型。一方面是教材向理解开放,能够让主体获得并建构意义。叶圣陶曾说过:"语文教材无非是例子,凭这个例子要使学生能够举一反三,练成阅读与作文的熟练技能。"[1]教材是一个"例子",是

---

① 叶圣陶:《语文是一门怎样的功课》,载王木春选编《叶圣陶教育演讲》,教育科学出版社,2014,第86页。

人类知识文化总体的典型"例子",它以有限的篇幅来表达无限的人类文化知识总体。而要使教材从有限走向无限,从教书走向育人,就必须从"教教材"转向"用教材教",用有限的意义去"引发"无限意义。另一方面,教材又是避免产生"误解"的底线。在对教材意义进行阐发的过程中,无论生成出何种意义,都必须与教材本身的有限意义产生合理关联,否则便走向了主观主义,所理解的意义就是"误解"。教材对确立理解限度的作用意味着任何理解都必须考虑教材本身,教材自身的性质、结构、功能、价值成为思考教师教材理解的重要维度。

(四)思考教师教材理解需要具有发生学的思维

发生学(genetics)作为一门学问,本指 17 世纪以来逐渐形成的胚胎学,它主要探讨生物学领域动植物的发生发育和演化问题。发生学方法的确立主要归功于达尔文的进化论研究,而从自然科学引入社会科学,应该归功于皮亚杰的发生认识论研究。对于何为发生学方法,冯契主编的《哲学大辞典》认为是"反映和揭示自然界、人类社会和人类思维形式发展、演化的历史阶段、形态和规律的方法"[①];顾明远主编的《教育大辞典》认为是"在研究自然和社会现象时以分析它们的起源和发展过程为基础的一种研究方法"[②]。作为一种方法论,发生学是主张探究事物的起源、发展和演化,并从中获得规律的一种思维方式,它从历时态的角度对事物的变化与发展进行研究,强调起源性、过程性、演化性与规律性,是对事物进行系统研究的重要方法。

对于建构教师教材理解而言,需要运用发生学方法进行思考,以发生学思维来看待教师教材的理解过程。之所以强调发生学思维,其原因在于:第一,理解本身就是一种过程,它强调主体与对象在情境中的运动变化,对这种过程的研究适宜运用发生学思维;第二,理解是获得意义的过程,在这一过程中,意义的类型、层次、性质等不断发生转变,最终生成某种意义结果,而这种演化的过程只有运用发生学思维才能系统探究;第三,教师教材理解的最终目的是促进学生生命意义的建构,教师的教材理解是一种教学活动

---

① 冯契:《哲学大辞典(上册)》(修订本),上海辞书出版社,2001,第318页。

② 教育大辞典编纂委员会:《教育大辞典》(第6卷),上海教育出版社,1992,第121页。

展开前的设计,它既要考虑应该理解什么,又要考虑这种理解如何转化为教学活动以及教学活动如何一步步关注学生自身,从而最终实现生命意义的建构,对这种预设性的活动过程设计也只有运用发生学思维才能分析清楚。

当然,从具体方法来讲,发生学方法具有多样性,它是实验方法、观察方法、测试方法、证伪实验方法、个案研究和追踪方法、分析方法、抽象方法、结构方法等多种方法的联合应用①,本研究在探索过程中,注重的不是具体的方法,而是其中所蕴含的思维方式。

依据以上论述,我们提出思考教师教材理解问题的构想,这种构想的基石是意义的关联性,即在教育学视野下,基于教材本身的性质、结构与特征,运用发生学思维,使不同类型与层次的意义进行转化、生成与创造,以达成教材内部不同知识类型与层次的关联,以及教材与外部政治、文化、教师与学生等的不同维度的关联。这种理解我们可以称之为意义的发生学。

---

① 楼培敏:《发生学方法》,《社会科学》1986 年第 10 期。

第四章

教师教材理解的基础:意义发生说

如上一章所述,保守诠释学、中庸诠释学、激进诠释学与批判解释学从不同侧面提出了理解的合理性观念,这些观念一方面对于思考教师教材理解具有重要的参考价值,但同时也在不同程度上存在着片面之处,未能从根本上体现教育学领域的基本文化特征与教材文本的意义结构。因而,在此基础上,秉持教育学立场,基于教材自身的意义结构关系,从发生学的角度,在扬弃的基础上,重构教材理解的观念与原则,是进一步思考教师教材理解的基础性工作。正是基于这种考虑,本书尝试提出"意义发生说"的理解观,并从提出的原因、基础与内核三个方面进行系统说明。

第一节 "意义发生说"的提出

一、教学论研究的人文进路

一般认为,教学论始于德国教育学家拉特克(W. Ratke),他在 1612 年给德意志帝国议会的奏章《改革学校和社会的建议书》中自称"教学论者(Didaticus)"。拉特克的教学论是一种以教学的方法与技术为中心的教学论,而非教学理论。在奏章中,拉特克希望能通过让国民获得教养而促进德意志的统一、和平与独立,因此,他所追求的是一种"教授之术",其宗旨之一便是"怎样才能使希伯来语、希腊语、拉丁语及其他语言，在短期内让成人和儿童更容易掌握，更容易普及"①。拉特克的这种以方法技术为中心的教学论被捷克教育家夸美纽斯（J. A. Comenius）所继承并发扬光大。在他所著的《大教学论》中旗帜鲜明地提出了自己的撰写理由，即"把一切事物教给一切人们的全部艺术"，以使能够"迅速地、愉快地、彻底地懂得科学，纯于德行，习于虔敬，这样去学会现世与来生所需的一切事项"。正是基于这种追求，夸美纽斯在经验论哲学基础上形成了"自然适应性原则"，"拉特克和夸美纽斯使用的 didactica 主要是指教学艺术"②，他们所形成的教学论都是致力于方法与技术的，而非教学理论。

真正形成教学理论的是德国教育学家赫尔巴特（J. F. Herbart）。在教育史中，赫尔巴特是科学教育学的创始人，他在继承裴斯泰洛齐（J. H. Pestalozzi）的"教育心理学化"基础上致力于将教学建立在心理科学基础之上。赫尔巴特明确把心理学作为教育学的基础，认为"教育者的第一门科学——虽然远非其科学的全部——也许就是心理学"③，它向我们说明了人类活动的全部可能性，可以有效说明教学的过程。赫尔巴特遵循"教育性教学"的逻辑，以"观念心理学"为基础形成了其教学形式阶段理论，不仅包含了教学的方法与艺术，还包括了道德的养成，其所用的概念也由"pedagogy"替代了"didactica"，而"赫尔巴特的 pedagogy 标志着独立的'教学理论'的形成"④。

在赫尔巴特之后的教学理论的发展沿着两个基本方向展开：哲学取向与心理学取向。哲学取向的教学理论通常称之为"教学论"，它坚持用哲学的思辨与理论对教学进行思考与建设，关注教学的活动过程及其中所蕴含的伦理与文化因素，其代表是苏联与我国解放早期关于教学的相关研究，主张"知识—道德本位的目的观""知识授受的教学过程""科目本位的教学内

---

① 佐藤正夫：《教学原理》，钟启泉译，教育科学出版社，2001，第 3 页。
② 施良方、崔允漷：《教学理论：课堂教学的原理、策略与研究》，华东师范大学出版社，1999，第 36 页。
③ 赫尔巴特：《普通教育学》，李其龙译，人民教育出版社，2015，第 6 页。
④ 施良方、崔允漷：《教学理论：课堂教学的原理、策略与研究》，华东师范大学出版社，1999，第 37 页。

容"以及"语言呈示为主的教学方法"①。心理学取向的教学理论通常称为"教学理论",它坚持从儿童的心理发展过程与特征出发,采用心理实验与实证的方法关注教学的程序、方法与心理问题,其代表是美国的一批教育心理学家,如斯金纳(B. F. Skinner)、布鲁纳(J. S. Bruner)、加涅(R. M. Gagne)、罗杰斯(C. R. Rogers)等。

改革开放以后,在学习苏联、美国的基础上,结合我国的传统文化精神以及特定历史背景对教学的需求,开始了具有中国特色教学论的重建。20 世纪 90 年代的教学本质大讨论,基本确立了教学"交往说"的主导地位,把教学的本质理解为"是以促进人与文化的双重建构为核心,以特定文化价值体系为中介,以教与学的对成为发生机制和存在方式的师生特殊交往活动"②,打破了"特殊认识论"的局限。我国第八次基础教育课程改革明确提出了知识与技能、过程与方法、情感态度与价值的三维目标,突破了传统知识与技能单一教学目标的限制。华东师范大学叶澜教授领导的"新基础教育改革"以及在此基础上形成的"生命·实践"教育学派奠定了中国教学论建设的理论基石。2016 年我国提出了"21 世纪中国学生发展核心素养",将文化基础、自主发展与社会参与作为三个基本领域,进一步凸显了教学的人文转向,"从双基到三维目标再到核心素养,其变迁基本上体现了从学科本位到以人为本的转变"③。在研究方法上,强调意义理解的人文研究在教学研究领域逐渐确立,"课堂志"作为一种研究方法论,以深描与理解"力求体现人文社会科学研究的特点"④。近年来我国对具身学习、深度教学、知识与能力情感关系研究、基于核心素养的学生评价研究等主题也凸显了学生生命成长的核心价值。可见,我国在重建教学论过程中,所凸显的基本价值取向便是人文关怀,即在哲学、心理学、社会学、文化学等学科理论基础上,关注教学过程中人文素养、人文精神的培育,把知识、经验、技能纳入到人的生

①　施良方、崔允漷:《教学理论:课堂教学的原理、策略与研究》,华东师范大学出版社,1999,第48—54 页。

②　张广君:《教学本体论》,甘肃教育出版社,2002,第303 页。

③　余文森:《从三维目标走向核心素养》,《华东师范大学学报(教育科学版)》2016 年第 1 期。

④　王鉴:《课堂志:作为教学研究的方法论与方法》,《教育研究》2018 年第 9 期。

存、生活与生命之中,以工具性的态度与方式看待知识在教学过程中的作用,关注"教书"与"育人"的本然联系,凸显知识的育人价值,实现学生生命意义的建构,使学生能通过教学成为一个个鲜活的生命个体。我国教学论发展人文价值取向的形成既不是延续哲学取向的教学论,也不是延续心理学取向的教学论,而是在二者综合的基础上,以教育人学为核心所建构起来的符合我国特定历史社会的教学论体系。正如杨叔子所言:"科学教育,主要给人以灵性,而人文教育,既给人以灵性,更赋予人以人性。只有科学教育与人文教育相融,教育才能正确回应时代的呼唤。"①

在教师教材理解的微观层面,教学论研究的人文取向要求教师在理解教材时要摆脱"知识本位"式理解,把学生置于教材理解的中心地位,把学生的生存境遇、个性情趣、价值理想等生命意义作为教材理解的目的关怀。这种关怀意味着教师的教材理解需要从静态的知识理解转向动态的学生理解,从教材之内的有限理解转向教材之外的无限理解,充分挖掘与妥当处理教材与国家社会、历史文化、学生个性与教师专业成长之间的关系,并通过其中的有效关联,使教师从教材中获得促进学生生命意义建构的有效支点与恰当路径。

二、教学复杂性的要求

将复杂性视为一种方法论的代表人物是法国思想家莫兰(E. Morin)。1973 年,莫兰发表的《迷失的范式:人性研究》中认为,传统把"超自然的人的人文主义深化在人类学的中心重新建立起来,而自然和文化的对立取得了范式的地位,也就是说成为指导一切推论的概念模型"②,这种对立割裂了自然与文化的联系,形成了一种简单化、粗鲁的思维方式,对人的认识只能获得"半岛"似的概念。这种认识的简单化是科学认识长期所坚持的,以便用以驱散现象表面的复杂性,从而揭示世界所遵循的简单的秩序。因此,莫兰希望针对这种"简单化范式"的弊端来构建他自己的"复杂性范式"。

对于复杂性,莫兰认为:"复杂的东西不能被概括为一个主导词,不能被

---

① 刘献君:《专业教学中的人文教育》,华中科技大学出版社,2003,第 2 页。
② 莫兰:《迷失的范式:人性研究》,陈一壮译,北京大学出版社,1999,第 6 页。

归结为一条定律,不能被化归为一个简单的观念。"①在莫兰看来,复杂性是一种态度、一种思想、一种看待事物的方法,它所反对的是简单化、割裂化,要求在事物的关联中看到它们之间的联系性,打破不同事物、事件之间的壁垒,看到它们之间的统一性与差异性。因此,"复杂性是一个提出问题的词语,而不是给出解决办法的词语"②,同一性与多样性的统一,有序性与无序性的统一是复杂性理论看待问题的基本方法原则。

在莫兰提出"复杂性范式"之后,普利高津、圣菲研究所也在复杂性理论研究方面取得了巨大的成就。在《从混沌到有序:人与自然的新对话》中,普利高津与斯唐热提出了"复杂性科学"概念,认为"物理科学正在从决定论的可逆过程走向随机的和不可逆的过程"③,发现了物理变化过程中的"时间"变量因素,使"存在的物理学"转向了"演化的物理学"。圣菲研究所致力于"复杂适应系统理论"研究,探讨高级的复杂系统能动地适应环境的自组织演变的内在机制。圣菲研究所的代表人物约翰·霍兰(J. H. Holland)在研究"涌现想象"时认为,"少数规则和规律生成了复杂的系统,而且以不断变化的形式引起永恒的新奇和新的涌现现象"④,因此,通过寻找涌现现象背后"隐秩序"可以有效解释和应对各种涌现现象。

复杂性理论成熟以后迅速进入教育领域,成为思考教育问题的重要方法论。莫兰在形成自己的复杂性理论后便撰写了《复杂性理论与教育问题》。后现代课程论专家多尔的《后现代课程观》也将复杂性理论作为建构新课程观的基础之一,他"相信自组织(self-organizaion)、耗散结构、生态平衡、间断性进化(punctuated evolution)以及复杂性理论(complexity theory)的概念都将对设计后现代课程具有启发性"⑤,其所建立的后现代课程观也以不确定为其典型特征。在我国,运用复杂性理论来思考教育问题主要在

---

① 莫兰:《复杂性思想导论》,陈一壮译,华东师范大学出版社,2008,第 1 页。

② 同上书,第 2 页。

③ 普利戈金、斯唐热:《从混沌到有序:人与自然的新对话》,曾庆宏、沈小峰译,上海译文出版社,1987,第 224 页。

④ 约翰·霍兰:《涌现:从混沌到有序》,陈禹等译,上海科学技术出版社,2001,第 4—5 页。

⑤ 多尔:《后现代课程观》(第 2 版),王红宇译,教育科学出版社,2015,第 13 页。

21 世纪前后,么加利的博士论文《走向复杂:教育视角的转换》,胡志友的博士论文《复杂范式中的教育研究》是较早运用复杂性理论系统思考教育问题的代表。到目前为止,认识到教育的复杂性,并运用复杂性理论来思考教育问题已经成为教育研究的一种基本的态度或范式。

在教学论领域,教学的复杂性也逐渐被揭示与正视。早在 2005 年,刘徽就将复杂性思维视为思考课堂教学的新维度,认为复杂性思维可以改变简单性思维下课堂中知识的单向传递、教学时间的叠加、固守教学程序、教学的外塑特征,从而使课堂充满活力,关乎学生的生命①。同年,郝志军从复杂性视角对探究性教学的实质进行较为系统地分析,指出"探究性教学的实质是发展学生精神生活的过程,是学生自我探索和发现真理的过程,是主体生命活动的展现过程,是教师教学实践智慧施展的过程"②。其后,学者们加强了对课堂教学的复杂性探索以及在具体学科教学(如生物、声乐等)中如何运用复杂性理论重构课堂教学实践。2013 年,张良从范式的角度对我国教学论范式进行重建,把复杂性教学范式的内涵概括为确立"减法式"的教学思维、构建"研究性旨趣"的教学方法以及秉持"创生性取向"的教学知识观③。延续教学论范式的研究路向,2018 年韩晓霞进一步对复杂性教学范式的内涵进行分析,指出"复杂性教学范式是指人们在动态开放性、关系性、非线性、过程性等复杂性思维的指导下,对教学这一特殊现象和复杂活动所做的最基本的理解或看法"④。总的来看,以复杂性的态度、思维来思考教学论的基本问题,既是对传统教学简单化的批判与超越,也是对教学性质的深化认识以及对当代教学论研究人文转向的回应,回归教学的复杂性,以"尊重教学复杂性、容纳教学复杂性、迎接教学复杂性和创造教学复杂性"⑤的态度

---

① 刘徽:《简单性与复杂性:思考课堂教学的新维度》,《全球教育展望》2005 年第 3 期。

② 郝志军:《探究性教学的实质:一种复杂性思维视角》,《教育研究》2005 年第 11 期。

③ 张良:《从简单性到复杂性——试论我国教学范式的重建》,《清华大学教育研究》2013 年第 5 期。

④ 韩晓霞:《复杂性教学范式研究》,《教育理论与实践》2018 年第 1 期。

⑤ 蒋士会、龙安邦:《教学复杂性新论》,《课程.教材.教法》2017 年第 10 期。

和勇气来看待和思考教学问题逐渐成了理论研究者与实践者对教学认识的基本立场与出发点。

教学的复杂性要求教师在理解教材时要突破简单思维与简单方式,把教材理解从单一的、表层的知识理解转向更为广阔、更为深入的复杂性理解。这种理解需要在以知识为载体的基础上,关涉教材中的学科思想方法、国家和社会的主流意识形态,历史社会中的文化传统与创新,学生的生活体验、经验与生命意义建构以及教师专业成长中的自我理解,是各个维度、各个层次的综合性理解。

三、教师教学智慧的体现

自以专业看待教师职业以来,教师专业发展的内容与标准研究就成了教师教育研究的核心课题。在教师专业发展研究的历史进程中,从最初关注教师的知识与技能,到关注教师的职业道德与职业信念,延伸到了当前对教师实践智慧的提倡。实践性知识、教师教学智慧、教学艺术等相关研究凸显了教师实践智慧在教师专业成长中的核心作用,成为判断新手与专家型教师的核心标志。教师实践智慧的提出既源于我国当前对智慧的殷切期盼,又源于对教学本身人文取向、复杂性特征的系统认识,它以学生的智慧生成为根本目的,以教学情境的复杂性为基础,以基于实践场域的教师研究为核心途径,开启了我国教学论研究的智慧取向。

智慧是一个难以说清楚的概念。有学者从心理学、社会学和哲学三个维度对智慧进行了界说,认为智慧具有三方面的要义:一是智慧指向人的实践能力或实际本领;二是智慧指向人的明智的、良好的生存和生活方式;三是智慧指向人的主体性、价值性、自觉性、自由性等人的"类本质"特征①。对于教学而言,智慧既是学生发展的综合性和终极价值,也是教师专业发展水平高低的重要标志,教师的教学智慧成为实现深度教学的重要素养。在思考教师教学智慧的内涵时,学者们一般从三个维度进行解构:一是理性的维度,即教学智慧是一种由教学信念、教学知识与教学思维所综合构成的一种

---

① 靖国平:《教育的智慧性格:兼论当代知识教育的变革》,湖北教育出版社,2004,第55—56页。

心灵的"睿智",它是理性的和明智的;二是能力的维度,即教学智慧"是教师面临复杂教学情境时所表现的一种敏感、迅速、准确的判断与行动的能力"①;三是伦理的维度,即教学智慧的本质之一便是"向善"②。因此,教学智慧是综合性的,它深植于教师心灵深处,是教师对教育的信念、理性的认识以及对教育事业与学生的"关心";它表现为行动,是教师在复杂教学情境中妥善思虑,优化选择行为,是一种"教师权衡的艺术"③。

教师的教学智慧不仅体现在课堂之中,也体现在课堂之外,教师的教材理解也是教学智慧的重要组成部分。课程是复杂的,它不仅关涉学科知识本身,还关涉政治立场、文化传承、社会生产力以及学生的生活情境与价值理想、生存旨趣等。美国课程论专家波克维茨(T. S. Popekwitz)主张将学校课程置于社会历史发展的脉络中进行审视,揭示社会价值系统对课程知识的过滤和教师教学行为的影响,将课程知识的产生、教师教学行为特征置于社会认识论的框架下进行研究。④ 阿普尔从意识形态角度对课程知识进行了系统分析,认为学校的课程知识不是客观与价值中立的,在其本质上是伦理的和政治性问题,因此,寻求共同的理解既不会走向课程的"乌托邦",也不会在一定程度使这种关系变得符合正义,"无论从概念上还是从政治上说,共同寻求这样的理解是有益的,因为毕竟在我们生活于其中的社会中,有关我们作用的个人判断并不是一个抽象的问题,它是我们必须面对的"⑤。面对教材的复杂性,教师的理解仍然需要智慧,而这种智慧仍然属于教学智慧之列。教学智慧要求教师在理解教材时能够依据理解的合理性理念与教学的具体情境,恰当处理知识与文化、政治意识形态、社会经济、学生发展以及教师自身专业成长的各种关系,恰当地选择理解的方式与行为。

---

① 王鉴:《教学智慧:内涵、特点与类型》,《课程.教材.教法》2006 年第 6 期。

② 刘冬岩:《实践智慧——一种可能的教学价值》,南京师范大学出版社,2009,第 81 页。

③ 赵艳红:《教学智慧:教师权衡的艺术》,西南大学博士学位论文,2013,第 71 页。

④ 阚维:《理解课程的复杂性:波克维茨课程研究述评》,《课程.教材.教法》2013 年第 10 期。

⑤ 阿普尔:《意识形态与课程》,黄忠敬译,华东师范大学出版社,2001,第 185 页。

第二节　"意义发生说"的基础

不管如何,理解总是对于意义的理解,理解的核心与基础在于意义,不同理解观、学科领域或诠释学流派之所以出现观点对立或冲突,从根本上来说是其所重视的意义的差异。因此,在特定的领域,建构某种特殊的理解合理性,所要做的基础性工作就是对意义本身的澄清,即依据该领域或问题建构或选择不同的意义内涵,并以此建构属于特定领域与问题的意义体系。只有这样,才能对理解的合理性进行充分说明。

对意义进行定义是极其困难的一件事情。1923 年,美国学者奥格登(C. K. Ogden)与瑞恰慈(I. A. Richards)出版了《意义的意义》一书,总结了意义的三组 16 条共 22 种定义,并且认为,每一条定义在某种特定的语境中都是说得通的。[①] 在学界中,意义是诠释学、语言哲学、符号学、心理学等领域研究的核心概念,并且在不同的领域中所重视的是意义的不同侧面。在教育学领域,也有学者探讨课程或知识的意义,但其所指的并非知识本身或作为其表现形式的符号、语词、概念、命题的"含义"或"意思",而是指知识对于个体精神生命的关照。[②]

意义概念如此复杂,不仅涉及不同领域,而且涉及不同层面,如何对其进行定义呢? 为了便于界定,在本书中首先设定对意义进行理解的两个前提性条件。一是对意义概念的理解需要在教育学视野下进行,即把教育作为一种特殊的文化领域,以学生生命意义建构为基本的教育价值取向,从个体、知识、社会的动态关系中去考察意义的概念问题。二是对意义概念理解需要以发生学为基本方法论,即要从意义的原初形态到学生生命意义形态的整个发生过程为考察意义概念问题的基本线索,揭示在这一过程中意义

[①]　赵毅衡:《哲学符号学:意义世界的形成》,四川大学出版社,2017,第 50 页。
[②]　李召存:《知识的意义性及其在教学中的实现》,《中国教育学刊》2006 年第 2 期。

的不同存在形态或类型,而非单指"对个体精神生命的关照"。从撰写操作来看,主要通过意义的语词分析、历史中不同学者对意义的类型划分的考察,进而获得对意义的内涵以及类型与层次的基本认识。

一、意义的内涵

(一)意义的词源分析

在英文中,意义主要有两个英语单词来表示,一是"meaning";二是"signficance"。在韦氏词典电子版中解释为:"meaning"[①],指:①想要表达(尤用语言)的事情(the thing one intends to convey especially by language);②所指的事情(something meant or intended);③重要性,尤其指隐含或特殊的意义(significant quality; *especially*: implication of a hidden or special significance);④单词或词组的逻辑内涵或外延(the logical connotation/denotation of a word or phrase)。而"signficance"[②]指:①所表达的隐晦的或间接的事情(something that is conveyed as a meaning often obscurely or indirectly);②表达暗示的(事情的)特性(the quality of conveying or implying)。可见,"meaning"侧重指语言或符号所欲表达的本身的意思;而"signficance"则侧重指由语言、符号本身意思所延伸出的"外延之意"。

在汉语大辞典中,意义指的是:①语言、文字或其他信号所表示的内容;②价值,作用。汉语中,由于古代汉语中的词语多以单音节为主,因此"意"和"義(义)"分别作为两个单独的词汇存在。《说文解字》对"意"给出的解释是:志也,从心;察言而知意也,从音从心。可见,这里"意"的本意可作为"志向、意愿"来理解,它是与人的内心活动相关联的。再看"義(义)":从我、羊。"我"是兵器,又表示仪仗;"羊"表示祭牲。本义为正义;合宜的道德、行为或道理。我们不知道古人是何时把"意"和"义"合并为一体使用的,但在二者的结合中,我们至少可以看出:①意义是与个体的心灵活动所密切

---

① 韦氏英语词典(网络版),http://www. merriam-webster. com/dictionary/ meaning,访问日期:2018 年 12 月 22 日。

② 韦氏英语词典（网络版）, http://www. merriam - webster. com/dictionary/ signficance,访问日期:2018 年 12 月 22 日。

联系的;②它含有浓重的伦理文化色彩;③他与本人美好的理想愿望有关。这与我们通常将意义理解为语言文字的表层"意思",或是语言的指称对象有着很大的区别。

从以上词语分析来看,意义这个概念:首先,包含两个方面的含义,一是对应于符号,特别是语言符号所表示的内容;二是作者通过符号,特别是语言符号所暗示的东西,或由读者通过语言符号所引申出来的意思。在第二个层面上具有价值或意蕴的含义。其次,意义具有伦理色彩,包含着一种价值肯定的意蕴,通常用来表达一种"善"的观念或行为。再次,意义总是负载于某种符号上,包括语言符号和自然符号,并且,以符号构成的文本是意义表达的基本方式。最后,意义总是与人有关,或者是符号或文本创造者(作者),或者是符号或文本的阅读者(读者),人的意识是决定意义的一个核心要素。

(二)不同领域中的意义

不同学者对于意义的理解总是基于特定的立场或视角的,因此,他们总会切中意义的某些侧面。对这些侧面进行简单梳理,可以在一定程度上窥视意义的全貌,并由此为本书的意义理解提供选择的基础与空间。

在语言哲学中,研究者主要用分析的方法考察语言与意义的关系,即主要从语言的角度对意义进行理解与定义。不同的语言哲学家对在语言、意义、主体的关系中形成了自己的意义理论,典型的有:意义指称论(弗雷格、罗素)、意义观念论(奥格登、理查兹)、行为主义意义论(布龙菲尔德、奎因)、真值条件意义论(戴维森)、用法意义论(后维特根斯坦)。[①] 从根本上看,语言哲学家对语言与意义的关系的核心目的是为了"意义澄清"。他们认为,哲学论证的根本是语词意义的论证,而非实在的论证,澄清语言的意义可以消除大量的无意义的哲学论证,甚至可以在一定程度上节制形而上学的滥用。因此,语言哲学对意义的研究核心是要指明哪些命题是有意义的,哪些是无意义的。而判断有无意义的基本原则是可否证实,即"可证实性原则"。他们不判断命题的真假,只通过是否可证实去判断命题是否有意

---

① 刘龙根:《意义底蕴的哲学追问》,吉林大学出版社,2004,第21—77页。

义。语言哲学对意义的研究向我们展示了语言(符号)与意义的密切关系,同时也向我们展示了意义的"可证实性"维度。

在诠释学中,意义相对于不同的"参照物"具有不同的含义。在狄尔泰的体验诠释学及其以前,意义被局限于作者的意义,即文本的创作者通过文本所想表达的内容。理解就是通过语言规则或心理体验去获得作者想要表达的意思,因此时间和空间间距就构成了理解的障碍。在哲学诠释学形成之前,现象学开创者胡塞尔从主体意向的角度对意义进行理解,认为"意义即意向相关项"①,把意义与人的意向性紧密结合起来。到哲学诠释学时期,海德格尔与伽达默尔把理解视为"此在"的基本存在方式,意义获得了读者的生存论意涵。"意义是此在的一种生存论性质,而不是一种什么属性,依附于存在者,躲在存在者'后面',或作为中间领域漂游在什么地方"②,意义成了主体的存在性质,诗意栖居的地方,具有了明显的主观倾向性与相对性。正是这种意义的主观性与相对性激起了赫施、利科等的不满,并在寻求理解的有效性标准过程中,把意义与文本紧密地关联在一起,认为意义是文本所蕴含的东西。利科通过把文本界定为"通过文字固定下来的话语"③,杜绝了作者与读者对意义的"垄断",使得文本成了意义唯一有效的判断标准。诠释学在对意义认识的变化过程中,赋予了意义的主体性与文本性特征,使人们认识到意义不仅与语言符号相关,更是与作者、读者以及文本本身相关,从而进一步拓展意义的内涵。

在符号学中,意义与符号直接相关,被视为符号所蕴含的东西。美国哲学家皮尔士把符号项、解释项和意义项看作符号的三个基本要素,认为"符号就是某东西 A,它指出某一事实或客体 B,是为了对这一事实或客体赋予某种解释性的思想 C"④,而 C 就构成了这个符号的意义。在此基础上,我国

---

① 麦金泰尔、史密斯:《胡塞尔论意义即意向相关项》,张浩军译,《世界哲学》2010 年第 5 期。
② 海德格尔:《存在与时间》第 2 版,陈嘉映、王庆节译,商务印书馆,2017,第 194 页。
③ 利科:《从文本到行动》,夏小燕译,华东师范大学出版社,2015,第 148 页。
④ Charies Sanders Peirce, *Collected Papers* (Cambridge: Harvard University Press, 1931) ,p. 346.

学者赵毅衡教授在研究符号学时将符号定位为"被认为携带意义的感知"①,并在分析意义的解释过程基础上认为意义是"使意识与对象各自得以形成的关联方式"②。从符号学来看,意义是符号的内在项,它属于符号的组成部分,但意义却不完全由符号所决定,它同样受到符号发送者和符号接受者的影响,具有创生的功能。与语言哲学相比,符号学摆脱了"语句意义"的局限,把意义与所有符号(包括文化符号与自然符号)的普遍关联揭示了出来,符号成为了意义的载体和基本限度,主体的意向性(关涉对象的倾向)成为决定符号意义的主观因素。

　　虽然意义概念在心理学中普遍存在,但专门探讨意义的心理学著作却非常少。在教育心理领域,奥苏贝尔把有意义学习理解为"将符号表示的新观念(学习任务)与学习者的原有知识(认知结构中某一特定学科知识)建立起一种非任意的、实质性的联系"③;罗杰斯把意义学习所包含的要素确定为"个体卷入程度""自我主动投入"和"渗透性"④。我国学者景怀斌曾专门探讨过心理意义问题。在其著作《心理意义实在论》中,他认为心理现象的根本特征是"意义实在性",即"个体的心理具有实在的要素、性质、意向等意义属性,这些意义属性决定了个体的心理和相应行为,使其具有社会价值性"⑤。心理的意义实在性具有两种表现形态:一是心理内容,"指已经存在于个体心理的某种心理活动的因素及其性质和指向,如需要、态度、人生观等"⑥;二是心理意义,指"心理内容与环境信息相互作用而产生的指向于事件的心理认识及其性质和相关的体验及行为反应"⑦。此二者共同组成心理整体,在与外界的相互作用中形成动态平衡,从而促进个体的心理发展。心理学领域中的意义研究向我们指明了意义的两个基本维度,一是指向学习

---

①　赵毅衡:《符号学:原理与推演》(修订本),南京大学出版社,2016,第 1 页。

②　赵毅衡:《哲学符号学:意义世界的形成》,四川大学出版社,2017,第 60 页。

③　奥苏贝尔:《意义学习新论:获得与保持知识的认知观》,毛伟译,浙江教育出版社,2018,第 79 页。

④　罗杰斯、弗赖伯格:《自由学习》,3 版,王烨晖译,人民邮电出版社,2015,第 42 页。

⑤　景怀斌:《心理意义实在论》,暨南大学出版社,2005,第 17 页。

⑥　同上。

⑦　同上。

者心理内部的知识之间的关联性,二是指向心理外部的,对于事物的诸如好奇、兴趣、感悟之类的诱发性,同时从心理层面为我们解释了意义的发生学过程。

以上不同领域中关于意义的研究从不同领域或视角为我们揭示了意义的不同侧面,这些侧面为我们在教育学领域对意义进行理解奠定了坚实的基础。

(三)意义:符号与生存境遇的交互

对意义的不同研究揭示了意义的不同侧面:语言哲学揭示了意义与语词之间的文化关系,展示了语言作为文化共同体用以表达、交流的工具性价值;诠释学以理解为中心揭示了意义的作者、读者与文本维度,为意义成为一种发生学体系提供了可能;符号学从方法意义上揭示了意义的符号维度,使自然宇宙纳入人的意识成为可能;心理学揭示了意义的心理内容与演化过程,使意义具有了科学的意味。这些意义的不同层面的揭示为我们从教育学视野下去思考意义的内涵与类型问题提供了丰富的学术资源。

教育是成年人对未成年人的一种引导成长的活动,它是在特定的历史文化背景下,依据社会发展的方向与旨趣,以知识学习为载体,促进个体社会化与社会个体化的过程。社会、知识、个体及其之间的关系构成了思考教育教学问题的三个基本要素和基本视域。因此,教育学并不排斥任何其他学科,哲学、社会学、心理学、文化学、人类学等相关理论都可以在教育学视野下获得自身的教育意蕴,成为促进教育改革与发展的理论武器。从教育学视野出发,基于发生学的思维方式,通过对相关领域对意义内涵研究的审视,我们发现对意义内涵的界定具有综合的可能,也即,语词意义、文本意义、作者意义、读者意义都可以纳入到教育学中进行系统思考,并形成一种具有谱系性质的发生学关系。

基于此,我们把意义界定为:个体在生存境遇中通过对语言等符号的对象性理解所获得的东西,这种东西产生于个体与对象的互动关系中,并引导着个体的生存旨趣。这一定义所侧重展现的内涵包括以下几个方面。

1.意义产生于个体意识与对象的关系之中

法国现象学家吕格尔(P. Ricoeur)认为:"现象学把三个方面统一为一

体:其一,意义是现象描述的最全面的范畴;其二,主体是意义的承担者;其三,归纳作为哲学的方式,使存在出现了意义。"①以此,胡塞尔从主体意向的角度对意义进行理解,认为"意义即意向相关项"②。这一规定指明了意义与主体意识之间的必然关系,揭示了意义的主体维度。与此同时,纯粹的主体意识并不能产生意义,它还需要有相应的客观基础,这就是对象。对象与事物具有本质的不同。事物是一种自在的存在,而对象是一种人为存在,只有自在的事物进入人的意识之中,才转变为对象。而事物转变为对象的关键在于意向性。在心灵哲学中,意向性是关联心灵与外物的核心,也是心灵得以丰盈的关键机制或方式。对于意向性的理解,胡塞尔把它视为"意识对被意指对象的自身给予或自身拥有的目的指向性",并将其作为现象学的核心概念③;塞尔(J. Searle)则把意向性理解为许多心智状态和心理事件的特征,这些心智状态和事件指向、关于、涉及,或表征世界中的事物状态和对象④;而哲学百科全书则把意向性定义为"心智指向事物本身的能力"⑤。虽然理解有所不同,但其都包含着"意向性是心灵关涉外物的能力"这一基本指向。正是在意向性的作用下,主体意识与对象产生关联与作用,从而具有了意义。因此,意义既不是主观的,也不是客观的,而是主客观契合的,只有意识与对象的相互作用才能产生意义。

2. 意义的产生是以符号为中介的

意义产生于主客观的契合,是主客体的共生之物。而这种共生的发生则是基于符号的直观形式。心灵对外物的关涉的原始途径便是感知,即有主体意识与富有意义的符号之间首先形成感知关系,进而使得符号的感知

①　殷鼎:《理解的命运——解释学初论》,生活·读书·新知三联书店,1988,第281页。

②　麦金泰尔、史密斯、张浩军:《胡塞尔论意义即意向相关项》,《世界哲学》,2010年第5期。

③　倪梁康:《胡塞尔现象学概念通释》,生活·读书·新知三联书店,1999,第250页。

④　Searle, J., *Intentionality: A essay in the philosophy of mind* (London: Cambridge University Press, 1983), p. 1.

⑤　Gaig, E., *Routledge Encyclopedia of philosophy* (London and New York: Routledge, 1998), pp. 816—820.

形式携带着意义可能性进入人的意识之中,并在交互共生的过程中形成意义。在诠释学中,理解的循环是产生意义的关键机制。潘德荣曾对诠释学历史中理解的循环进行了梳理,并用图表指出了不同诠释学学者所形成的三种理解的循环的观点,即"语词与文本""文本与历史"以及"主体与历史"①,而每一种循环都内在镶嵌着主体意识与符号(文本)之间的交互关系。我国学者秦光涛在《意义世界》一书中指出,意义在主体与客体两端形成一个意义链条,"理解可以通过这一链条,或者指向客体端,把主体实践的意向辐射到适当的客体形态上,或者指向主体端,把客体的可实践意义昭示于主体,使主体明了眼前的客体意味着什么"②。在符号与意义的关系研究中,赵毅衡认为意义必须用符号来承载,意向性必须把对象变成符号,并通过"形式直观"的方式来初步获得意义。③ 因此,符号是主客交互得以实现的条件,也是意义产生的中介。一方面,所有进入意识的事物都需要转化为符号而发生作用,另一方面,符号的直观形式是人意识捕捉到对象,并形成意义的不可缺少的环节。

3. 意义基于人的生存境遇,并建构着人的生命旨趣

生存概念是一个具有丰富层次的概念。《汉语大辞典》中对生存有四种解释:①活着、活下去;②指在世的人;③存在;④生活。这与日常中经常提到的"生存困境""生存空间"等用法基本一致,指能够保证人(或动物)基本的存活状态。对于人类生存而言,必然不能仅仅停留在存活的状态。以海德格尔、雅斯贝尔斯等人为代表的生存哲学系统开启了人的生存状态的研究。海德格尔对此在的生存论分析显示了此在的状态的多样性。海德格尔认为,此在首先是一种境缘性存在,是一种被动的被抛状态,但同时这种状态却可以通过理解而进行筹划,从而逐渐从被动状态走向主动主观状态,显露自己,寻找到自身的"栖息之地"。此在的"境缘性"与"理解性"显示了存在主义者对人的生存的不同层次与境界。我国学者冯友兰从"觉解"出发,

---

① 潘德荣:《西方诠释学史》第 2 版,北京大学出版社,2016,第 314 页。
② 秦光涛:《意义世界》,吉林教育出版社,1998,第 92 页。
③ 赵毅衡:《哲学符号学:意义世界的形成》,四川大学出版社,2017,第 62 页。

提出人生的四大境界,即自然境界、功利境界、道德境界和天地境界①;张世英依据实现人生意义、价值高低的标准和人生在世的"在世结构"的发展过程,提出了人生的四大境界,即欲求境界、求真境界、道德境界与审美境界。②这些研究表明,生存既是现实的,也是追求的;既是无奈的,也是主动的。它在指明人生存的多样性、层次性的同时,也指明了人存在的基本旨趣。意义是精神的存在之物,"人的生存有别于并优越于动物的生存之处,根本上在于它赋有意义并追求意义"③,"如果说物质和精神是人的生存的两大要素,能力和信念是人的生存的两大支柱的话,那么,意义则是使人的整个生存得以维系和升华的生命之气韵和神趣,甚至就是人的文化社会生命的内涵和底蕴"④。从发生学来看,意义产生于人的生存境遇,并在意义的不断丰盈与提升过程中逐渐建构着人的生存旨趣,是人能够在存活的境况中超越、升华,并蜕变和建构着人的生命旨趣的关键与核心。

4. 意义是由不同形态构成的意义链条

意义的先前研究显示了意义的两个基本维度:一是语言学研究把意义限制在语言与逻辑之中,使意义具有认知的属性;二是现象学、诠释学把意义与人的意识和生存关联起来,表达了意义的价值维度。这些研究的综合从根本上向我们表达了一个观点,即从表现形态来看,意义是一个具有多重表现形态的"意义链条"。这种意义链条的产生主要来自意义生成的两个核心要素,即对象与主体意识。在这两个要素中,对象是意义的发生原点,是意义产生的客观性基础,任何意义的产生都需要有一个对象存在,不管是真实的还是虚假的,缺乏对象的意义是虚幻的或虚假的。主体意识是意义产生的动力和加工机制,即主体意识是在对象的基础上依据对象的"敞开"性质向主体意识开放,使主体意识能够通过认知、反思、想象等意向性活动去揭示对象中所蕴含的意义,并在主体自身的主体性追求中获得新的意义。正是因为如此,当我们把意义界定为对象与主体意识之间的关系时,意义就

---

① 冯友兰:《活出人生的意义》,中国友谊出版公司,2017,第70页。
② 张世英:《哲学导论》,3版,北京大学出版社,2016,第77页。
③ 张曙光:《生存哲学》,云南人民出版社,2001,第347页。
④ 同上。

构成了意义链条,具有了多种形态。正是由于意义的多重形态,才使对意义的理解变得困难,不同学者在坚持不同意义侧面时形成了各自的争论,如诠释学中的作者、读者与文本之争;语言学的"涵义"与"指称"之争,正如有学者所总结的,"历史地看,对意义本质的理解往往存在多重片面趋向"①。也正是这种多重形态,为意义的类型划分与转化提供了概念基础,从而能够将其引入教育教学领域,并从发生学的角度系统探讨意义的形成与转化,以及意义是如何关涉人的生存旨趣的。

二、意义的类型划分

意义的类型划分既来自历史中不同意义类型的研究或诉说,也来自对意义本身的理解。因此,要形成符合本书研究的意义类型划分,一方面需要对历史中的意义类型进行简单的梳理,另一方面要依据意义本身的理解与本书研究的目的恰当地对意义类型进行划分。

(一)意义类型的相关研究

历史中对意义的划分主要集中在诠释学、符号学与语言学之中。

1. 作者意义、读者意义与文本意义

这三种意义是诠释学领域所形成的三种意义类型划分,它是诠释学历史发展与理论论证的核心基础,以至于潘德荣将这种意义类型划分认为是"诠释学研究的三个向度"②。

作者意义是传统诠释学所强调的意义本质,它涵盖了早期《圣经》诠释学、法律诠释学、语文学诠释学等,我国的"文字考据"也可以视为这种类型。作者意义即作者的原意,指作者通过文字符号所想要表达的意义。这种意义一方面通过文字的选择、排列等语言学路径所显示,另一方面通过根植于作者自身表达的历史情境之中而显现,因此,作者意义的获得需要通过语言规则和"心理移情"两种方式相结合。在作者意义的获得方面,施莱尔马赫与狄尔泰达到了顶峰,贝蒂、赫施等人在批判读者意义基础上进行了进一步

---

① 杨国荣:《成己与成物:意义世界的生成》,北京师范大学出版社,2018,第11页。
② 潘德荣:《西方诠释学史》第2版,北京大学出版社,2016,第4页。

发展。

读者意义是海德格尔与伽达默尔开创的诠释学方向所坚持的意义本质,他们坚持理解是读者之所悟,意义就是读者的意义。读者意义在一定程度上排斥或忽视作者想要表达的意义,认为理解并不是还原作者的意义,而是依据读者自身的生存境遇去创造新的意义,并以此"筹划"着人的生存方向与方式。因此,在坚持读者意义的诠释学路向中,语言规则与心理移情被无情抛弃,"前理解"成为理解发生的基本条件,"视域融合"成为获得意义的根本方式。相对于作者意义所坚持的客观性维度,读者意义所坚持的是意义的主观性维度,因此也有学者将这两种意义概括为"客观意义"与"主观意义"。① 正因为这种主观性维度的坚持,贝蒂、赫施等人才认为这种意义本质理论具有相对主义倾向,因而树立起"保卫作者"的大旗进行批判与重新建构。

文本意义是由利科的文本诠释学所坚持的意义本质。利科希望通过一种综合的方式来解决作者意义与读者意义之间的论证,从而把意义的本质与核心和文本关联在一起。利科把文本理解为"通过文字固定下来的话语"②,从而突破了语言的"超时限"特征,把文本与主体、语境等间接关联起来,使得文本具有了众多的意蕴。由此,意义就是文本所蕴含的意义,它既间接关涉作者的原意,也通过阅读者的接触关涉读者的创造性意义,并通过文本自身整合了二者,进而所形成的是文本自身的意义世界。在文本的意义世界中,读者与作者的"视界"也被文本的"视界"所取代,因此,文本具有封闭性与开放性相统一的特征,阅读具有"悬置"与"介入"的综合特征,对文本进行阅读就是文本的使命得以完成的具体行为,而"正是在阅读中,说明与诠释——无限地——互相对立而又互相调和"③。

2. 文字意义与精神意义

这种意义类型划分具有语言学的性质。意义的传递只能通过符号,而符号之所以能够承载并传递意义在于符号本身的"约定性"特征,即符号与

---

① 洪汉鼎:《当代西方哲学两大思潮(下册)》,商务印书馆,2010,第526页。
② 利科:《从文本到行动》,夏小燕译,华东师范大学出版社,2015,第148页。
③ 同上书,第172页。

其所指的对象之间在历史文化中被约定性地关联在一起,如"dog"与"狗"这二者通过约定的方式关联在一起。这就是说,文字作为符号其本身具有意义,并且这种意义是实现意义传递与创生的基础。关于文字意义与精神意义的划分在历史上早有不同的论述。古代诠释学就提出语言或符号至少有两种不同的意义,即历史性的文字意义(sensus litteralis)和神秘性的精神意义(sensus spiritualis),前者通过知识可以获得,后者则还需要信仰。亚历山大语文学派曾提出了四重文字意义学说,即字面上的、譬喻的、道德的和通往的,字面的意义说明事实,譬喻的意义说明信仰的内容,道德的意义指明应当要做的事情,通往的意义指明你应当努力争取的东西。① 德国语文学家和哲学家阿斯特(G. A. F. Ast)也提出过对古代经典著作的三种理解,即历史的理解、语法的理解与精神的理解,并认为精神的理解是真正的和更高的理解,它使历史的理解和语法的理解融合为一种生命。"历史的理解认识精神形成什么,语法的理解认识精神如何形成这种东西,而精神的理解则把握什么和如何,内容和形式追溯至它们在精神内的原始的和谐的生命。"②在此以后,贝蒂的"精神客观化物"、赫施的将意义划分为"意义(meaning)"与"意蕴(significance)",以及弗雷格对"涵义"与"指称"的认识等对意义的认识都包含着字面意义与精神意义的类型划分。

文字意义与精神意义的划分从本质上显示的是一种关联,即文字不仅具有符号约定性的指称意义,而且还能够表达作者的精神。而正是这种关联性,人们才能够从文字理解转向精神理解,才能够从他人理解转向自我理解。

3. 理解——认知意义与目的——价值意义

这种划分是我国学者杨国荣从"成己与成物"视域出发探讨意义世界形成问题所坚持的一种类型划分方式。杨国荣从"物""事""人"三者的关系出发,认为"成己与成物"是一个认识世界与认识自我、变革世界与变革自我的过程,这一过程也表现为意义和意义世界的生成过程。在这一视域中,意

---

① 洪汉鼎:《当代西方哲学两大思潮(下卷)》,商务印书馆,2010,第524页。
② 阿斯特:《诠释学》,洪汉鼎译,载洪汉鼎主编《理解与解释——诠释学经典文选》,东方出版社,2001,第6页。

义内涵涉及"是什么""意味着什么"和"应当成为什么"诸问题,并在对意义研究历史进行批判的基础上,将意义分为理解——认知意义与目的——价值意义两种基本向度。认为从理解——认知维度看,意义涉及形式与实质两个方面:在形式上意义与合乎逻辑相关;在实质上意义主要关联事实之维的认知。从目的——价值维度看,所谓"有意义"主要指"从现实某种目的来看,相关的人、物或观念有积极的作用"①,有意义就是有价值,无意义就是无价值。正是意义的这种事实维度与价值维度的划分及其关系的认识,使得意义涉及了认识论、价值论、本体论等领域,并在批判先前对意义理解往往偏于一隅的同时,使得意义的理解更为系统,更具有发生学性质,使得成己与成物具有了可靠性基础。

　　当然,除此以外,还存在众多对意义划分的理论或学说,如英国的利奇(G. Leech)在其著作《语义学》中把意义分为七种类型:概念意义、内涵意义、风格意义、情感意义、反映意义、搭配意义与主题意义②;秦光涛将意义分为表达式所表达的含义,利用客体表达表达者的"愿意"或意思,客体作为意义显示物所显示的相关情境与客体作为意义具有者所具有的影响、作用和价值四个层次③;等等。这些意义的类型划分向我们说明了意义的两个基本特征:一是意义具有多种形态,在不同的研究领域或不同的语境下,意义呈现出不同的面貌;二是不同的意义形态构成了一种意义链条,使得意义的不同形态之间具有了发生学性质。"意义链"认识的形成对于理解意义具有重要的作用,"它们(意义链——作者注)成了理解意义的结构和功能的关键"④。正是在这种意义链条认识的基础上,意义的不同形态构成了意义的不同类型,意义不同类型的转化实现了意义来源与创生的基础,从而为我们建构新的意义类型以及如何实现从教材的文字解读转向生命旨趣之建构提供了理论基础。这也是我们探讨意义类型的目的所在。

① 杨国荣:《成己与成物:意义世界的生成》,北京师范大学出版社,2018,第10页。
② 利奇:《语义学》,上海外语教育出版社,1987,第33页。
③ 秦光涛:《意义世界》,吉林教育出版社,1998,第73页。
④ 同上书,第94页。

（二）意义类型的重新确定

从以上对意义类型的研究中可以看出，不同学者对意义有不同的分类，有的注重不同主体之间的意义差异，有的重视符号意义与精神意义的不同，有的注重认知意义与价值意义的区分。这些研究为进一步确定意义的类型奠定了坚实的基础。综合这些研究，从发生学出发，以区分与关联为基础，发现可以从两个维度对意义进行划分：一是从意义层次角度进行划分，即遵循从客观到主观、从群体到个体、从公共到个人的递进过程，将意义分为不同的层次，并在不同层次之间的转换中揭示意义的生成；二是从意义的主体角度进行划分，即对不同主体的意义进行区分，在基于区别的基础上探讨不同意义之间的关联，以发现不同主体之间意义是如何交互的。

1. 客观性意义与主观性意义

从层次的角度看，我们可以将意义分为客观性意义与主观性意义两种基本类型。客观性意义是具有客观性特征的意义，它不以个体的生存处境与理解而发生改变，总是居于符号、文本之中，代表着人类社会对某些符号、文本的共同约定，是一种公共性意义。主观性意义是具有主观倾向性的意义，它以个体的生存状态为基础，以个体的生活经历、经验、认知、思维方式、价值取向、道德理想等前理解为基本条件，在对人、对事、对物的对象活动与交互关系中生成的具有个性化、情境化特征的意义。

客观性意义与主观性意义之间存在着一种循环关系，它们彼此成为意义生成的条件。客观性意义一般表现为符号、文本或者作者对意义的约定，它是人们进行阅读或理解的对象。而主观性意义则一般表现为读者在对文本进行阅读时所引发的意义，这种意义可以与符号、文本或作者所表达的意义有所区别，它是所表达的意义与个体生存处境的结合。从关系上看，客观性意义是主观性意义生成的基本条件与科学保障，只有通过符号的指称了解符号所指称的对象，科学处理符号之间的语法与逻辑关系，明白作者通过符号与文本的运用所要表达什么，才能使文本构成理解的对象，也才能在此基础上结合自己的生存处境与价值理想生成自己对文本的独特认识与看法。从理解来看，只有这种基于客观性意义的主观性意义的存在，才能避免过度诠释或"曲解"。例如，我们阅读一本著作，其根本目的在于了解它，并通过了解它来为我们想要从事的活动提供借鉴与启示,但如果我们不能够通过著作中的语言符号、篇章结构、著作体系以及作者撰写该著作的历史背景、目的理想、思维方法,甚至个人性格与表达风格,我们很难确定在该著作中究竟要表达什么,那么所谓的借鉴与启示就极有可能成为一种随意的衍生。一千个人就有一千个哈姆雷特,但这一千个哈姆雷特始终是基于一个哈姆雷特所引发出来的,一千个哈姆雷特的形成在于"一千个人",而并非在于哈姆雷特本身。但理解并非如我们想象的那样简单,符号指称的多样性、文本间性的复杂性,以及作者在成长过程中的变动性都使得人们对于这种纯粹客观的理解产生怀疑。这种怀疑正是海德格尔与伽达默尔对"还原论"理解进行批判的原点。不管是语法规则,还是"心理重建",在根本上都很难还原作者在使用符号、创作文本的真实历史处境,对历史文本的理解在本质上是一种揣测与对话的过程。因此,没有主观性意义的参与,客观性是无论如何都难以被揭示,甚至连语词意义也难以确定。例如:我们在阅读一本著作时,尽管我们在努力地通过符号指称、篇章结构与著作体系去还原作者想要表达的意义,但我们的努力所取得的结果往往是我们的一种揣测,我们所能承认的最好结果是我们基于自己的理解与所揣测的结果的一种沟通,并认为取得了一致,而这种一致是在主观性意义参与下进行对话的结果。这种客观性意义与主观性意义的关系本质上是一种循环关系,或称之为理解的循环关系。

2. 群体性意义与个体性意义

从主体来看,意义总是与主体相关,总是主体的意义。正是因为意义的主体性特征,胡塞尔才将意义视为"意识的相关项",因为只有人的意识才能与意义发生关联。主体是具有独立性特征的活动参与者与推动者,"所谓主体,用最直白的话说,就是指从事认识和实践活动的人"[1]。但从事认识与活动的人并非都是主体,也有可能是处于被动状态的客体。在认识论范畴内,主体"只有在与一定的客观关系中通过自己的自觉能动活动而获得对客体

---

[1]　殷建连、孙大君:《手脑结合概论》,苏州大学出版社,2017,第 129 页。

的主动态势，发挥出能动的积极作用并取得支配地位的人，才会成为主体"①。因此，主体与客体的区分在根本上是"主动自觉性"与"被动接受性"，也就是说，主体是主动参与和推动活动的人，而客体是被动接受的人或物。主体在实现自己的主体性时主要是通过对象化活动，即通过意识功能把对象纳入意识之内，进而进行加工。意义也是在这一过程中被赋予了主体的特征，成了主体的意义。

从主体的角度看，意义可以分为群体性意义与个体性意义。群体性意义是作为类的主体在不同个体的共同努力下，以"范式""流派"等方式呈现，并经过历史沉淀所构成的具有传统特征、普遍性与共同性的意义体系，如语言文字、思想流派、共同的文化价值观念等。具体而言，群体性意义往往代表一个国家、一种社会、一个民族的共同话语方式与价值期待，它构成了国家、社会与民族发展的文化基石。个体性意义是作为个体的存在者以观点、意见等方式呈现，并获得个体认同与提倡的具有个性化特征的意义体系，如某个教育家的教育观念、教育思想、教育理论。具体而言，个体性意义代表着具体历史社会中的个体的话语方式与价值期待，它构成了个体从事社会活动、完成自我成长的观念基石。从二者关系来看，群体性意义由不同的个体意义所构成，并在历史与社会的检验中逐渐被普遍化，进而实现由"个体"向"类"的转化；个体性意义是以群体意义为基础，通过对群体性意义的反思与批判，在个体的生存境遇与价值理想中获得与群体性意义具有差异的个体性，进而实现由"类"向"个体"的转化与创新，二者在本质上是一种循环关系。

（三）意义类型划分的基本旨趣

客观性意义与主观性意义、群体性意义与个体性意义的划分，显示了意义的纵向发生与横向发生的两个基本维度，这种发生以不同的关联方式及其相互作用共同促生了对传统的反思、批判与建构，进而在个体与社会、历史与当代形成一种关联网络。从理解来看，理解总是主体与对象的一种相互作用，并通过这种相互作用去揭示与建构意义的过程。在这一过程中，不管是符号、文本还是作者、读者，必然会以自己的方式影响最终意义的获得，必

---

① 张天宝：《主体性教育》第2版，教育科学出版社，2001，第18页。

然会在理解过程中获得自己恰当的地位与功能。因此,从根本上来说,任何忽视某个要素在意义揭示与建构过程中的作用的理解认识都是残缺的,都不能构成一个完整的理解过程,其所揭示与建构的意义都是片面的。我们力图去构建一个具有发生学意义的意义系统结构,其基本旨趣也就显而易见了。

首先,我们要为理解过程中的意义生成寻求一个完整的、系统的发生学结构。从根本来看,理解就是意义的发生学,它通过"揭示"与"建构"的相互作用来实现不同层次、不同主体之间意义的相互关联,使意义从起源到演化,以至于到最终的形态具有合理的逻辑。这种意义结构的解释可以为教育以及各个领域对理解的研究提供一种本体论基础。

其次,我们要在不同类型的意义转化中探究其基本的理解方式,以为教育以及其他不同领域的理解奠定方法论基础。不同意义之间转换不是自然的,而是人为的,它将伴随不同历史时代的核心价值观而变化,并由此决定着意义转换的程度与方式。但从理论上来看,客观性意义与主观性意义、群体性意义与个体性意义之间的相互转化必然存在着基本的理解方式,而这种方式可以为不同要求的理解提供方法论的借鉴。

最后,我们要为教育以及其他领域的理解确定其价值的定位。从本质上看,理解的价值在于不同层次意义转化的程度与不同主体意义之间的交互程度的结合。在不同的历史时代中,人们对于理解的价值追求定位于何处,则可以依据意义的不同转化程度而定。如对于控制性社会,对理解的要求侧重客观性意义的揭示和群体意义的接受,以满足对民众进行控制性教化的目的;而对于提倡鼓励和创新的民主型社会,其对理解的要求则侧重于对主观性意义的建构和个体性意义的推崇。

第三节 "意义发生说"的内核:意义关联

"意义发生说"旨在说明不同层次、不同主体之间意义的转化,而这种转化的基础便是它们之间的自然性关联。

　　所谓关联，汉语大辞典给予的解释是"事物之间发生牵连与影响"，它所表明的是事物之间并非孤立地存在，而总是或明或暗、或多或少地具有一定的联系。在不同领域，关联的观念与思维方式也在不断被学者们提及。在语言学领域，法国学者斯珀伯(D. Sperber)和英国学者威尔逊(D. Wilson)合作出版了《关联性：交际与认知》，从认知的角度对话语理解提出关联理论，认为语言交际是一个明示——推理的过程，把"关联性"视为语言交际的最佳模式，并提出了"最大关联性"(认知关联原则)与"最佳关联性"(交际关联原则)，从而克服了传统信码交际模式中对推理忽视的缺陷。在学习心理学过程中，关联是学习发生的重要机制。教学理论的创始人赫尔巴特在推进科学教育学的过程中，把教学过程的阶段建立在观念的运动之中，以观念的同化来说明学生的学习过程。认知心理学更是强调心理运算与编码，认为在长时记忆中，"被贮存的信息以多种方式加以组织而非简单地被搜集起来"[1]，信息以意义的方式组织起来，形成集合并被长期储存。在哲学中，辩证唯物主义揭示了事物的运动、变化、发展的过程与规律，要求我们用联系的眼光看问题。关联作为一种说明事物存在、演化，以及我们认识事物和认识自身的一种基本的观念与思维方式对于考察事物的存在样态、认识方式以及澄清生命的意义具有重要作用。从本体论来看，关联揭示了事物存在的基本方式。"事物如何存在"是我们思考问题的本体论前提，因为对事物存在方式的假设决定了我们如何去认识事物以及我们如何去看待事物。自然辩证法以联系的方法来思考自然界，认为事物是以系统的方式存在的，"尽管自然界物质形态多种多样、千变万化，但整个自然界中的各种物质客体，从微观粒子到宇宙天体，从生物大分子到整个生物圈，都是以系统形式而存在着的各种物质系统"[2]。

　　"意义关联"是对意义的存在形态、演化过程的一种描述，它旨在揭示不同的意义类型在人性能力与社会规则的双重作用下，基于自身的关联性特征而发生的不断演变与生成的过程。这种生成过程受到三个基本因素的制

---

　　① 加涅：《学习的条件和教学论》，皮连生等译，华东师范大学出版社，1999，第71页。

　　② 张法瑞：《自然辩证法概论》，中国农业大学出版社，2005，第30页。

约:一是意义类型间本身具有关联性,即不同意义类型间存在的同一性特征;二是人性能力对意义演化与生成的动力作用;三是社会规则系统对意义演化与生成的规约作用。在这三个基本要素作用下,意义不断被发现、转化、生成,最终获得其合理性与合法性。因此,意义关联总是在不同类型、不同层次意义性质同一性前提下,借助人性能力与社会规则的力量,使意义不断地在层次与类型中穿梭,延展为一个完整的意义体系。而推动这种运动的因素主要在于理性、想象、体验和规训。

一、理性关联

理性是西方哲学中的核心概念,也是西方世界的基本文化精神。从根本意义上看,理性与感性是相对的,是区别于人的感官知觉所形成的人的内心的一种逻辑规范力量。从词源来看,理性源于古希腊超越的"努斯(nous)"精神与规范的"逻各斯"(logos)精神。①

对于"逻各斯",汪子嵩所著的《希腊哲学史》归纳了古希腊公元前 5 世纪及其以前的哲学、文学、历史著作中的十种含义:①任何讲的以及写的东西,包括虚构的故事和真实的历史;②所提到的和价值有关的东西;③进行思考;④所讲或所写的发展为原因、理性或论证;⑤和"空话""借口"相反,"真正的逻各斯"就是指事物的真理;⑥尺度,完全的或正当的尺寸;⑦对应关系、比例;⑧一般的原则或规律;⑨理性的力量;⑩定义或公式,这是表明事物的本质的。② 到巴门尼德那里,哲学意义上的"逻各斯"被视为一种理性的推理方法,其除了含有理智的基本含义,还包含着运用逻辑来进行推理,即逻辑推理的含义。自此以后,"逻各斯"精神就蕴含了使用逻辑来规范事物和人的思考的基本含义。

对于"努斯",其原来是希腊语中的常用词语,指的是人的"心"或"心灵"之意,泛指人的思想、意志等精神活动以及这些主题,是相对于事物而言的。将"努斯"视为重要哲学范畴是从阿那克萨戈拉开始的,他是第一个明确地将"努斯"视为理性的精神实体,也是万物的本原的。在他看来,"努斯"

---

① 张伟胜:《实践理性论》,浙江大学出版社,2005,第 4 页。
② 汪子嵩,等:《希腊哲学史(第 1 卷)》,人民出版社,2014,第 456—457 页。

是一种和物质完全分离的精神的理智力量，是高级的精神活动（即理智和理性），是宇宙万物构造有致、井然有序、安排合理的原因。黑格尔在论述阿那克萨戈拉的哲学时，就把"努斯"看作古希腊哲学的第四种原理，即"现在阿那克萨戈拉这里，出现了第四种原理，即理由、目的范畴以及努斯"[①]。

"努斯"的这种生命冲动力量与"逻各斯"的这种逻辑规范力量共同构成了理性基本含义。在西方哲学史中，明确提出"理性"范畴的哲学家是阿那克萨戈拉，他认为由于感官无法企及具体事物背后的"种子"或"始基"，需要有一种与感官相对立的力量，即理性，才能透过具体的事物或想象去认识真理，看见感官所看不见的东西。作为哲学的理性概念形成后变成了西方哲学的核心范畴，苏格拉底在追求"普遍概念"，柏拉图在"观看"理念世界时都主张用理性，把理性视为人类认识事物本质的根本力量。到了德国古典哲学时期，康德对理性进行了系统的批判。康德将人的认识能力划分为感性、知性与理性三个环节，理性是人在认识事物过程中以感性开始，通过知性后所达到的认识的最高阶段。通过理性，可以认识现象世界背后的自在之物，获得关于整个世界的绝对认识，并建立起最高、最完整的知识体系。在康德基础上，黑格尔从他的客观唯心主义立场出发，认为理性具有最完全的认识能力，是概念发展的最高阶段，是概念与实在、主观性与客观性的统一，进而把近代理性精神推到了发展的顶峰。对理性的过度张扬而形成的理性主义，在文艺复兴后，结合自然科学方法论的兴起逐渐形成了科学主义，把认识事物视为一种完全客观的过程，人的情感、价值等具有感性或主观色彩的部分完全被排除在合理性与合法性之外，合理性就是合乎绝对理性。面对科学主义对人性的机械化理解，韦伯等人从社会学的角度对合理性的内涵进行重构，提出了价值理性与工具理性的合理性内涵；哈贝马斯则进一步提出了交往理性的概念；而马克思则从实践本体出发，提出了实践合理性。对合理性内涵的扩充在消解理性绝对主义的基础上，把人的情感、欲望、价值、信仰等纳入合理性之内，充实着合理性的内涵，进一步扩展了理性的范围。

因此，理性从两个维度延续着自身的发展：一是从形式层面，以逻辑思

[①] 黑格尔：《哲学史演讲录（第1卷）》，贺麟、王太庆译，商务印书馆，2011，第354—356页。

维作为基本和核心的力量,它要求人们在思维过程中必须保持思想的统一
性,避免矛盾;二是从实质层面,以真与善作为其基本价值导向,它要求形成
或接受某种观念必须要有依据或理由。这两条路线共同构成了理性的基本
内涵,因此,理性就是价值理性与工具理性的统一,是科学与人文的统一,是
人的逻辑思维与价值思维的统一。

　　理性在意义关联中的作用从来就没有被忽视过。在早期诠释学中,理
解是对作者原意的获得,作者原意即作者希望通过语言符号所想表达的意
义,这种意义在时间间距中只能通过语言符号的途径来实现,因此语言符号
成了意义传播的载体,语言规则也就成了理解的核心方法。为了避免误解,
作者与读者对语言规则的正确理解成为理解的关键,这使得语言的历史性
研究成为解开意义之谜的关键。与以语言规则隐含的理性不同,斯宾诺莎
(B. Spinoza)明确提出了理解的理智原则。斯宾诺莎在探讨《圣经》理解时,
把《圣经》分为两种类型:一是属于日常生活问题的表述;二是关于纯粹的哲
理性问题。对于两种类型,斯宾诺莎认为应该采用自然解释方法,而在这种
方法中,"理智原则是斯宾诺莎诠释方法最基本的原则,这一原则已经成功
地运用于对自然现象的解释中"[1]。依据理智原则,对于日常生活问题的理
解,斯宾诺莎提出,需要"第一,了解《圣经》各卷成书时以及其作者所使用的
语言之性质与特征,进行语言上的比较研究;第二,分析各卷,将其内容梳理
成条目,并标明晦涩不明或相互矛盾之处;第三,说明《圣经》各卷成书的背
景关联"[2]。对于纯粹的哲理性问题的理解同样需要采用探讨自然的方法,
即要先寻求最普遍的教理,以作为《圣经》之基础,再探索不甚普遍的教义。
斯宾诺莎将理解自然的方法迁移到理解《圣经》之中,预设了《圣经》的普遍
教理,并将其作为判断是否是误解的基本标准,使得理解不能够随心所欲,
不受读者的历史文化背景与体验的束缚,这正是理性在获得作者原意过程
中的作用。也正是这种作用,才能在最大程度上客观地获得作者想要表达
的意义。在其以后的施莱尔马赫和狄尔泰的诠释学理论中,不管是强调"心
理移情",还是"生命体验",从最为基础的意义上看,都贯穿着理性的原则,

---

① 潘德荣:《西方诠释学史》第 2 版,北京大学出版社,2016,第 197 页。
② 同上书,第 198 页。

因为在获取作者原意的过程中，"心理移情"和"生命体验"并非是理解者在自身的生存境遇中的身心感受，而是作为一种理智的方法，以工具的性质和形态去获得作者的原意。

海德格尔与伽达默尔的诠释学，虽然在很大程度上消解了作者原意在理解中的核心地位，转而把理解视为基于个体生存境遇与筹划未来的方式，把读者的意义视为理解中心，但却未完全放弃语言规则与作者原意。伽达默尔的理解提倡的是一种以诠释学处境为基础的"视域融合"，认为"诠释学处境的作用意味着对于那些我们面对流传物而向自己提出的问题赢得一种正确的问题视域"，强调理解者自身的视域对于理解的方法论作用，要求通过理解者自身的视域与文本"相遇"，在作者与读者、当代与传统的不同视域中产生"视域融合"，并以此来确定理解的意义。在"视域融合"中，作者及其所撰写的文本视域仍然在理解中占有一席之地，哪怕这种位置常常被置于从属或衍生的地位，或者被人忽视。在伽达默尔之后的赫施、贝蒂以及利科等的诠释学思想中，理性拥有越来越重要的作用。语言符号、文本范式等在理解中所占据的地位也远远高于伽达默尔的预期，虽然他们都在一定程度上接受了读者在理解时所创建的意义。

从发生学来看，理性作为人的一种本质和能力，对于意义的关联作用呈现着一种连续的状态，这种动态的转化表现为意义形态的转化。理性在促进意义关联中的作用主要表现在：第一，理性是获得语言指称意义的关键。任何意义的传播与转化都需要以语言符号的指称意义为基础，它是最基本，也是最原初的意义关系。美国符号学家皮尔斯（C. S. Peirce）依据符号与对象的关系，把符号分为像似符号（icon）、指示符号（index）和规约符号（symbol）三种，分别以"自然像似""意识指示"与"文化规约"的方式与对象发生联系，进而形成意义关联。如为了表示一个水池有危险，可以画一个骷髅（像似符号）、用一个"×"（指示符号）或写"危险"（规约符号）来表示。"骷髅"与危险的关系是基于人类生活中的自然像似；"×"通过吸引注意的方式来提醒人们；"危险"则是通过人类的文化规约，把"危险"两字与危险的情境关联起来。皮尔斯通过分类的方式详细说明了符号与意义之间的关系，但不管是何种关系，在符号与意义之间都需要通过一定的规则产生关联,这种规则的产生则是历史与文化的过程。语言符号更是如此,各种字、词、句规则(如象形、指示、形声)均显示了人们在理解符号意义时理性的渗入。而这种理性充分表现为对语言规则的承认与遵从,以及对语言在历史文化过程中所形成的指称对象的客观性选择。第二,理性是通过推理与证明的方式促进教材意义形态的转化。推理与证明是理性的两种基本表现形式,推理依据的是逻辑关系,而证明则是说明依据与理由。在意义运动中,指称性意义仅仅是基础性意义,在很大程度仅仅具有工具性作用,它能够为价值性意义与创造性意义提供最为基本的元素。而在这一转化过程中,从主体角度来看,推理与论证是其重要方式。当我们通过语言符号获得指称性意义时,并不能得知作者通过符号排列所需要表达的"合意",也不清楚这种意义对于个体自身的意义是什么。从语言符号的指称性意义到作者原意或文本意义往往是通过推理来获得的,即从作者表达的语言习惯与历史背景、语言符号的基本范式等方面去猜测和证明作者想要表达的意义。猜测不是一种随意的想象,而是一种假设,并通过寻找证据去验证假设的过程。正是从这一意义上说,理解的客观性并不是要去重现作者的意图,而是以猜测的方式去基于作者意图来构建自身理解的圆满,使得理解在部分与整体、当代与传统、读者与作者之间达成合一,在主体性与客体性之间达成合一。

在实践中,教师对教材的理性理解主要表现为认知与推理。认知从本质上是一种同化,即将信息以意义的方式纳入个体的认知结构之中,以获得对事物的认识;推理则表现为依据社会背景、发展趋势与语言逻辑,对教材及其背后所蕴含的教育价值的逐步逻辑化、系统化,以获得对教材的整全性认识。也正是在认知与推理下,教材摆脱了静态的特征,从一种无主体的符号文字转化成了一种具有历史背景、社会价值与主体意蕴的丰富意义世界。

二、想象关联

想象首先是一个心理学的基本概念。在心理学中,"想象(imagination)在头脑中对已有表象进行加工、改造,重新组合形成新形象的心理过程"①。

---

① 朱智贤:《心理学大词典》,北京师范大学出版社,1989,第742页。

从心理学对想象的定义来看,想象涉及两个方面:一是想象必须以表象为基础,即想象不是凭空产生,而是要有一定的实践基础,只有在实践中获得一定的感性认识才能够产生想象,甚至幻想也是如此;二是想象对感性认识进行了加工,创造出新的形象,即想象不是对原有感性认识的另一种表达,而是对感性认识进行增补、删减、改变,进而形成一个新的形象。想象所涉及的这两个方面构成了想象的两个基本特征:一是客观性特征,即想象必有其客观性对象;二是创造性特征,即想象通过再加工、组合,创造出了一个新的形象。

对于想象研究,萨特(J. P. Sartre)做出过重要贡献。在萨特的著作《论想象》和《想象心理学》中,他试图采用现象学的方法对想象的本性进行探究。在萨特看来,想象具有四个基本特征:想象是一种意识、想象是一种近似观察的现象、想象性意识假定其对象不存在以及想象具有自发性,这四种特征使得想象性意识与其他意识区别开来。因此所谓想象,它"所针对的是一种不在场或非存在的现象,这种现象似乎是一种实际的物体;它所借助的是一种只作为所针对对象的'近似代表物'存在的物理的或心理的内涵"①。萨特通过对想象本性的研究有力地反驳了关于想象的"影像论"观点,使想象在获得自主性的同时,实现了想象的超越性和创造性特征。

在社会学中,米尔斯(C. W. Mills)对想象力的认识也颇具特色。米尔斯认为,在日新月异的社会变化中,"事实的时代"往往主宰了人们的注意力,使人难以用一种价值引领自己的生活,人生的意义难以追寻。在这样的社会中,社会学想象力是他们所需要的特定的心理品质。"具备社会学想象力的人,就更有能力在理解更大的历史景观时,思考它对于形形色色的个体的内在生命与外在生涯的意义。"②在这种承诺下,米尔斯强调社会学研究应该充满着社会学的想象力,因为"任何社会研究,如果没回到有关人生、历史以及两者在社会中的相互关联的问题,都不算完成了智识探索的旅程"③。米尔斯的社会学想象力是一种社会学研究视角转换的能力,是个人自觉关联

①   萨特:《想象心理学》,褚朔维译,光明日报出版社,1988,第12页。
②   米尔斯:《社会学的想象力》,李康译,北京师范大学出版社,2017,第4页。
③   米尔斯:《社会学的想象力》,李康译,北京师范大学出版社,2017,第6页。

个人与社会、价值与事实的自觉意识,它能够克服个人的"周遭困扰",能把个人境遇置身于"公共议题"之内,从而形成一种研究的综合。

不管是心理学、哲学还是社会学,关于想象的研究都在不同程度上把它建构在超越性与创造性之上。"想象力是人类认识活动中的一种特殊的思维能力,通常指人在自己头脑里对已储存的影像(image)进行加工和联想以形成新形象的心智智慧。"①想象是一个无限循环的过程,从最基本的层次上看,它是将对象转化为意识的过程;而从最高层次上看,它是对个体想象的再想象。这种无限循环所彰显的正是想象的超越性与创造性,也是区别于再造性记忆的核心之处,因为它能够在想象的过程中不断地创造出新的元素。正是想象的这种超越性与创造性,使得理解事物能够超越事物本身,并从解释者自身之中去寻求符合自身需要的意义,使意义摆脱了"还原"式的客观性的束缚,从而指向了人的价值、理想、信念的建构,使人的生命意义建构逐渐完善,也使人超脱了生物性的束缚。因此,想象是意识构造成意义世界的最基本方式,它"是人的意识把不在场的意义在场化的能力,把人的认识能力延伸到片面的感觉之外,借助积累起来的经验,以构成具有最低形式完整度的对象,使我们的意义不再局限于感觉的极端有限的范围"②。想象的创造性维度为意义理解提供了新的方向与意蕴,理解不再是一个"还原"的过程,而是一个通过想象创造的过程。

想象对于诠释学的意蕴在伽达默尔那里得到充分的显示。2001 年,我国学者洪汉鼎在拜访 101 岁的伽达默尔教授时,伽达默尔对自己的诠释学思想所做的定论便是:诠释学是一种幻想力或想象力。③ 在诠释学史中,海德格尔与伽达默尔的努力是使诠释学成为一种哲学,以超越狄尔泰的精神科学方法论。作为哲学的普遍要求,诠释学必须能够容纳自然科学与精神科学的双重需要,以对所有科学能够产生普遍的适用性。对此,伽达默尔曾说:"正因为诠释学把科学的贡献都纳入这种把涌向我们的传承物和我们联

---

① 洪汉鼎:《实践哲学 修辞学 想象力——当代哲学诠释学研究》,中国人民大学出版社,2014,第 17 页。

② 同上书,第 161 页。

③ 洪汉鼎:《当代西方哲学两大思潮(下册)》,商务印书馆,2010,第 452 页。

结成现实生活统一体的理解关联之中,因此诠释学本身并不是一种方法,也不是在 19 世纪由施莱尔马赫和伯克直到狄尔泰作为语文科学的方法论所发展的一组方法,它是哲学。"①而完成这一任务的根本就在于建构一种超越科学主义的真理观,即诠释学真理。在伽达默尔看来,真理并非如自然科学那样是对现实的符合,而是一种意义显现,一种基于自身理解的事物的意义敞开。这种意义显现的方式就是"视域融合",其结果就是"效果历史"。也只有在这种真理观下,理解才能反观自身,才能真正成为人的基本存在方式。因此,对于伽达默尔而言,理解永远是一种"视域融合",即"在过去与今天、他人与自己、陌生性与熟悉性的综合,这种综合就是一种想象力的结果,诠释学努力经常是由这样一种想象力与效果历史因素一起决定的"②。

想象作为一种人性能力,以其超越性与创造性打破了现存的格局,进而迈向一种未来的自由境地。就意义关联而言,想象也是促进不同意义形态之间发生关联的核心方式,它在意义的不同形态之间穿梭、串联,从而构建着意义链条的循环。当我们通过感官感知一个有限的事物,形成片面对象时,我们只有在已有经验与价值信念的双重作用下去补充对象,完善对象,才能形成最为基本的对象的完整性,我们才能够知道事物本身。当我们观看呈现于我们意识中的事实性意义时,我们只有通过想象才能把事实性意义从他者转化为自身,将其与自身的境遇与未来的筹划产生关联,才能在其中明晰这种意义对我们自身的意义。想象超越了现实、超越了我们所能够触及的有限时空,并引领着我们向着未来和美好前进。

三、体验关联

人是一种精神性存在,人活着不仅是要"活下来",更重要的是要知道自己是怎样活着,懂得自己应该怎样活着。而体验恰恰是让我们懂得怎样活着的"起点"。

---

① 加达默尔:《真理与方法:哲学诠释学的基本特征(上卷)》,洪汉鼎译,上海译文出版社,1999,第 318 页。

② 洪汉鼎:《实践哲学 修辞学 想象力——当代哲学诠释学研究》,中国人民大学出版社,2014,第 188 页。

在《汉语大辞典》中，体验被解释为：亲身处于某种环境而产生认识。在汉语中，体验既是动词，也是名词，动词表示亲身经历的过程，名词则表示体验所获得的感受或认识。在英语中，体验一般由 experience 表示，可以翻译为经验、经历，或由经验、经历所获得的结果。德国哲学家一般在两个词汇意义上来使用体验概念：一是 Erlebnis，即 lived experience，指在生活中个体的活生生的经验；二是 Erfahrung，即 sciencific experience，指人类一般的、普遍的经验。从语义分析来看，体验包含着两个基本维度：一是活动过程维度，表示人在某种情境中的活动过程；二是活动结果维度，表示人在活动过程中所获得的结果，一般指感受或经验。

对于这两种维度，杜威有充分的说明。杜威在《民主主义与教育》中，对经验的理解便是从这两种维度出发进行思考的。杜威认为，"经验包含一个主动的因素和一个被动的因素，这两个因素以特有的形式结合着……在主动的方面，经验就是尝试……在被动的方面，经验就是承受结果"[①]。经验的主动与被动两个维度是杜威建构经验概念并将其作为其教育哲学思想的核心。在经验的主动与被动两个维度基础上，杜威进一步形成了经验的两个基本原则，即连续性原则（experiential continuum）与相互作用原则（experiential interaction）。经验的连续性原则指儿童过去、现在和未来的经验之间的关联性，它们可以以连续的方式相互接纳、同化与创造。"经验的连续性原则意味着，每种经验既从过去经验中采纳了某些东西，同时又以某种方式改变未来经验的性质。"[②]相互作用原则指儿童个体的内部经验与外部的普遍经验产生相互作用，使儿童的经验能够在个体与群体之间进行"穿行"。"这个原则（指经验的相互作用原则——笔者注）赋予经验的客观条件和内部条件这两种因素以同样的权利。"[③]在经验的连续性与相互作用原则基础上，儿童的学习与活动才能在可能性上指向儿童经验的不断重组与改造，通过教育促进儿童成长才能成为可能，因此，杜威"连续性和交互作用彼

---

① 杜威：《民主主义与教育》，王承绪译，人民教育出版社，2001，第 153 页。

② 杜威：《我们怎样思维·经验与教育》，姜文闵译，人民教育出版社，2005，第 256 页。

③ 同上书，第 261 页。

此积极生动的结合是衡量经验的教育意义和教育价值的标准"①。在杜威的教育思想中,经验是其最为核心的概念,对经验的解构与重构也是他构建自己实用主义教育思想的最为基础性的工作。正是对经验的主动与被动维度内容与价值的揭示,使得教育能够以儿童的经验为基础来指向儿童经验的发展,形成教育是儿童经验的不断改造与发展的基本教育命题,进而为教育即生活、教育即生长、学校即社会等教育命题奠定逻辑基础。

诠释学中,对体验在理解中的功能与价值的揭示主要来自狄尔泰。狄尔泰对诠释学研究的基本出发点在于为精神科学寻求其独特的认识方法论。对于科学,狄尔泰认为,"科学"通常意味着一系列命题的综合:①哪一些元素是被完全限定的概念,也就是说在总的逻辑系统内永远和普遍有效;②哪一些联系是具有充分根据的;③最后,部分为了联系的目的而成为一个整体。② 基于这样的科学认识,狄尔泰把相对于自然科学的另外一部分称为精神科学(Geistes wissenscharten),并认为精神科学是研究人的精神活动及其精神客观化物的学问。在狄尔泰看来精神科学之所以能够成为科学,在于精神科学所研讨的对象是人类这个主体的精神创造,它不需要采用主客二分的方式去探讨主体与客体的同一性问题,因此精神科学中的对象就是我们的精神客观化物,对精神客观化物的研究其本质在于发现我们自己。因此,相对于自然科学,经验科学的研究对象具有自身的独立性,它所关注的并非是物质世界中没有生命的对象,而是关注人精神世界中的精神活动及其客观化物,是一种精神生活的事实和生命的统一性。对象的差异必然导致认识方法的差异,相对于自然科学的说明,狄尔泰认为精神科学需要理解,"自然——说明,精神——理解"成为狄尔泰对自然科学与精神科学认识方法论的基本判定与集中表达。

狄尔泰将精神科学建立在生命基础上,相对于自然科学的物质对象而言,其认识论方法是理解,因为只有生命才能理解生命。狄尔泰的精神概念不仅包含着精神活动或精神能力,还包含着精神的凝结物——精神客观化

---

① 杜威:《我们怎样思维·经验与教育》,姜文闵译,人民教育出版社,2005,第262页。

② 狄尔泰:《人文科学导论》,赵稀方译,华夏出版社,2004,第5页。

物,从内在关联来看,我们日常所见的各种符号形式是一种精神客观化物,是精神活动的外在表征。因此,理解就是通过各种符号形式(话语、文字、手势、表明等)的精神客观化物去认识内在精神的过程,这一过程的基本指向是人的精神世界,这种由外而内的过程是自然科学的"说明"所不能完成的。进一步而言,洪汉鼎对狄尔泰的理解概念进行了较为系统的分析,认为可以从三方面来把握:一是理解是对人们所说、所写和所做的东西的把握,这是对语言、文字、符号以及遗迹、行为所谓"表达"的领会;二是理解是对于意义的把握,这是对一般表达所包含的观念或思想的领会;三是理解是对人们心灵或精神的渗透。①

　　狄尔泰的理解是一种精神科学认识方法论,而这种方法论是建立在体验与表达基础上的,体验在狄尔泰的理解方法论中具有十分重要的地位。在哲学史中,狄尔泰反对经验论与康德等对人的理解偏重知性方面,而忽视了活生生的人的生命,认为对精神科学而言,只有从体验方面去思考,精神科学才能以人为对象。对于狄尔泰的体验概念,伽达默尔概括得更为清晰。从词源来看,体验(Erlebnis)来自经历(Erleben),而经历表达的是与对象之间的直接关联性,即主体的在场或亲身经历。因此,伽达默尔指出:"显然,'体验'一词的构造是以两个方面的意义为依据的:一方面是直接性,这种直接性是先于所有解释、处理或传达而存在,并且只为解释提供线索、为创造提供素材;另一方面是在直接性中获得的收获,即直接性留存下来的结果。"②

　　狄尔泰反对康德和经验论偏重人的"知性"方面,而忽视了活生生的生命。我国学者潘德荣在解释狄尔泰体验概念时将其特征归结为四点:①体验具有直接性的品格;②体验是整体的,体验统一体表现了所与物的真实统一,体验的整体性源于生命的整体性和统一性;③体验在时间上具有双向流

---

①　洪汉鼎:《诠释学:它的历史和当代发展》(修订版),中国人民大学出版社,2018,第84页。
②　加达默尔:《真理与方法:哲学诠释学的基本特征(上卷)》,洪汉鼎译,上海译文出版社,1999,第78页。

动性；④体验概念具有认识论的意义并构成认识论的基础。① 可见，在狄尔泰的诠释学思想中，历史流传物之所以能够被理解是因为作者与读者生命之间具有整体性与同一性，而这种整体性与同一性的实现则来自体验，只有体验才能让一个生命理解另一个生命，正因为如此，体验才具有认识论意义，精神科学的认识方法论才能够不同于自然科学的认识方法论而自成为一个整体。

就意义关联而言，体验构成了意义关联的最初的基本方式。心理哲学中关于心灵如何关涉外物一直争论不休，这种争论主要表现为两种基本解决方案：一是求助于心理学或生物学，从人大脑的某些特殊性质出发来解决这一问题；二是求助于某些超自然的力量。英国学者麦金(C. McGinn)在二者基础上提出了"认知封闭性"概念，以在一定程度上调和二者的分歧。所谓认知封闭性，指"当且仅当某一类心灵 M 的概念构造程序在其自由支配下无法应用到对 P(或理论 T)的理解之时，对于性质 P(或理论 T)而言，心灵 M在认知上是封闭的"②。也就是说，心灵与对象之间的关系并非是一一对应的，有些外在世界的事物可以引起意识关注，获得理解，而有些却无法形成理解。认知封闭性概念在其本质上表达了心灵关涉外物的两个基本条件：一是感知体验的具体通道；二是意识的意向性，二者综合构成了心灵关涉外物的内外部条件。从心灵关涉外物条件来看，体验是其最原初的形式，即体验是把感知的材料与心灵的意识产生关联的基本方式。感知虽然是以感官为通道通过对外物的接触获得关于外物的基本信息，但这种信息是缺乏意义的，它需要心灵相关意义给予关注与解释，其所起的作用类似于认知心理学的"感受登记器"的作用。在感知的基础上所形成的体验才能真正与心灵中的意义相关联，因为它与心灵中的意义具有相同的性质。因此，体验具有意义性特征，体验本身就是一种意义生成与关联，"意义不是在体验之前或之外给定的自在之物，它毋宁说是主体在体验过程中通过主客体互动而获得的，意义的深度表明主体的深度"③。体验"它与主体自身的情感认同、价

---

① 潘德荣:《西方诠释学史》第 2 版，北京大学出版社，2016，第 275—278 页。
② 麦金:《意识问题》，吴杨义译，商务印书馆，2015，第 7—8 页。
③ 王岳川:《艺术本体论》，上海三联书店，1994，第 152 页。

值关怀、人生追求等无法分离"①,它总是"基于人的生活经验与社会阅历,并在体现人的以往经历的同时,折射人的生活历史背景"②。因此,体验是将感知的无意义材料"加工"成有意义的材料,并与心灵中的意义世界产生关联,获得同化与建构的最为原初的方式,也是构成新的意义形成的基本条件。

四、规范关联

意义关联不仅仅从内在可能性来看需要人性能力,从外在来看,也需要社会规范的引导。如果说人性能力说明人能够获得与创造意义,那么社会规范则说明人获得与创造意义的方向与内容。

何为规范呢?《汉语大辞典》所给予的解释是:约定俗成或明文规定的标准。这种解释把规范视为一种标准,可以说切中了规范最基本的含义。我国对规范进行系统研究的是徐梦秋,他在《规范通论》中给予的界定是:"规范是以促成、制止、许可等方式指导、调控人们的各种行为的指示或指示系统"③,并进一步强调了规范的普适性特征。杨国荣在谈论规范系统与意义生成关系时,对规范的理解是:"在宽泛的意义上,规范可以理解为规定与评价人活动及存在形态的普遍准则。"④从这些研究可以看出:第一,规范所强调的核心是一种标准或准则,这种标准或准则可以作为评价标准,也可以作为约束或指导人的行为方式;第二,规范主要针对的是人的行为,它对人的内在心理不起直接作用;第三,规范具有普适性特征,个体行为规范的形成不是个人的随意设置,而是普遍性规范在个体身上的反应。

社会规范是一般意义上的规范在社会领域的具体化。社会是一个站在自然对立面的概念,也是与个体相区别的一个概念,它所表达的核心是人与人之间的一种关系。正如法国社会学家阿隆(R. Aron)所认为的,"社会学是以人与人之间的基本关系,以及更为广泛的群体、阶级、民族、文化乃至人们

---

① 杨国荣:《成己与成物:意义世界的生成》,北京师范大学出版社,2018,第83页。
② 同上书,第82页。
③ 徐梦秋:《规范通论》,商务印书馆,2011,第15页。
④ 杨国荣:《成己与成物:意义世界的生成》,北京师范大学出版社,2018,第115页。

通常所说的全部社会的宏观方面作为研究对象的一门学科"①。社会活动作为一种群体活动，在一定程度上会以社会整体的标准限制个人的个性化行为，以建构良好的社会关系，促进社会的良性运行。在这一过程中，社会会向个体提出普遍性的行为准则与要求，而这种准则与要求的系统就构成了社会规范。因此，所谓社会规范，一般而言指的是"社会向全体成员提出的，应当遵循的行为准则和标准"②，包括政治、法律、道德、经济以及人们日常生活的基本行为规范。社会规范对人的行为具有约束和指导作用，依据这种作用的方式，可以分为两种基本类型：一是显性的社会规范，如法律制度、政策文件、道德标准等，它以制度化的形式对人的行为进行明确的规定；二是隐性的社会规范，如文化观念、习俗习惯等，它以潜移默化的方式影响着人的行为。但不管是哪种规范，社会规范都是以社会"整体人"的角色对每一个社会成员在社会生活中所需要遵循的行为准则与要求而进行的系统规定或要求。

社会规范虽然对社会成员的行为具有约束作用，但社会规范与个人创造之间并非互相独立，而是存在内在的关联。杨国荣认为，"规范既与做什么及如何做(to do)相关，也涉及成就什么(to)"③，也就是说社会规范告诉人们应该做什么以及如何做等内容，它以指导、禁止、调控、鼓励、约束等方式对个人产生作用，而这种作用并非是一种僵化和禁止的强制性限定，它需要以成员对社会规范的认同为基础，而成员对社会规范的认同来自于社会规范本身的合规律性与合目的性。徐梦秋考察了"禁止偷盗""禁止乱伦"与"组织纪律"三种社会规范的形成，认为"规范判断是事实判断和价值判断相结合的产物，是真和善的统一"④。李江源考察了教育规范的形成，认为"教育规范内在规律的认识和对与之相应的教育行为方式的评价，是教育规范

①　阿隆：《社会学主要思潮》，葛智强、胡秉诚、王沪宁译，上海译文出版社，2005，第6页。

②　湖北辞书出版社：《常用百科辞典》，湖北辞书出版社，1991，第462页。

③　杨国荣：《成己与成物：意义世界的生成》，北京师范大学出版社，2018，第114页。

④　徐梦秋：《规范通论》，商务印书馆，2011，第21—22页。

得以形成的两个基点"①。因此,任何社会规范都必然带有"真"与"善"的成分与倾向,是人们认识规律、利用规律达成自我需求的一种中介。正是在这一意义上,社会规范与人的自由存在着必然的联系,是实现自由的必然途径,因为"合规律性与合目的性的统一就是自由"②,遵循合理的社会规范是进入自由之境的门户。而正是社会规范的自由功能为意义的关联提供了正确的方向与内容。

社会规范对意义关联的作用在诠释学中一直以一种或明或暗的线索贯穿其中。在追求作者原意的早期诠释学中,语言规则是进行理解的首要条件。语言规则既包括语言符号指称对象的公共性约定,又包括语言运用的基本规范,还包括诸如不同题材的语言模式或范型。正是这种语言规则规定了作者表达意义的基本限度,也是意义能够超越时空间距进行传播的基本条件。语言规则的形成则是社会对其成员在使用语言时的规范性要求。在伽达默尔那里,理解的可能性是通过语言来实现的。伽达默尔把人视为一种具有语言的存在,而正是因为人是语言的存在,理解才能够实现,一切理解都发生在语言之中。因此,只有在语言的规范范围内,自我理解才能发生,缺乏语言的基本规范,理解将走向虚无。也正是以语言为核心所构成的读者的基本视域为基础,才能够以对话的方式进行"视域融合",最终使理解的可能发生在自我理解之中。在利科那里,文本被视为理解的中心,文本范式构筑诠释的基本范式。利科认为,"文本的目的是要检验一个假设"③,而这种假设来自作为话语与固化话语的文本之间的距离。正是文本丧失了话语的时间性与主体性的在场性,文本仅仅成为一种系统的语言编码,因此理解就是依据文本的这种规范性语言编码去猜测与验证话语的过程。在诠释学中,不管是以语言规则为核心的理解,还是强调在语言中通过"视域融合"产生的自我理解,以及以文本的猜测与验证过程为基本方法的理解,社会规范或以显性的语言规则,或以隐性的文化价值观念等方式影响着理解的过程,使意义的建构在不同的旨趣下进行着不同的运动。

---

① 李江源:《教育规范:自由发展的中介》,《社会科学战线》2005 年第 2 期。
② 徐梦秋:《规范通论》,商务印书馆,2011,第 33 页。
③ 利科:《从文本到行动》,夏小燕译,华东师范大学出版社,2015,第 199 页。

概而言之,社会规范对意义关联的作用主要表现为以下几个方面。第一,社会规范固定了意义关联的基本限度。任何理解都是以语言为工具,或者在语言中进行的理解,离开语言,理解将不可能发生。社会规范对语言的作用表现为语言规则,它是在长期的历史文化过程中,社会对其每一个成员在使用语言时所必须遵循的基本准则与要求,而这种准则与要求使得作者的表达、读者的阅读等都必须限定在这一基本规范之上,并由此构成了理解的基本限度。第二,社会规范引导着理解的基本方向。任何理解都带有自我理解的倾向,不仅读者的前理解构成了理解的基本条件,而且由前理解所带来的诸如价值、理想、信念等对未来的理解也构成了理解的基本条件。而读者的这种前理解以及在此基础上所形成的价值、理想与信念正是读者所在的社会环境与文化在潜移默化中所建构出来的,是具有明显的历史文化性质的,它在本质上属于一种隐性的社会规范。而正是这种隐性的社会规范引导着读者理解文本的基本价值预设与结果期望。第三,社会规范规定了理解的基本内容。

五、"意义发生说"与教师教材理解

教师教材理解的本质是对教材意义的揭示与建构,是教师、历史、社会、教材、学生等在学校场域中通过意义关联的方式所生成的系统的有益于学生发展的意义体系。在这种理解与追求下,从实践来说,必须解决三个基本问题:第一,教师教材理解的过程;第二,教师教材理解的内容;第三,教师教材理解的限度。而意义发生说以发生学的思维与方法揭示了不同层次、不同主体的意义之间的区别与联系,并阐明了它们之间关联的基本方式,这对教师教材理解而言具有理论基础作用,在一定程度上能够为这三个问题的解决提供基础和参考。

(一)意义发生说可以指明教师教材理解的过程

在传统教学中强调的是"一元性"理解,即教材作为"权威知识",代表着国家、社会、课程专家等权威主体对教育培养规格的基本要求,教师仅仅是这种要求的执行者,必须按照教材的要求对教材进行理解。"一元性"理解秉承的是一种忠实取向,要求教师对教材的理解必须符合教材作者的根本意愿,教学从根本上是"教教材"。新课程改革以后,由于教学观的转变以及教材政策与制度的演进,教师在教学中获得更多的权力,具有更大的空间,教材理解逐渐转向"多元性"理解,即教材作为"案例""材料",仅仅是教师进行教学的工具,而非权威的载体。"多元性"理解秉承的是一种创生取向,要求教师在对教材进行理解时依据教学的基本目的与任务、教材的规定性以及具体的教学情境,充分发挥教师的主动性,对教材进行创造性解读,教学从根本上是"用教材教"。在"一元"与"多元"之间也诞生了融合取向,即追求教师教材理解的空间与限度。限度问题在本质上是空间与边界的问题,它所追问的是教师在理解教材时在什么样的空间或范围中是合理的,是对于确定性与多元性之间张力的讨论,以防止"诠释不足"或"过度诠释"。基于意义发生说,"如何理解"问题在理论上可以解释为:教师在进行教材理解时,一方面需要依据意义的发生学去揭示与建构教材的意义,以保证意义生成的合理性,使不同层次的意义在意义生成过程中具有自己独特的地位与功能,以避免一种"无根"的意义的出现;另一方面,教材理解的限度并非完全由教材本身或教师决定,而是基于教材本身和教师,由具体的历史文化决定。

(二)意义发生说可以明确教师教材理解的内容维度

对于第二个问题,即"理解什么"的问题,传统的教材理解中强调的是群体性意义,即被赋予在教材之中的国家、社会以及知识文化的意义,教师的教材理解必须依据这种要求与规定进行客观性理解,必须按照教材编者的意愿对教材内容进行解释与设计,课程标准是进行教材理解的唯一权威性标准。这种理解模式过于注重教材的群体性意义,进而忽视了教师、学生以及具体的教学情境,造成了教学的单一性与刻板性,学生学习成了被动接受权威的过程。意义发生说对群体性意义与个体性意义的区分以及不同主体间的意义的关联方式的建构使得教师教材理解从这种单一与刻板中摆脱出来,为不同主体的意义提供了合法性。当教师将视野从国家、社会、知识文化的群体性意义加入教师与学生的个性化意义,并将其置于历史社会与教学情境之中时,不同主体的意义将历史社会与教学情境进行智慧性组合,并在群体与个体之间获得意义揭示与建构的空间,使得教师教材理解在指向学科知识、国家意志、传统文化、学生学习以及教师成长的复杂系统过程中获得其合理性。

(三)意义发生说可以为教师教材理解的限度问题提供借鉴

理解的限度或意义的限度指教师对教材理解的范围,是教师教材理解的基本问题。不同的文本具有不同的性质与特征,相对于其他诸如文学作品等文本,教材文本具有其独有的特征,它不能够让读者随意地去进行解读,而必须具有一定的限度。

对于这种限度,有研究者也进行过系统研究,如张家军、杨艺伟构建了一个课程文本理解边界的要素分析模型,从文本边界、作者边界、读者边界与规则边界四个方面阐明了课程文本的限度问题。[①] 从这些研究可以发现,教材理解的限度问题解决的核心在于意义问题的认识,即如何对待教材中的意义问题,便会形成相应的限度认识,意义是探讨教材理解限度的关键。正因为如此,直面意义本身,以意义发生说的观念来思考教材理解的限度问题,可以为教师教材理解的限度提供一种观念与实践标准。

[①] 张家军、杨艺伟:《解释学视角下课程文本理解的边界》,《教育研究》2020 年第 4 期。

第五章
教师教材理解的过程:意义的循环

　　教师的教材理解需要厘清教师从认识的最低级状态向高级状态发展的历程以及在这一历程之中,教师究竟是如何进行理解的。从最为简约的方式来看,教师教材理解的过程必然包含着两个基本内容:一是从低级到高级的层次性,也就是说教师教材理解从最低级到最高级究竟存在怎样的样态类型;二是理解的方式,也就是说教师在不同的层级样态中主要采用了什么样的理解方式。这二者的关系共同构成了教师教材理解的基本过程。

　　从方法来看,探究教师教材理解的层级样态可以通过不同的意义类型划分进行解释。这正如前面对意义类型的划分那样——意义可以分为客观性意义与主观性意义——教师的教材理解的过程遵循着从客观性意义到主观性意义的过程,并在这一过程中通过循环来实现主客观的统一。因此,对于教材这个特殊事物,把从客观性意义到主观性意义视为一个连续的意义生成过程,通过教材意义的层次结构的详细划分及其关系的分析,可以得出教师教材理解的基本阶段。与此同时,在不同阶段的意义过程中,教师所采取的理解方式可以通过归纳和演绎的统一来获得:一方面,在对意义生成过程的相关理论的分析中可以获得能够促进意义实现转化与发展的基本方式;另一方面,通过对教师访谈与相关案例分析可以获得教师在不同阶段进行理解的实践方式(实践话语)。通过演绎与归纳的综合,可以提炼出教师理解教材的基本方式。最后,在阶段与方式之间进行关系建构,可以在一定程度上建构教师教材理解的合理过程。

第一节　教材的意义结构

正如前文所言,教师教材理解是对教材意义的不断揭示与建构过程,意义的彰显与转变始终是教材理解的核心。因此,对教师教材理解的不同阶段的探讨本质上是对意义生成的不同阶段的探讨,而这需要对教材意义的层次结构进行划分。

一、教材意义的层次类型

从教育来看,意义的核心发源地是教材,教材作为教学活动的内容或资源,以文本的态度与方式向学生提供了丰富的意义之源。而且,伴随着人生命的不同层次,意义也呈现出不同的层次,并在意义层次的持续转化中提升着人的生命境界。依据人的存在状态,意义的内涵以及教材的结构,我们可以从层次的角度将教材的意义划分为以下四种。

(一)教材的(语言符号)指称性意义

语词意义是语言哲学所注重分析和揭示的意义,它主要指语词符号的指称对象,又可称为原词的指称性意义。意义指称论(thereferential theory of meaning)是揭示语词意义的基础与关键性理论。从发展历史来看,英国哲学家穆勒被称为传统指称论的先驱,弗雷格、罗素、(前期)维特根斯坦是其重要代表。弗雷格在《论涵义和意谓》论文中指出了"涵义"与"意谓"的区别与联系,认为"我们用一个符号表达它的涵义,并用它表示它的意谓"[1],并强调了涵义对"意谓"的基础性作用。语词意义的存在与基础性作用在语义学中也特别强调,并将其作为句子的真值条件。从日常生活来看,表达一个意思或者阅读一个文本,首先需要确定的便是语词的意义,它是构成其他意义的关键和基础。很难想象,当我们不能理解语词意义时,如何去理解文本中

---

① 弗雷格:《弗雷格哲学论著选辑》,王路译,商务印书馆,2006,第100页。

的其它意义。如当我们不知道"$S = \frac{1}{2}ab$"中"S""a""b""1/2"的意义时,如何能理解三角形面积的运算法则。因此,语词意义,即语词的指称对象是整个意义体系的基础,是进一步建构其他意义的基本条件。

语词意义的形成是一种文化的结果。从符号学来看,"符号无非是人们共同约定用来指称对象的标志物"①,而这种指称对象的功能是变动的和约定的,甚至是偶然的,它受到自然环境和人类知识与文化的影响。在中国文字发展历史中,从"结绳记事"到甲骨文等早期文字,再到现代的简体中文,语言符号都在伴随着历史的变化而不断改变,并在不同的时期形成不同的约定。因此,一般而言,任何语词都有"本义"与"引申义"之分,本义指的是语词的"本用"性意义,它是语词产生之初的基本约定与规定,是语词的最原始的意义。而引申义则是在本义基础上在不同的历史语境中所形成的新的意义。在二者的关系中,本义是基础。因此,在语言考辨及其他诸如概念分析等语词研究中,词源分析便构成了研究的一种重要方法,它是发现语词的原初意义,并获得引申意义的基本方法。

教材的指称性意义是教材文本中的语言符号的指称对象,它由语言符号的历史文化所决定,并在最基础的层面规定着教材意义的客观性,是其他不同层次或类型意义的发生源。对于任何教材,它首先表征为符号的集合,特别是语言符号的集合。这种语言符号的集合具有最为原初的意义,它来自于语言符号的历史文化,是一个国家和民族的语言符号历史的结晶。对教师教材理解而言,指称性意义具有三个基本特征:第一是原初性,即它是教材意义体系的发生源泉;第二是历史性,它是语言符号在历史文化发展中形成的;第三是客观性,它是保证理解的客观性或限度的"底线",即任何超越指称性意义的教材理解都是毫无理由与依据的,都是荒诞不经的。

(二)教材的文本性意义

文本作为一个概念是与意义紧密相关的,教材作为文本,即是基于符号的指称性意义基础,又超越这种指称性意义,形成基于历史文化语境的文本

---

① 肖峰:《从哲学看符号》,中国人民大学出版社,1989,第27页。

性意义。在诠释学中，文本概念经历了一系列变化，从早期的经典书籍到所有文字性材料，从理解的所有对象到"固定的话语"，文本只有在作为理解对象时才能找到其固定性特征。文本之所以能够成为理解的对象，并对理解起到基础性与规范性作用，就在于文本蕴含着意义。在利科的文本诠释学中，文本隔断了作者和读者，自成一体，形成了一个独立的意义世界，可以被任何读者所"注释"。在文学中，文本是一种网络性存在，不同文本间相互依存并形成文本间性（或称互文性）关系。不管如何，文本之所以能够称为文本，就是因为其蕴含了意义，"文本的关键是，它们都具有意义"[①]。

文本意义极难说清楚，一是因为它在不同的学者那里有不同的范围和限度，二是因为文本作为表达与理解的中介，蕴含着各自不同的主体意欲（作者与读者）。但在教育学视野下，就教材而言，文本的意义需要依据文本中语言符号的组合特点，从相对静止的态度与方式来给予理解，即文本是由语言符号的组合所决定的，具有客观性特征。之所以如此理解主要是基于这几个方面原因或理由。一是从教材本身来看，教材文本的核心表现形式是符号组合，不同教材的符号组合整体表达出一种文本意义，符号组合是教材文本意义的最重要依据。二是从学生学习来看，作为未成年学生的学习是一个从客观到主观，并实现统一的过程，学生只有掌握基本事实、基础知识与基本技能才能进行发展与创新，缺乏客观的基础性知识，学生的诸如情感、态度、价值观等发展将成为"空中楼阁"。正是这种学习观，有学者才从意义形成的角度把三维目标理解为一种阶梯型关系，从而"让教师认识到知识与技能目标只是学生意义形成的'载体'或'入门线'，不同的过程与方法会导致不同的意义"[②]。三是从意义关系来看，不同的学者或领域给予意义不同的内涵侧面，这些侧面在教育学视域下具有不同的地位与价值，但需要通过教育学视野给予整合，划分清楚它们之间的差异以及构建它们之间的联系，使之成为一个有序的整体。那么，遵循从客观到主观的过程，将教材

---

① Bevir, M. , "What Is a Text? A Pragmatic Theory," *International Philosophical Quarterly*, no. 4(2002):56—68.

② 崔允漷：《追问"学生学会了什么"——兼论三维目标》，《教育研究》2013 年第 7 期。

的文本意义置于指称性意义与主观意义之间,可以较好地实现主客观的融合。因此,在本研究中,教材的文本意义是以教材中的符号组合为基础,以其他文本为依存,通过文本间性的方式获得教材文本的整体性意义。

与教材的指称性意义比较,教材的文本性意义一方面来源于教材的指称性意义,另一方面又在意义的范围与深度上超越了教材的指称性意义。这种关系可以用系统论的基本思想给予表达,即教材的文本性意义是教材指称性意义的系统,它既是教材中不同语言符号的指称对象相加的结果,又因为存在于一定的关系中而获得新的意义。这种新的意义可以是对意义的确定,如多义字只有在文本中才能有确定的意义,也可以是意义的拓展,"小桥流水人家"所形成的意境已经超越的"小桥""流水""人家"的指称性意义的简单相加。因此,教材的文本性意义具有以下特征:第一是客观性,它仍然是由语言符号的历史文化约定所决定,或者说主要由其所决定;第二是复合性,它是由不同单一的语言符号的指称对象的综合所决定;第三是文本间性,即教材文本性意义的揭示主要通过文本间性的方式给予澄清,如对比性阅读等。

(三)教材的意图性意义

"文本需不需要作者",这是文本理论讨论的重要问题,因为它决定了文本的意义问题。在诠释学中,海德格尔、伽达默尔、利科等的文本理解均排除或削弱了作者的功能,因为他们都把文本的意义的决定权交给了读者或文本。对于这一问题,格雷西亚在《文本:本体论地位、统一性、作者和读者》中较为系统地考察了作者的必要,认为作者是必要的,而且依据不同的语境考察了历史作者、伪历史作者、复合作者和解释作者的必要性。[①] 从文本意义的整全性来说,文本需要有作者,并且作者一定能够影响文本的意义,虽然作者可能不是一个明确的人,而是一群人或一个假象。失去作者的文本意义只能由语言符号或读者去决定,这样必然会陷入相对主义的泥潭,从而失去必然的客观性标准。这也是赫施在"保卫作者"口号下把意义划分为意

---

① 格雷西亚:《文本:本体论地位、同一性、作者和读者》,汪信砚、李白鹤译,人民出版社,2015,第191—213 页。

义（meaning）和意蕴（significance）的初衷。当然，文本的作者可能是文本的创造者，也可能是文本的解释者、编撰者、选择者等等之类的主体。当作者参与到文本意义的建构之中，必然就存在着作者的意义问题。我们把这种意义称之为"意图性意义"，它是作者借助文本想要表达的意义，是希望读者能够从它所采用的语言符号、词句组合以及表达风格等中去体验、感受，并渴望得到认同的意义。

对于教材而言，选择承认文本作者的存在意味着使教材具有了明确的意向或目的，在一定程度上规约着学生学习教材的方向与内容。而这与教育的意识性特征是极为吻合的。并且，对于教材本身而言，教材所代表的不仅仅是知识，还承载着国家、社会、家长、学校教师以及其他相关主体的一种期望，选择何种知识、如何进行组织、怎样进行评价以及教材编制的整个过程无不渗透着不同主体的期望。这种期望反映在教材之中，便构成了教材的意图性意义，同时也成为教材能够关联历史文化、意识形态、社会价值等的关键。

意图性意义的发生在于作者对语言符号的使用。这种使用是一个复杂的过程，从内在来看，作者对语言符号的使用是将语言符号视为一种表意的工具，并通过这种工具（语言符号及其组合）来表达自己所想要表达的意义。从外在来看，作者在使用语言符号时是在具体的历史情境中发生的，历史社会中的文化形态、价值观念等构成了作者使用语言符号的真实情境，影响着作者对语言符号的认识。从个体来看，不同作者的生活经历、性格、语言符号掌握与运用水平，以及由此所形成的个体语言表达风格等都会对作者的意图性意义发生影响。因此，教材的意图性意义具有这几个特征：一是模糊性，作者想要表达什么有时候作者本身都难以说清楚，或者说作者有时候只是想表达一种意向，并非明确的意思，又或者说作者在其创作文本的不同时空所表达的意向是不一致的。如《理想》的作者流沙河在参加文本解读讨论会的时候谈道："我一下子就知道了，写诗容易，讲诗倒很难（众笑）。为什么我说要把一首诗讲好是非常不容易的呢？是因为我们写诗的人，有时候头脑糊涂，有时候词汇贫乏，有时候语文不过关，写的东西词不达意，还有的诗把意思搞错了的。"①很明显,流沙河在创作《理想》时只是想表达一个意向,并非有非常明确的意涵。二是猜测性,即由于时间间距,作者表达的意图往往是无法进行验证的,只能通过猜测的方式去获得,所谓的真确或合理,也只是读者分析与论证的结果。三是复合性,即教材的意图性意义并非完全是文本原创者的意图,也包含了编者、国家、社会等众多主体的意图,是一种复合性意图。

(四)教材的生存性意义

意义的读者维度是哲学诠释学关注的重点。自海德格尔对狄尔泰及其以前哲学的批判开始,就致力从本体论的角度去建构诠释学。海德格尔通过对此在的存在性分析去追问存在的意义过程中,把理解视为此在的基本存在方式,是此在从"被抛"的境遇中寻求诗意地栖居的基本过程,人的生存与意义具有了统一性。由此,文本的意义不关乎作者,只在于读者,在这种生存论分析中,"作者消失了"。生存性意义是一种关乎读者生存价值、理想与信念的意义,也是关乎人的精神本性与生命至高境界的意义。它超越了一系列世俗性的语词、篇章、自然,走向了人的尊严与信念。

教材的生存性意义是学生在学习知识、应用知识,并在自身境遇中获得自我证明、自我尊严,形成个性化人格与精神信仰的意义。从新课程改革的三维目标来看,情感、态度与价值观具有生存论意义的性质;从知识来看,超越知识的符号信息与逻辑形式所获得的知识旨趣具有生存性意义的性质;从教育教学的终极关怀来看,培养独立人格、鲜明个性是在追求一种生存性意义。因此,生存性意义是基于教材并超越教材,指向个体精神世界的一种具有强烈主体性倾向的意义,它对于构筑学生的精神世界和提升学生的生命价值具有直接的价值和作用。教材的生存性意义是教学的终极追求,也是生命教育的核心内涵,它需要在语词考辨、群文阅读、"移情体验"的基础上结合自身的生存境遇,通过反思、实践的循环往复逐渐揭示、显现并融于自身生命。

---

① 罗正忠:《从文本解读到教学解读的"二度转化"——流沙河、李镇西、何立新畅谈"理想"》,《教育科学论坛》2015 年第 6 期。

相对于教材的前三层意义，生存性意义具有典型的主观性倾向，它是作者借助指称性意义与文本性意义所表达的意图性意义与学生自身的生存境遇，包括生存的现实样态、性格习惯、价值理想等"相遇"的结果，是从他者走向自我的过程。因此，相对而言，教材的生存性意义具有的特征：第一是生存性，是指向学生生存境遇的意义；第二是建构性，是学生在获得指称性意义、文本性意义与意图性意义基础之上，基于自身生存境遇所建构的结果；第三是多元性，即不同的学生在建构生存性意义的过程中具有不同的生存基础与价值理想指向，并呈现出不同的合理结果。

二、教材不同层次意义的关系

不同层次的意义构成教材的意义的系统，并在意义的转换与生成中发挥着各自的作用，共同实现有意义的教学。从基本关系来看，指称性意义是由教材符号所构成，它是教材的基本单元，也是教材意义的最基础的部分，确保了教材理解的纯粹客观性。文本性意义是以指称性意义为基础，并由符号间关系和文本间性所决定，是作者进行书写与表达的关键，连接着符号与作者对符号的选择。意图性意义是作者借助指称性意义与文本性意义，用以表达自己所想要表达的内容与价值，它由作者对文本的编写与作者所处的历史社会以及作者的表达习惯和风格所决定。生存性意义是读者借助指称性意义、文本性意义与意图性意义，结合自己的生存境遇与价值理想所建构的意义，它以指称性意义、文本性意义与意图性意义为基础，以自己的生存境遇与价值理想为条件，最终指向自己的生存状态。这四种意义呈现出两种基本关系。

第一种是递进关系，即前者是后者的条件，后者是在前者的基础上形成的，也就是指称性意义是教材意义的最基础性的意义，它是其他意义的源泉之一，只有在获得指称性意义的基础上才能产生文本性意义，而文本性意义又是意图性意义的基础，只有在掌握文本性意义基础上才能获得意图性意义，并进而获得生存性意义。例如：在进行《赋得古原草送别》古诗教学时，原诗"离离原上草，一岁一枯荣。野火烧不尽，春风吹又生。远芳侵古道，晴翠接荒城。又送王孙去，萋萋满别情"，一共4句40个字8个标点符号。从意义发生来看,每一个文字符号所指向的都是指称性意义,任何教师在理解教材,进行教学时首先要明白每个文字符号所指称的对象,也即每一个字的意思或指称的对象。在此基础上,符号构成文本,每一句诗表达一个整体的意义,不同文本之间的间性,即四句诗又构成一个大的文本,共同构成了文本性意义,共同表达着一个整体的意义。但不管是指称性意义还是文本性意义,从根本上来说都是由文字符号及其之间的关系所构成,由公共的文化约定所决定的。作为作者表达的手段,文本性意义是意图性意义表达的工具,作者总是通过文本来表达自己的思想观点,即作者的惜别之情。而不管是指称性意义、文本性意义还是意图性意义,对于学生学习而言,都属于"他人的意义",都具有客观性特征。只有学生在自己的生存境遇中,有诸如同学转学、朋友离别、父母外出的经历与体验,才能从这种"他人的意义"中重新唤醒学生体验,并深深感受到离别所带来的忧伤与希望,进而获得生存性意义。教材意义的这种从符号指称到生存境遇、从客观到主观的意义获得过程便构成了教材意义递进转换,如图5-1所示。

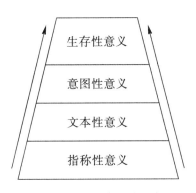

图5-1 教材意义的层次

第二种关系是增殖关系,每一层意义是在前一层意义上有所增殖,即增加了与前一层不同的意义。指称性意义只是由符号的意思或指称对象所给予,而文本性意义在此基础上获得了符号之间的关系,这种关系增加便使文本性意义在指称性意义基础上获得了新的意义。如"野火烧不尽,春风吹又生"一句,在每个指称性意义基础上获得了整体性意义,使得意义之间形成了关联,具有了画面感,可以超越纯粹的记忆,而具有直观与想象的特征。

在文本性意义基础上,作者又会赋予文本一种特殊的历史情境与意蕴,使得意图性意义在文本性意义基础上具有语境的特征。如《赋得古原草送别》古诗,作者赋予了"惜别"的情感。在意图性意义的基础上,作为教材内容,学生在学习时必然带有自身的生存境遇与价值理想,使得意图性意义具有"具身性",成了学生思考自身的工具。如不同学生在学习《赋得古原草送别》古诗时所唤醒的自身经历与体验,所获得的自身感悟与想法。因此,从指称性意义到生存性意义的过程是一种意义增殖过程,这种增殖可以用图5-2表示。

图5-2　不同教材意义之间的增殖过程

教材意义之间的这种关系构成了教材理解的基础,任何教师的教材理解,从完整性上说,都需要沿着这种递进与增殖关系进行理解,即从指称性意义开始,最终走向生存性意义。因此,从本质上说,教师的教材理解就是教材意义的发生学过程。

三、教材意义的主体结构

在教材与其他文本的区分中,有一个重要方面便是教材不是一种可以随意理解的文本。对于我们日常阅读的小说、诗歌、各种专著以及其他一些诸如宣传标语等文本,是一种开放性文本,阅读者在很大程度上可以决定文本的意义,并无多少其他的规范对其进行制约。但教材的理解并非如此,它的理解是一种"受限"的理解,即并不能让理解者去进行随意解读,而是需要考虑不同主体,特别是国家社会主体对教材的意图性意义。这种规定性主要来自教材。

意义是主体意识与对象交互的产物,主体意识对对象具有意义的解释、超越具有规约与导向作用,意义总是主体的意义。对于教材而言,作为教育目的性的核心载体,不同主体的意图对教材意义的规约比其他文本显得更为系统而深刻。从主体维度去揭示教材的意义,更有利于把握教师理解教材的合理性方向。教材的主体不仅有作者,还有读者;不仅有个体,还有群体;不仅有真实主体,还有虚假主体,它们共同渗透在教材之中,构筑了教材的意义之网。从实践来看,影响教材意义的主体主要包括国家、原创者、教师与学生。

(一)国家意义

国家与政府虽然有别,但政府是国家的权力执行机构,是整个国家运行的核心,因此在本研究中,国家与政府不做区分,均视为政治主体。胡德海先生曾把教育分为教育活动与教育事业两种形态,并且认为"教育事业是人类教育的一种高级存在形态"[①]。作为事业的教育的直接主体是国家,它是在教育活动基础上与人类生活、文化、政治、经济紧密关联,并关乎着国家和民族的兴衰存亡。在教育史上,教育与国家的关系历来是理解教育的一条重要线索。从古希腊开始,苏格拉底、柏拉图等哲学家就开始从城邦的角度思考着教育问题。柏拉图在《理想国》中就把教育与培养视为当政者所需要注意的"大家常说的所谓大事"。[②] 工业革命后,生产方式的变革进一步促进了义务教育的全面发展,各个国家也纷纷颁布义务教育法,希望通过新式的合格劳动者的培养促进生产力的发展和国家繁荣。在《反思教育:向"全球共同利益"的理念转变》中,更是从全球可持续发展的高度指明"在重新审视教育目的时,对于可持续的人类发展和社会发展的密切关注,主导着我们的思维"[③]。教育虽然不是政治的奴婢,但教育理应拥有政治功能,它通过教学目的制定、课程知识准入等一系列方式体现着国家意志与国家利益,"将学校课程看作是中立的知识,显然是一种天真的想法"[④]。

教材作为培养国家公民、实现教育目标的核心内容载体,是国家意志的集中体现,也是进行政治意识形态建设的核心途径。从新中国成立后历经

---

① 胡德海:《教育学原理》,甘肃教育出版社,2006,第407页。

② 张法琨:《古希腊教育论著选》,人民教育出版社,2007,第97页。

③ 联合国教科文组织:《反思教育:向"全球共同利益"的理念转变?》,联合国教科文组织总部中文科译,教育科学出版社,2017,第12页。

④ 阿普尔、史密斯:《教科书政治学》,侯定凯译,华东师范大学出版社,2005,第2页。

的八次课程改革来看,所采取的均是自上而下的改革模式,国家意志、政治意识形态在其中起着支配性作用。在第八次基础教育课程改革中,虽然建立了国家、地方和学校三级课程管理,但在三级课程关系中,"国家课程为主,地方课程和校本课程为辅"①,国家课程占据着主体地位。"国家课程是国家规定的课程,它集中体现一个国家的意志,专门为培养未来的公民而设计,是依据未来公民接受教育之后所要达到的共同素质而开发的课程"②,它通过控制教育性质与目标、课程标准与教科书等手段体现着国家作为教材的核心主体,实现着教材的政治属性。国家意义就是这种把国家意志、政治意识形态渗透于教材之中,并通过教学活动培养学生的爱国情怀与政治信仰,从而培养出本国所需要的人才。

（二）原创意义

不管是国家意义还是社会意义,其渗透的方式均是通过教材编制过程,从教材本身来看,教材所选用的基本材料蕴含着原创者的期望,这种期望我们把它称之为原创意义。原创是由作者意义所引申而来,它是文本原创者通过符号的选择与排列,以文本的形式向读者传达的意义。在诠释学历史中,文本的作者意义是早期诠释学家所唯一关注的。在诠释学(Hermeneutics)的词源分析中,诠释学来源于宙斯与迈亚的儿子赫耳墨斯(Hermes),表示通过拥有飞翅凉鞋的赫耳墨斯以通俗的语言转译宙斯的旨意,将"宙斯的旨意传达给人类"③。在一般诠释学形成之前,诠释学主要运用于《圣经》注释、法律解读和语文学,其诠释的对象是具有时间间距的经典文本,这些文本由于时间的阻隔需要通过诠释去还原文本原创者的意义,语法原则与历史原则成为诠释的主要方法,"只有历史——语文学知识才使我们有可能理解那些包括《圣经》在内的不易理解的文本"④。在施莱尔马赫的

---

① 许洁英:《国家课程、地方课程和校本课程的含义、目的及地位》,《教育研究》2005 年第 8 期。

② 钟启泉,等:《为了中华民族的复兴,为了每位学生的发展——基础教育课程改革纲要(试行)解读》,华东师范大学出版社,2001,第 355 页。

③ 潘德荣:《西方诠释学史》第 2 版,北京大学出版社,2016,第 20 页。

④ 彭启福:《理解之思:诠释学初论》,安徽人民出版社,2005,第 14 页。

一般诠释与狄尔泰的体验诠释学中,虽然拓展了诠释学的对象,并拓展出了"心理移情""生命理解"的诠释路径,但其"本意是加强对原意理解的确定性"①,仍然致力于对作者原意的获取。诠释学的本体论转向虽然在很大程度上消解了作者的存在意义,把理解指向了读者本身,视理解为存在的基本存在方式,但伴随着赫施的"保卫作者"以及贝蒂把文本视为"富有意义的形式",作者意义仍然继续被延续与提倡。不管如何,从文本的角度看,文本需要作者,作者创造文本必然会通过文本向他人表达某种意义,这种意义必然渗透于文本之中,并影响着文本的意义结构与解读。因此,作者对文本具有约束作用,"对某个文本的作者的认识,无论正确与否,都会向人们理解这个文本的方式加以限制,并因此而限制了读者的理解自由"②。作者对文本理解的限制既可以避免文本理解陷入"怎样都可以"的相对主义泥潭,为文本理解提供基本的客观性底线,也使得理解具有了一种发生学的性质,使理解成为一种连续和持续的过程。

教材的原创意义指的就是文本作者的意义,它体现在教材所选择的各种知识表征材料上,每一篇课文、一个概念、一种思想等都蕴含着撰写者、发现者、建构者对某个问题的基本认识,隐含着文本原创者对学习者的一种强烈期望。尽管这种期望也许具有强烈的历史间距,甚至模糊得让人不可揣摩,但无论如何,它必然会成为学生学习时所注重追求的目标,并成为教师和学生理解教材的客观性诉求,成为实现教育意义的基础。

(三)教师意义

教师作为教材理解的主体所彰显的是文本的读者意义。读者意义的彰显来自于本体论诠释学,是海德格尔与伽达默尔思考理解问题的基本立场。海德格尔把理解作为此在的基本存在方式,就意味着此在与理解的统一,"理解的最本真的方式就是在事物自身的运作中使自身被揭示出来"③。加达默尔在进一步思考"理解何以可能"时,把前理解在理解中的作用与价值

---

① 潘德荣:《西方诠释学史》第2版,北京大学出版社,2016,第5页。

② 格雷西亚:《文本:本体论地位、同一性、作者和读者》,汪信砚、李白鹤译,人民出版社,2015,第230页。

③ 洪汉鼎:《当代西方哲学两大思潮》(下册),商务印书馆,2010,第550页。

进一步凸显了出来,理解的筹划意义显露无遗,"谁想理解某个文本,谁就总是在完成一种筹划。一旦某个最初的意义在文本中出现了,那么解释者就为整个文本预先筹划了某种意义"①。因此,在哲学诠释学中,理解就是自我理解,是揭示自己、发现自己并筹划自己的基本方式。

　　教师的教材理解是基于教学场域的,是一种教学性理解。从基本形态来看,教学是"教和学相结合或相统一的活动"②,也就是说,"教"与"学"两种活动相结合或统一才能构成教学活动。这种结合或统一关系是教学的基本关系,也构成了教学发生的基本条件,只有在"教"与"学"相对而立,相对而成时,教学才发展。③ 而在这种基本关系中,由于教师和学生在认知能力、思维水平、知识结构以及价值认识等方面的差异,作为成人的教师在对作为"未成年"的学生时,必然存在着引导作用,因此教学也可以说是"有教的学"。教学的这种基本关系意味着教师对教材的理解必然处于"引导"地位,将会给学生指明教材理解的方向与方法,以使学生形成正确的学习。而教师作为一个独立个体,在教学过程中虽然会受到来自国家、社会、家庭与学生等的要求与规约,影响到他们对教材理解的方法、方式与内容,但同时,教师个人独特的人生经历、教学体验与经验也给予了教材的个性化理解。这种个性化理解也成为教师教学风格的重要组成部分。因此,教师对教材的理解不仅受制于外部政策制度、社会核心价值等规约,教师的个性特征与经验也将成为重要的影响因素。教材的教师意义所包含的内容就是这二者的统一,即教师在社会的外部规约与个体的内部个性基础上,在理解教材时所获得的意义。这种意义一方面指向教学活动的完成,另一方面指向自身的专业成长,是一种任务取向与自身生命取向的统一。

(四)学生意义

　　在读者意义的另一个侧面还存着一个重要主体,即学生。从教学来看,所有理解所指向的都是学生理解。与教师一样,学生对教材的理解规约同

样来自两个基本方面。一方面是"被引导"的理解,包括教师引导、家长引导以及教材自身编写结构与知识结构的引导等,这种引导对学生理解教材而言具有规约作用,它通过学生的"无知无解"发生作用,并在教学管理与评价的权力制约下实现。另一方面来自学生作为一个鲜活的生命所具有的独特体验、经验与价值理想的内在促生,它是尊重儿童并实现儿童个性发展的重要维度。教材的学生意义就是以上两种规约下儿童阅读教材所获得的意义,这种意义一方面指向学生的学习任务,另一方面指向学生自身的生命成长,也是一种任务取向与自身生命取向的统一。

教材的以上四种意义是不同主体对教材的期望与实现。当然,在真实情境中,不同主体的意义呈现着同一性与差异性,即不同主体的期望或实现也许指向的是同一个层次或者同一个内容,但由于不同主体的身份角色、社会职能等不同,必然会呈现差异性。与此同时,在四种意义之中,学生意义具有基础性与核心性地位,国家的、社会的以及教师的意义最终将落实在学生身上,学生意义的实现意味着其他主体意义的实现。

四、教材的意义体系

教材的层次性意义与主体性意义是从教材的不同维度所探寻的教材意义,它们共同构成了教材的意义体系。

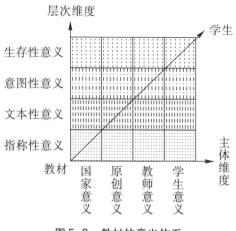

图5-3　教材的意义体系

图 5-3 所描绘的教材的意义体系,给我们展示了教材理解的理想状态,这种理想状态构成了教师教材理解的合理性基础。教师教材理解需要从不同的维度出发,指向不同的层次,最终汇聚成学生生命意义的实现才是完美的,合理的。因此,教师教材理解的合理指向了两个基本维度:一是意义的深化维度,即教师教材理解需要从指称性意义开始转向生存性意义,从对教材的语词理解开始,思考如何通过揭示教材对于学生的生存性意义;二是意义的主体维度,即教材理解要揭示不同主体对于教材的期望,进而进行整合与深化,汇聚于学生,展开于教学活动,实现学生生命意义的建构。而导致这两个维度能够构成意义网络的就是意义本身的关联性特征。

第二节   教师教材理解的基本过程

教材具有丰富的意义体系,教师的教材理解便是将这种意义体系充分地展示出来,以促进学生的全面发展。具体而言,是将教材中不同主体、不同层次的意义通过交互、发生,将其与学生的学习与发展关联起来。但不管是作为理解者的教师,还是作为对象的教材,都处于一定的社会环境之中,都处于意义世界之内,他们都不可能脱离这个世界。也就是说,教师对教材的理解活动总是根植于意义世界之中,总是受到意义世界的影响,或明或暗地带有不同的倾向与色彩。因此,教师教材理解的过程不仅仅是教师与教材的交互过程,也是教材理解活动与意义世界的交互过程。教师正是在自身所处意义世界之中开始了教材的理解之旅,开始促生着教材各种意义显现。而到最后,却又回到自身,让教师能够反思自己,实现对自己的专业水平、职业理想与生命意义系统建构。

从教师教材理解的过程逻辑来看,教师对教材的理解过程包含着三个基本阶段,即前理解、理解与自我理解,它们独立存在又相互影响,形成了一个循环。正是在这个循环过程中,教材的意义才不断地得以生成、显现,推动着教学活动的开展,实现着学生的有意义学习与发展。

一、"前理解"

之所以把教师对教材理解的开始环节表述为"前理解"，主要是借鉴了海德格尔的"前结构（Vorstruktur）"和伽达默尔的"前见（Vorurteil）"概念。在诠释学早期，追求作者原意是诠释学的根本旨趣，任何因此而产生的"偏见"都被人所否定，理解就是通过语法分析去获得作者原意的过程。这种传统一直持续到海德格尔。海德格尔对"此在"的分析彰显出对读者自身生命意义的重视，理解作为"筹划"成为存在者的存在方式，"前结构"作为一种先行存在的结构引导着理解的发生，成为理解的基础。海德格尔详细阐述了"前结构"在理解中的意义与结构，认为，构成前结构的东西包括了"前拥有（Vorhabe）""前见解（Vorsicht）"和"前把握（Vorgriff）"。沿袭着海德格尔的理解思想，伽达默尔也提出了"前见"概念，认为"一切理解都必然包含某种前见"①，它不是一种错误的判断，而是推动理解的基础与条件。

前理解不仅在诠释学中得到了承认，在心理学中同样作为了理解的基础。在科学心理学产生之前，赫尔巴特的观念心理学就以"统觉"概念把前理解纳入理解之中。赫尔巴特把观念视为心理活动的最简单和最基本的要素，诸如意识、遗忘、回忆等心理活动都是由于观念的运动。因此，在学习中，外界的事物只有与意识中的观念产生联系才能进入人的意识之中，"人类经验中的一切新的东西都是根据过去的经验而得到补充了解和说明的"②。而利用已有观念吸收新的观念的过程就称之为统觉，"统觉的过程就是利用已有的观念吸收新的观念并构成统觉团的过程"③。在此基础上，赫尔巴特建构了其教学的基本过程，即明了、系统、联想、方法，开创了传统教育的基本模式。从赫尔巴特的统觉论可以看出，前理解，即已有观念构成了理解的基础和条件，统觉构成了学习的基本机制。一百多年后，美国心理学家奥苏贝尔（D. P. Ausubel）的学习同化理论同样重视已有经验的作用。在

---

① 加达默尔：《真理与方法：哲学诠释学的基本特征（上卷）》，洪汉鼎译，上海译文出版社，1999，第383页。
② 刘新科：《外国教育史》，武汉大学出版社，2012，第134页。
③ 同上。

奥苏贝尔所提倡的意义学习中，有学习意义的材料是产生意义学习的基础和条件，而有学习意义的材料必须满足两个条件：一是学习材料能够非任意地（nonarbitrarily）和非逐字逐句地（nonverbatimely）与任何适当的且相关的认知结构联系起来；二是学习者的认知结构中要有相关的起固着作用的观念。① 这样，新的材料与学生已有经验才能发生联系，才能让学生在学习新的材料中建构意义，而这个过程就是同化。对于同化的原理，奥苏贝尔表述为："当有意义地学习了一个新的观念 a，并使它与认知结构中的有关观念 A 相联系和相互作用后，两种观念都会发生变化，a 观念会同化到原有的 A 观念中。"②奥苏贝尔的学习同化理论与赫尔巴特的统觉论在基本原理上具有相似性，均强调在学习过程中，已有的观念或经验引导着新的观念的产生，是学习产生的基础与条件。

　　"教师个体的课程理解是一切课程理解的逻辑的和现实的起点"，③教师的教材理解遵循着同样的原理，理解教材的逻辑起点就在于教师已有的观念、知识、经验、思维方式、价值取向等"前理解"。对于"前理解"的内容，海德格尔通过"前拥有""前见解"和"前把握"的作用过程给予了说明。"前拥有"是主体携带着的意义的预见，即对事物价值的先前预设；"前见解"是对"前拥有"的反思，以使意义显现，获得确认；而"前把握"包含了"前见解"和"前拥有"，它结合主体携带的意义和当前境遇进行价值判断，形成主体立场。可以看出，海德格尔将已有价值观念、解构活动与价值判断视为"前理解"的内容构成。也有学者从学生阅读角度认为："前理解包括主体先行具有的文化结构、主体先行领会的心理内容和主体先行把握的思维方式"④，把文化结构、已有心理内容和思维方式视为"前理解"的内容构成。从这些研究中，我们可以进一步思考教师理解教材的"前理解"的具体构成。

　　如前所述，教师教材理解是对教材意义进行揭示与建构的统一过程。

---

① 奥苏贝尔：《意义学习新论：获得与保持知识的认知观》，毛伟译，浙江教育出版社，2018，第 1 页。
② 同上书，第 115 页。
③ 徐继存：《课程理解的意义之维》，《教育研究》2012 年第 12 期。
④ 唐明、李松林：《聚焦意义建构的语文深度阅读教学》，《中国教育学刊》2020 年第 5 期。

揭示教材意义是要全面把握教材的内容与价值;建构教材意义是要创建系统的教学活动。教师要实现这一过程,首先需要有系统的专业知识,包括学科知识、课程知识、教学知识、学生知识、情境知识等,否则难以对教材知识及其育人价值进行揭示与建构。因此,"前知识"必然是"前理解"的构成部分。其次,教师需要有系统的教育理念,以引导教师揭示教材价值与构建教学活动,使所构建的教学活动符合当前的教育理念。因此,"前观念"必然是"前理解"的构成部分。最后,教师对教材理解还需要有理解力,集中体现为思维方式与思维能力,以能够对教材进行解构与建构。因此,"前思维"也必然是"前理解"的构成部分。综合看来,"前知识""前观念""前思维"构成了教师"前理解"的核心成分。除此以外,诸如"前经验""前信念""前道德"等也在教师教材理解中发挥着一定的作用。

正如诠释学和心理学所表明的那样,教师的"前理解"对教材起着引导性解构,并为建构做准备的作用。它一方面指引着理解的价值方向,使其不会偏离轨道,如教材理解要促进学生深度学习;另一方面保障着理解的科学性,保证对教材的理解不会出现科学性错误。

二、"理解"

理解是教师对教材进行正式的解构与建构过程。对于这一过程,不同学者从不同的角度有不同的认识。有的从对象出发,把教材理解分为对教材知识、教材逻辑、教材价值与教材时代使命的理解①;有的从范式出发,主张从目标、内容、行为和水平四个维度展开②;也有的从思想和价值出发,建立了"科学理解、人文理解和实践理解"的理解框架③。实践中对教材理解活动的认识更具有操作性,如刘全祥认为,教材理解就是要厘清知识是什么、弄清编制意图和选择儿童容易接受的角度。④ 从理论思考和实践探索可以看出,要真正说清楚教材的"理解活动",既需要提供一种理论分析框架,又

① 李广、孙玉红:《教师教材理解范式的深度变革》,《教育研究》2019 年第 2 期。
② 李松林:《论教师学科教材理解的范式转换》,《中国教育学刊》2014 年第 1 期。
③ 熊川武、江玲:《理解教育论》,教育科学出版社,2005,第 46—67 页。
④ 刘全祥:《提大问题,做大气的数学教师》,上海教育出版社,2015,第 35—39 页。

需要说明具体的实践操作。

从理论框架来说,按照理解的本质,教师的教材理解可以从两个维度进行分析,即揭示教材意义维度和建构教材意义维度。揭示教材意义的核心是揭示教材知识的意义,包括教材知识的指称性意义、文本性意义和意图性意义。教师只有尽可能通过理解把握教材知识是什么、教材所蕴含的学科思想与方法、编者的意图,才能在此基础上进行正确的价值判断。因此,揭示教材知识的意义是理解的客观性的一面,也是基础性的一面。建构教材知识意义是依据教学情境,对教材知识的意义进行转化、重构、补充,挖掘教材知识的育人价值,最终形成适合学生学习的教学活动。建构教材知识的意义主要是让教材知识和学生学习与发展产生关联,并在这种关联中去创建教材知识的育人目标,使教材知识能够指向学生学习与发展。建构教材知识意义具有一定程度的主观性,它需要教师依据学生特点、教学环境等具体条件,重新确定教材知识的育人指向,进一步开发和丰富课程资源,并系统设计教学活动。

在这两个维度下,教师的教材理解活动主要包含了三种:一是知识性理解,即对教材知识进行科学认识,揭示其所蕴含的结构性关系、学科思想与方法,以及国家和社会的意图;二是价值性理解,即对教材的育人价值进行把握与确定,并形成教学目标;三是活动性理解,即依据教材知识、教材的育人价值以及学生特点、教学条件、教学活动设计原理等形成适合于学生学习的教学活动过程。三种理解活动并非独立存在,而是存在着承接与相互作用关系。一方面,三种理解活动具有承接性关系,即知识性理解是价值性理解的基础,价值性理解是活动性理解的基础;另一方面,三种活动呈现出相互影响的关系,即知识性理解需要价值性理解和活动性理解的引导,它要受到教师教育观念、教学设计能力等的制约;价值性理解需要以知识理解为基础,又需要以活动性理解为参照,不能凭空产生育人目标,也不能形成无法活动化的育人目标;活动性理解需要以知识性理解和价值性理解为基础,只有在了解学科知识及其育人价值的基础上,才能设计教学活动,同时,活动性理解又为知识性理解和价值性理解提供反馈,影响着知识性理解的方向和深度。教师对教材的理解活动可以用图5-4表示。

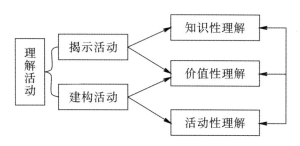

图5-4　教师教材"理解活动"及其关系

从图5-4可以得出以下结论:从分析的角度看,教师的教材理解活动可以分解为知识性理解、价值性理解和活动性理解三种相对独立的活动,但从综合角度看,不同理解活动并非单独存在,而是在意义揭示与建构的逻辑线索中形成一种相互关系,产生相互促进与制约,形成一种循环关系。正是通过理解活动,教材意义逐渐彰显出来,并指向学生学习与发展,使教材理解成为高质量教学的重要途径。

三、"自我理解"

理解与自我理解关系的确立与揭示是从海德格尔开始的。在诠释学早期,理解是对作者原意的追求,自我构成理解的主体,他的核心功能在于对文本中作者所要表达的意义进行客观性揭示,并涉及理解对于自我的意义与价值,这从"理解的循环"的梳理中可以考证。理解的循环最早可以追溯到对《圣经》的解释。神学家们在对《圣经》进行解释的过程中,注意到了单个语词与文本之间的密切关系,认为"单个的语词只有置于文本的整体之中才能被正确理解"[1]。因此,理解是部分与整体之间的循环,即在语词与文本之间形成循环才能正确地解释《圣经》。语词与文本之间的循环将理解限定在语言学范围之内,虽然有利于理解语言文字意义的理解,但却忽视了文本与外部环境的关系,使得《圣经》的理解存在脱离基督教教义的可能。针对这一问题,施莱尔马赫将循环范围扩大化,从语词与文本的循环,扩展为文本与历史语境的循环,认为历史语境的参与可以克服理解的主观性问题。

---

① 潘德荣:《西方诠释学史》第2版,北京大学出版社,2016,第312页。

在此基础上,受到狄尔泰将心理学引入理解,重视主体体验与心理经验在理解中的意义的影响,海德格尔开始正式将主体作为理解的核心,认为主体在理解中具有本体论意义。自此,主体构成了理解的循环的重要一维,它代表着当代,并与传统构成新的理解的循环。在海德格尔那里,理解与自我构成了一体两面,理解是此在存在的基本方式,任何理解都是自我理解,理解的循环具有本体论性质,主体的生存境遇与视域决定着理解的本质,"偏见"得以证明,"前结构""前见"成了理解的基础与条件。可以看出,在理解的循环发展到第三个阶段时,理解与自我的关系才得到正视与确立,自我在理解中的地位与价值才真正得以彰显。

理解与自我的关系不仅在诠释学中逐渐确立,在心理学中同样得到了认可。在心理学中,理解的核心在于意义的同化。尽管不同的心理学家对同化过程具有不同的理解,如皮亚杰从人与环境的关系出发,提出同化、顺应、平衡的同化机制;奥苏贝尔在学习材料与学习者之间通过学习材料的潜在意义与学习者认知结构中起固着作用的观念之间的吸收关系说明同化原理,但都确认同化前的主体与同化后的主体之间是一种发展关系,其认知结构、意义体系等发生了数量上、结构上和性质上的变化,理解促进着自我发展。

教师与教材理解的关系同样遵循着"理解就是自我理解"的关系。这一关系确立的原因可以从两方面给予说明。首先,从教学活动出发,教师是影响教学质量的最重要因素。在 20 世纪 90 年代对教学本质进行大讨论以后,我国对教学本质的认识逐渐走向"交往说",把教学视为一种特殊的交往活动,认为"教学是以促进人与文化的双重建构为核心,以特定文化价值体系为中介,以教与学的对成为发生机制和存在方式的师生特殊交往活动"[1]。"交往说"从本体论层面确定了教师与学生的关系,但从认识论与方法论层面看,师生之间的交往并非严格的对等关系,而是存在一种引导关系,即师生交往是以教师的引导为基本前提的。因此,从存在形式来看,教学是"教的人指导学的人进行学习的活动"[2]。是一种有教的学。作为一种有教的学

---

① 张广君:《教学本体论》,甘肃教育出版社,2002,第 303 页。
② 李秉德:《教学论》,人民教育出版社,1991,第 2 页。

的活动,教师在教学活动中起着关键作用,是确定学习目标、设计教学活动、推动教学展开、进行学业评价的重要主体,是决定教学质量的关键因素。教师的这一作用决定了任何教育教学活动都需要以教师素养为前提,教师素养提升是推动教学改革与发展,提升教学质量的关键。教师的教材理解同样需要如此,只有提升教师素养,提高教师教材理解力,教师才能更为合理、科学地把握教材。这意味着,教师的教材理解必须以教师的自我生长作为最终归宿,要让教师在理解教材过程中实现自我理解。其次,从逻辑来看,任何教材理解都是教师对自己的审视、反思和改进过程。教师对教材的理解是运用自己的知识经验、思维能力与价值观念对教材进行解构与建构,在这一过程中,不断地运用知识、发展能力、更新观念,提升着教师的专业素养。"教师通过对课程意义的理解、解释,最终指向教师的自我理解和自我超越,开拓教师的生存意义空间或现实可能性。"[1]而这一过程的实现,是通过反思来完成的。对于反思,杜威认为是"对任何信念或假定的知识形式,根据支持它的基础和它趋于达到的进一步结论而进行的积极的、坚持不懈的和仔细的考虑"[2]。伯莱克(J. Berlak)在说明反思性教学时认为:"反思是立足于自我之外的批判地考察自己的行动及情境的能力。"[3]可以看出,反思就是对自己的客观审视与积极判断,对自己在活动中的缺陷、优势以及改进方向与方式进行清晰认识。对于教师专业发展而言,反思是最为重要的途径之一,甚至舍恩(D. A. Schon)明确将教师视为"反映的实践者"。教师也是在课程理解过程中通过反思来揭示自己的知识状况、思维水平、观念新旧,来实现对自己的认识,进而获得职业理想与生命意义,完成自我理解。

四、教师教材理解的过程框架

在以上表述中,我们对教师教材理解的前提、活动与最终指向进行了简要分析,为更清晰地表达这一过程,我们以框架的形式对其进行展示,如

---

① 徐继存:《课程理解的意义之维》,《教育研究》2012 年第 12 期。
② 哈钦斯:《西方名著入门(哲学)》,商务印书馆,1995,第 114 页。
③ L. Valli, *Reflective Teacher Education:Cases and Critiques*(New Yovk:State University of New York Press,1992),p.100.

图 5-5 所示。

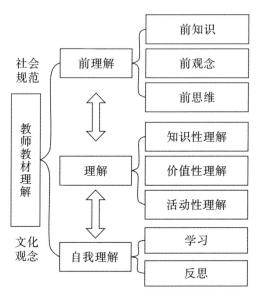

图 5-5　教师教材理解的过程框架

　　如图 5-5 所示,教师教材理解总是遵循"前理解""理解"与"自我理解"的逻辑过程,并实现着循环。在这一过程中,教师通过自身意义与教材意义的交互,不断揭示教材意义,生成自身意义,并形成循环。

第三节　教师教材理解的基本方式

　　教材意义的层次结构向我们展示了教材意义的层次结构及其关系,这种层次结构为教材理解过程奠定了基础,因为理解总是指向意义的。那么现在的问题是:教师究竟是如何通过理解来获得不同层次的意义,以及如何促进这种意义进行转换的呢? 对于这一问题的回答,从根本上说就是探究教师教材理解的方式问题。

一、教师教材理解方式的经验归纳

从实践经验总结来看,教师对"钻研教材"或"解读教材"的经验性认识颇具借鉴意义。从文献来看,大概有以下一些认识。

有教师认为教材的解读可以分为三重境界:读懂、读通和读活。读懂是指基本理解数学文本描述的内容,能较准确地定位该教材内容所承载的数学基础知识与基本技能;读通则是在读懂文本所承载的知识与技能这一明线后,能透过这一明线,深入理解并挖掘隐藏在知识背后的数学思想、数学活动经验等;读活是教材解读的最高境界,是指能根据数学的学科特点,创造性地对教材进行合理的整合,使其更符合学生的认知规律,能更有效地促进学生的发展。[①]"读懂、读通和读活"是一线教师对教材解读的三种境界的划分,从所总结的内容来看,读懂是指教材符号本身是什么,是对教材内容的事实性把握;读通是将教材内容纳入学科,从学科层次思考教材内容的意义,主要体现为知识所蕴含的学科思想方法;读活是将教材内容与学生的学习活动结合起来,将静态的教材内容与学生学习的动态活动结合起来,把教材内容转化为学生的学习内容与方式。这三个境界的认识有效地概括了实践教材对"教材解读"的经验总结。

有老师认为"钻研教材"是进行教学准备的首要工作,而钻研教材策略主要包括钻研教材内容与钻研教材程序:从内容上来看,钻研教材的对象包括教材、教学参考书、音像资料、教具和学具、实物标本、课程标准和教学计划;从程序来看包括"学习课程标准,通读所任教阶段全套教材""研读全册教材""钻研一组(单元)教材""深入钻研每一节课的教学内容"。[②] 这种"钻研教材"的经验总结显然是从系统的角度进行思考的,也就是说教材不仅是教科书,还包括其他相关材料,这些材料都是属于"钻研教材"的对象;"钻研教材"不仅仅是对该节课内容的深入研读,更需要将其置于单元、全册、全套教材之中,从系统结构中去实现对该节课内容的钻研。

---

① 林碧珍:《小学数学教法探微:一种有深度的同课异构研究》,福建教育出版社,2017,第3页。

② 丁步洲:《课堂教学策略与艺术》,重庆大学出版社,2013,第37页。

也有教师提出教材解读要从三个维度出发,即知识解读、思想解读与价值解读。知识解读是为了读出知识的本质与脉络,进而把握教学之序;思想解读是读出学科思想方法,进而把握教学之根;价值解读是基于学生的立场读出教材的价值意蕴,进而把握教学之魂。① 三个维度的教材解读从知识转向人、从事实转向价值,可以说非常好地对新课程改革以来的教材解读进行了概括。

还有教师依据统编本《道德与法治》教材编写思想,认为当前教师在进行《道德与法治》教材解读时往往存在止于刻板经验、止于价值偏颇、止于肤浅认知、止于混沌不清现象,并认为需要通过"举例选材:纠正刻板经验""设问引思:质疑价值偏颇""概念剖析:弥补肤浅认识",以及"观点厘清:破解混沌不清"的方式来深度解读教材。② 这种教材解读说出了教材解读如何从浅层走向深层,通过结合生活的选材、创设问题情境、深入剖析概念内涵、梳理知识结构等方式可以让教师在解读教材中超越"照搬式"解读,将教材解读扩展到教材之外,进而实现教材解读的深度。

诸如此类对教材理解的经验总结还有很多,如有教师认为数学教材解读需要"大处着眼,整体把握;小处着手,关注细节",将整体解读与部分解读结合起来③;语文教材解读需要素读、细读、拓展读、还原读四种方法相结合才能实现读写统整教学④;等等。这些经验总结是一线教师依据具体的教材和教学情境,对深度理解教材的一种思考与尝试,体现着教师们的智慧,具有重要的借鉴价值。从归纳来看,一线教师对教材理解在观念上已经逐步实现从传统的忠实取向理解走向创生取向理解,教材理解不是对教材内容的刻板解释,而是在创生取向下,将教材内容与学生、教学情境、时代背景等相关联,对教材内容的创造性把握。从理解方式来看,包含了诸如认知、体验、猜测、想象等众多的理解方式,并以综合的样态存在于教材之中,共同实现着对教材的深度理解。

---

①   秦引:《小学数学教材解读的三维视角》,《数学教学通讯》2019 年第 13 期。

②   刘凯、张煜:《解读教材岂能浅尝辄止》,《中学政治教材参考》2019 年第 29 期。

③   高王建:《有效解读小学数学教材的策略》,《江西教育》2019 年第 18 期。

④   何捷:《"教材解读"是读写统整教学的前提》,《中国教师》2019 年第 6 期。

二、教师教材理解方式的实践话语

(一)阅读与对比分析:搞清楚要教给孩子什么知识

对教师而言,在解读教材最开始的时候就必须清楚"我们要教给孩子什么知识",即"教什么"的问题。对于教师而言,教材给孩子什么知识是教材理解最为基本的,需要科学、准确地把握,它是进行教材理解的第一步。

一位老教师谈道:"解读教材是为上课做准备,要让上课能够有的放矢,提升效率,最基本的就是要搞清楚交给孩子什么知识。如果这个都搞不清楚,你在选择案例、设计教学活动时就会走偏,缺乏针对性。"

另一位教师谈道:"说实话,我以前不是教科学课的,因为学校缺科学课的老师,就转了过来。科学课虽然知识难度不大,但涵盖的内容非常广,天文、地理、物理、化学等都有。开始的时候,好些我都搞不懂,就经常查百度、看看相关的书,还好我是理科出身,还看得懂。"

一直以来,人们对教师的认识是:"要给孩子一杯水,教师要有一桶水。"这种认识虽然遭到了批判,但从知识角度看,特别是在中小学,教师知识与学生知识的关系正如"一桶水"与"一杯水"的关系,不能在知识的数量、质量与结构上超越学生,很难准确把握"要教给孩子什么知识"的问题。

当然,"搞清楚教给孩子什么"不仅要知道教材知识是什么,更重要的是要抓住知识的本质以及该节课教学的重点与难点。

【案例】对教材的解读准确吗?①

一位教师教《表内乘法》"8的乘法口诀",是这样教的:

教师在黑板上贴一张螃蟹图片,问学生,这只螃蟹有几条腿?学生答,有8条腿;教师又贴上一只螃蟹,问学生,两只螃蟹有几条腿?学生答,16条腿。依此,教师贴上8只螃蟹,学生答,64条腿。

然后,教师说,下面我们来编8的乘法口诀。教师对照一只螃蟹八条腿,得:一八得八;对照两只螃蟹十六条腿,得:二八一十六。接着教师就说,下

---

① 李传健:《让课堂活起来:追寻好的课堂教学》,吉林大学出版社,2016,第30页。

面的口诀,请同学们自己编,小组可以讨论,看哪个组编得又快又好。

　　学生不费力气就编好了,教师把学生编的口诀在黑板上板书。教师说,现在我们有了8的乘法口诀,就容易计算这些乘法算式了,$1×8=$? $2×8=$? 依此,$8×8=$? 等。

一八得八	$1×8=8$
二八一十六	$2×8=16$
三八二十四	$3×8=24$
四八三十二	$4×8=32$
五八四十	$5×8=40$
六八四十八	$6×8=48$
七八五十六	$7×8=56$
八八六十四	$8×8=64$

（中间有 $\Rightarrow$ 符号）

　　教师这样教,就说明,教师没有读懂所教的内容。

　　教材的课题确实是8的乘法口诀,有些教师可能就认为,这节课的教学就是教给学生一套8的乘法口诀,只要学生能够运用这套乘法口诀计算8的乘法,这节课就算成功了。其实,不是。这节课是要根据8的连加结果引出8的乘法算式,让学生依照8的乘法算式编制8的乘法口诀。8的乘法口诀,只是8的乘法算式的口语(口诀)化。所以这节课的关键,就是要教学生计算8的乘法,记住8的乘法口诀。

　　教师教8的乘法口诀,应按下面的逻辑顺序进行:

$8=8$	$1×8=8$	一八得八
$8+8=16$	$2×8=16$	二八一十六
$8+8+8=24$	$3×8=24$	三八二十四
……	$4×8=32$	四八三十二
	$5×8=40$	五八四十
	$6×8=48$	六八四十八
	$7×8=56$	七八五十六
	$8×8=64$	八八六十四

（两处 $\Rightarrow$ 符号）

　　上述案例说明,虽然有时候老师知道教学内容是什么,但却不一定能够把握教学的核心目标和重点难点。教师把握的教学内容与学生的学习内容之间存在着差距,这种差距主要表现在发生学意义上,也就是说教师如果不按照学生学习过程来把握教学内容,那么其所教的内容往往与学生的学习产生矛盾。现实课堂教学中,往往出现教师使劲教,但学生怎么都学不会的现象,特别是新任教师。这种现象也说明了准确理解教学内容并不仅仅是知道教学内容是什么,还要符合内容的学科逻辑与学生的学习逻辑。

　　除此以外,"搞清楚教给学生什么知识"还需要把握教学内容在教学体系中的位置与功能。这一点也往往是很多年轻教师所忽视的。

　　一位老教师谈道:"要真正解读教材,不仅要关注眼前,还要着眼于全局。这么多年的经验让我明白,我们在解读教材时,一定要关注前后之间的联系。比如在初步认识三角形的时候,我们就需要考虑到三角形的周长与面积,需要考虑到学生以后在学习周长与面积时的图形转换,甚至要考虑到初中、高中在图形方面的内容。所以在解读教材时,任何一个点都要在整体中进行把握,并为整体服务,否则就会让学生在以后的学习中产生困难。"

　　从知识来看,学科知识是以结构的方式存在的。结构形态的学科知识意味着知识之间具有逻辑关系与系统结构,它们构成了知识学习的连续性与系统性,也是建构学生认知结构的最重要的载体。从点到面、从部分到整体,以整体、系统的视野来解读教材是教师进行教材解读的重要方式。因此,有经验的教师在解读教材时都要求在课、单元、年级、学段与阶段之间进行循环。

　　在相同内容的课堂观察中,有一位教师在对三角形复习的教学中,除了常规的复习三角形的性质、角平分线、中线、高、全等三角形等基本内容以外,还增加了三角形与其他图形的转换关系以及如何用三角形来构成一座建筑的内容。事后与该老师交谈问他为什么要增加这些内容时,他说道:"以前我也不增加这些,但到后面你会发现在计算图形面积时,图形转换很重要,甚至有些时候是在空间中来计算三角形面积的,很多学生难以掌握,比如给你画一个立体的房顶,让你计算某个从平面看起来不像等腰三角形的面积,有些同学往往难以对这种三角形进行空间想象,经常出错。后来我想，也许在开始学习三角形时渗入一点图形转换与空间观念对以后的学习会好很多。"

在教师解读教材中，对教学内容的结构性理解在很大程度成了区分新手教师与优秀教师的分界线。优秀教师往往能够从系统的学科知识结构角度来思考解读具体的教学内容，进而有效确立课堂的核心教学目标以及重点和难点；而新手教师往往无法深入学科知识体系，难以把握横向与纵向之间的知识结构关系，以至于在进行教材解读时往往局限于具体的内容，容易导致教学目标的偏离以及教学重点难点把握不准。

总的来看，教师在进行教材理解时首要需要解决的问题便是"搞清楚要教给学生什么"，而"教什么"的问题主要包含三个层面：一是事实性的教学内容是什么？二是教学内容的本质是什么？三是教学内容的结构是什么？第一层面的解读往往是比较简单的，教师通过查阅相关资料，如字词典等工具书或网络相关信息就可以获得；第二个层次的解读则需要对教学内容本身有较为清晰的认识，教师往往通过仔细阅读相关学科专业书籍、课程标准、教学参考书或与教师进行交流予以解决；第三个层面的解读则需要教师对所教阶段的所有教科书、学科课程标准进行阅读与分析，而且是一个长期的过程。因此，从"搞清楚要教给学生什么"指向来看，教师往往是通过查阅工具书、梳理学科知识结构以及进行互文性阅读等方式搞清楚究竟要教给孩子什么。

（二）观察与移情：搞清楚学生怎样学习这些内容

在实践中，教师对教材理解的第二个方面就是追求"搞清楚学生怎样学习这些内容"，也就是"怎么学"的问题。作为教师与学生的中介，教师理解教材的目的始终是希望学生能够实现学习。虽然在传统教材解读中，解读的重点在于教材自身，但伴随着教学活动由知识中心转向儿童中心，学生如何学习内容逐渐成了教材解读的重要维度。在教师教材解读的三重境界中的最高境界"读活"就是以学生的学习规律为核心，重组教材内容，并以此设计相应的学习活动。在教师访谈中，指向学生学习的教材解读一直是教材所关注的重点。

一位教师谈道："仅仅看懂还不行，还要思考如何让学生学得懂，还要考虑到学生学了以后能做什么,这就需要将科学课的知识与学生的日常生活结合起来,让他们觉得学了很有用,可以解释和改变生活中一些的事情。所以我现在都保持一个习惯,就是看到生活中的一些事情,总想着可以与科学课中的哪些知识有关系,有什么关系。比如现在很多家庭都有盆栽,我家也有,经常遇到叶子枯黄等问题,这就可以与科学课中的光合作用联系在一起。还有净水器的原理、天空的星座、秤的原理等其实很多和科学课的内容都相关。"

在关注如何依据学生的学习来解读教材时,教师往往会注重两个方面。一是学生的学习心理,如兴趣、思维、认知能力等特点与规律,这种规律的运用体现最多的就是教学的直观性,即将抽象的概念、原理等知识进行直观化,转化为学生能够通过感官进行感觉与观察的对象,进而再进行抽象。如图形的教学,大多教师会从生活中的图形开始,家庭中的墙角与三角尺、长方形的电视与课本等都是教师进行教学时喜欢的切入点。二是学生的生活经验,如经历、体验、感受等,主要体现为教学的生活性或经验性。如一位教师在四年级语文《牧场之国》课堂导入时这样设计。[①]

教师:同学们平时喜欢旅游吗? 你们都去过哪些地方呢? 这些地方给你留下了怎样的印象?

学生1:我去过北京,北京的长城和故宫给我留下了深刻的印象。

学生2:我去过神农架,那里美丽的风景让我都不想走了。

学生3:我去过拉萨,那里有蓝天白云,有好喝的酥油茶。

学生……

教师:大家去过很多地方,在这些地方看着美景、品着美食,心情愉快不愉快?

学生:愉快。

教师:现在我们就带着这种愉快的心情一起走进美丽的牧场之国。

---

① 岳定权:《课堂教学设计点的获得方法——以课堂导入为例》,《中小学教师培训》2016 年第 11 期。

　　从学生的旅游经历、体验到对牧场之国的向往，教师在解读教材时抓住了教学内容与学生生活的连接点，使教材内容不再是冷冰冰的静态材料，而是与学生生活具有密切联系的"生活活动"。

　　教师在解读时对学生学习的关注是如何形成的呢？一位教师给予了很好的解答，内容如下。

　　对于在教材解读中如何去解读出学生的学习问题，我觉得可以从三个方面去努力。第一个方面就是关注教材内容的组织。如果你仔细看教材就可以发现，不管是哪个版本的教材，都有一条暗线贯穿其中，那就是学生的学习。也就是说，其实教材已经告诉了你学生学习该内容的方式。比如小学三年级上册"时、分、秒"内容（人教版），教材的呈现顺序是：先呈现四幅图（新年倒数计时、学校上课时间、一分钟跳绳个数、50米跑步时间），然后是"时、分、秒"要求掌握的知识，最后是练习。教材这样设计其实就是暗示"时、分、秒"的教学要从学生日常所看到的各种时间开始，让学生有了一定的体验后再从知识层面对"时、分、秒"进行学习，学完后通过练习让学生巩固、掌握。第二个方面就是你要对自己班里的同学进行观察，找到他们的兴趣特点，还有他们经常性的活动，可以把教材中的学习材料变成班里学生经常进行的活动，比如最近班里进行赛跑，就可以以赛跑为重点来进行课堂导入。第三个方面就是你要将学生学习的心理规律与教材内容结合起来，对每个知识点用学生最喜欢、最容易接受的学习方式进行思考。做到这三点，我觉得就差不多了。

　　从这位教师的经验来看，找到教材中暗含的学习过程、关注班里学生的具体学习特点以及将学习心理的理论知识与教学内容进行结合分析是解读出教材内容的学习维度的重要方式。具体而言，教师基于儿童学习的教材解读需要关注以下几个方面。

　　第一，通过研读教材的知识结构，解读出学生学习教材内容的知识与经验基础。学习心理对学习条件的研究一直是进行教学设计的前提。美国心理学家加涅在《学习的条件和教学论》一书中清晰地将学习的条件分为内部与外部条件,从内部来看,先前习得的性能构成了学习者学习的内部条件,"有助于学习的一组因素是个体在从事任何新的特殊学习之前已经存在的性能"①,而外部的学习条件则是多样的和多变的,不同的学习类型所要求的外部学习条件并不具有一致性。因此,从学习的条件来看,教师对教材的解读首先需要通过教材知识结构的把握来合理预设学生的知识与经验基础,因为从教材编写的知识顺序来看,知识组织总是遵循着从简单到复杂的逻辑,先前的知识必然构成后面知识的学习基础。

第二,通过研读教材内容的学习条件,合理开展内容。在学习中,诸如观察能力、思维能力、想象能力、概括能力等学习能力是学生进行学习的前提。学习不同的内容需要不同的学习能力,通过对学习内容的能力要求的解读,进而按照学生现有学习能力特点,合理设计教学内容的学习活动是教材解读的重要方面。如在小学进行概念教学时,往往依据小学生具体形象思维特点,采用归纳的方法,从概念表征入手,通过学生对概念表征的体验与认识一步步实现对概念本质与表达的揭示,而不是采用演绎的方法,从概念本质到概念表征。

第三,研读教材内容的编排顺序,促进学生知识建构。教材内容的编排顺序不仅指宏观意义上的不同知识之间的学科逻辑,还指教材对学生知识建构的顺序规划。如在小学数学中,教材编排往往依据感知——理解——巩固——运用的顺序进行编排,即先呈现与学生生活经验相关的知识表征形式(生活中的时间、游乐场的游戏等),然后再呈现知识本身,最后通过习题与拓展等方式来实现知识的巩固与运用。在这一过程中,教材中任何一个材料、提示、习题等都是运用着教材对学生知识建构的过程设计。教师在解读教材时需要明确每一个教学材料的意图,在充分了解意图的情况下进行改造,以更适合情境中儿童对知识的建构过程。

第四,研读教材的学习目标,促进学生学科素养发展。对学习目标的研究是我国教育教学变革的重要内容,从传统重视"双基"到新课改强调"三维目标",到当前主张"学科素养",学习目标的理论研究经过一个逐渐深入与

①　加涅:《学习的条件和教学论》,皮连生等译,华东师范大学出版社,1999,第16—17 页。

全面的过程。当前,教材对学生学习目标的预设是以学科素养为根本指向的,也就是说教材内容的学习化解读需要从学科素养角度进行目标预设。正因为如此,教师的教材解读还需要解读出教材内容中所蕴含的学科素养。小学数学《分类与整理》教学中,不仅要求学生掌握各种图形本质与特点等数学知识,还要求学生能够通过分类与整理形成"分类方法""数形结合"等数学技能与数学思想。

(三)猜测与规训:要搞清楚情感态度与价值观目标

新课程对传统的"双基"目标进行批判,并将其改造为"三维目标"。从根本上说,"三维目标"的提出与推进是新课程改革的核心,它从根本上实现了学生的学习与发展从单一、片面走向综合、全面,体现当代教育"学生中心"与全面发展的核心教育理念。然而,在三维目标之中,知识与技能是传统教学目标的保留,教师在理解与设计时不存在困难;过程与方法目标是基于学科特点延伸而来,具有良好学科基础的教师理解起来也可以实现,但情感态度与价值观目标是教师最难以把握的,因为它隐藏在学科知识与学生学习规律的背后,并且具有开放性。"新课程三维目标自身及学界对其内部关系的解读存在一些问题,导致三维目标在教学实践的落实中遭受质疑与尴尬"①。

在实践中,对情感态度与价值观目标的把握往往是以教材意图的方式出现。所谓教材意图,主要指教材编写者希望通过教材内容学习让学生在学习教材内容的过程中应该获得怎样的价值观念。对于教材意图的说明,一般存在两种方式:一是通过课程标准、教学参考书以及教材内容的设计与说明给予呈现。这种意图说明是一种直接性说明,它以规定的方式让教师明白教学内容选择、组织所蕴含的基本意图;二是通过教材政策颁布进行说明,即通过对教材编写政策的价值指向来说明教材编写的基本意图,如统编本教材对意识形态的重视与凸显要求教师在进行教材解读时,不能忽视教材内容所蕴含的国家意志。这种说明是一种间接性的说明,它以社会主流

---

① 魏宏聚:《新课程三维目标在实践中遭遇的尴尬与归因——兼对三维目标关系的再解读》,《中国教育学刊》2011 年第 5 期。

价值观为基本导向,让教师去自主猜测和创造教学内容的编写意图。在实践中,教师也正是通过这种"规训—接受"与"猜测—创生"的方式来获得教材意图的。

【案例】统编本小学二年级上《大禹治水》教学目标设计。

(一)知识与技能

1.通过查阅字典、联系课文,认识并正确书写课文中的生字、生词。

2.通过自主阅读与教师指导,能够流利地、有感情地朗读课文。

(二)过程与方法

通过小组合作,理解课文的故事结构。

(三)情感、态度与价值观

通过对"三过家门而不入"等关键语句的讨论,树立奉献的意识,培养学生传统美德,增强文化自信。

《大禹治水》是统编本小学二年级上的一篇课文,讲述禹继承父辈遗志,采用疏导的方法治好了洪水,让人们过上了安居乐业的生活的故事。从教学目标来看,该老师采用了"三维目标"的目标结构,从知识与技能、过程与方法、情感态度与价值观三个维度对教学目标进行设计,并以"活动+过程"的叙写结构来表达教学目标。① 对于知识与技能、过程与方法方面的目标,在课文后面的练习题中给予很好的暗示,对于情感、态度与价值观目标的设计则是教师依据教学惯习与对教材政策的一种猜测。

研究者:程老师,我想问下你最后的情感态度与价值观目标的设计为什么定位在"奉献意识"与"文化自信"?

程老师:本课的情感态度与价值观目标我其实想了很久,也与其他老师

_____

① 该教师是本人所在单位合作研究基地的老师,该案例来自一次优质课比赛。在与该学校教师进行教研合作中,对教学目标的叙写逐渐形成了共识,即教学目标叙写需要以三维目标为框架,通过"活动+过程"的表达结构来给予呈现。因此,该教师的教学目标叙写是严格按照了这一方式来进行的。

讨论过,最后我们觉得从课文内容来看,"奉献意识"应该是本课所强调的重要目标,但仅仅强调"奉献意识"感觉在站位上还不够,显得比较单一、孤立,后来看了一些统编本教材的编写背景,看到了新时代的文化自信是统编本教材编写的一个重要目的,所以就把"奉献意识"纳入到了"文化自信"上。也就是说,我们希望学生学了这篇课文后,不仅要知道有"大禹治水"这个故事,还希望学生能够从这个故事中感受到禹的奉献精神,而这种精神就是我们中华民族的传统美德,是"文化自信"的具体内容。

规训来自于课程内容、课程标准、教学参考书,它们对教学提出的具体目标要求甚至活动要求,是大多教师进行教学的基本依据。如人民教育出版社出版的《普通高中课程标准实验教科书·语文》的基本结构:①单元说明,简要说明本单元的编排意图,教学时应注意的一般性问题;②课文研讨,包括"整体把握"与"问题探究"两部分,"整体把握"是对课文的整体解读,"问题探究"引导对重点、难点的深入探究;③关于练习,主要说明"研讨与练习"的设计意图,提供可参考的答案,力求从多个角度提示解题思路;④教学建议,一般包括预习指导、教学方法和注意事项等,注意启发性、实用性和灵活性;⑤有关资料,包括时代背景、作者介绍、文体知识、有关图表、课文鉴赏与评价、作者写作体会等,选材时力求具有时代性与权威性。① 可见,教学参考书是在课程标准的宏观要求下,结合具体的教科书内容,对教师如何科学、合理解读教材提供指导和帮助。其中最为突出的是三个内容,即"教学内容本身是什么""编写意图是什么",以及"如何进行教学"。其中的编写意图对于教师如何超越具体内容,建构教材意图具有直接性的指导作用。

《普通高中课程标准实验教科书教师教学用书·语文》第一单元的单元说明②:

这个单元主要指导学生鉴赏中国新诗。选编的4首中国诗词,都是广为

———————

① 课程教材研究所中学语文课程教材研究开发中心:《普通高中课程标准实验教科书教师教学用书·语文》,人民教育出版社,2014,说明。

② 同上书,第1页。

传诵的名篇佳作。这4首诗词的主题,可以用一个"情"字来概括:《沁园春·长沙》中的革命豪情,《雨巷》中对丁香姑娘的朦胧爱情,《再别康桥》中对母校的绵绵别情,《大堰河——我的保姆》中对"母亲"大堰河的赤子之情,情感"风景"可谓丰富多彩。

《沁园春·长沙》"课文研讨"中的"整体把握"①说道:

这首词上阕描绘了一幅多姿多彩、生机勃勃的湘江寒秋图,并即景抒情,提出了"苍茫大地,谁主沉浮"的问题。下阕回忆了往昔的峥嵘岁月,表现了诗人和战友们为了改造旧中国英勇无畏的革命精神和壮志豪情。形象含蓄地给出了"谁主沉浮"的答案——主宰国家命运的是以天下为己任、蔑视反动统治者、敢于改造旧世界的青年革命者。

课程标准、教学参考书以及教科书等法定教材以意图的形式对教材内容背后的情感、态度、价值观的规定一直是教师进行教材理解的重要依据,它给教师进行教材解读提供了基本方向与内容,并以"规训"的方式约束着教师的教学行为。很多教师,特别是新手教师往往较为严格地按照这些要求与规定编写教学目标、开展教学活动。

当然,在这些具有法定意义的教材意图之外,或未涉及的空白之处,也有教师依据自己对教育的理解以及当前的主流文化价值体系对教材意图进行的猜测,通过"猜测—创生"的方式获得情感态度与价值观目标。

人教版八年级上册《生物入侵者》教学目标设计

知识目标:

1.通过自主阅读与同桌讨论,掌握课文中的生字词。

2.通过自主阅读,了解课程中的生态环境基本知识。

能力目标:

1.通过自主反思与讨论交流,把握课文所运用的说明方法。

2.通过自主查阅与处理信息,培养学生信息搜集与处理能力。

---

① 课程教材研究所中学语文课程教材研究开发中心:《普通高中课程标准实验教科书教师教学用书·语文》,人民教育出版社,2014,第3页。

情感态度与价值观：

增强生物入侵的防范意识，深刻认识保持生态平衡的重要性，树立科学发展观。

课后与教师交流，当提及为什么把"科学发展观"作为情感态度与价值观目标时，该老师认为："主要是我觉得生态平衡是科学发展观的重要内容，现在我们提倡科学发展观，那么在课堂中也要有所体现，在一些恰当的地方应该让学生了解科学发展观，培养科学发展观的意识。"

显然，"科学发展观"并非法定教材所明确表达的意图，但该教师依据我国社会的基本价值观，认为应该把科学发展观作为一项重要的情感态度价值观目标的内容。这种对教材的解读，具有明显的"猜测—创生"倾向。

第六章
教师教材理解的维度：主体的意义

意义发生说向我们展示了教材中不同意义的转化与生成过程，从而为教材理解如何从教材内部的语言、知识走向教材外部的文化与政治等奠定了巨大的理解空间，显示出了不同的理解合理性。

第一节　教师教材理解的知识维度

一、教材的知识意蕴

在教育活动中，课程、教师、学生是三个基本要素，他们及其之间的关系构成了思考教育问题的基本逻辑框架。在这一逻辑框架中，课程的逻辑位置是体现"教什么"，它是实现"为什么教"以及"如何教"的基础。

不管将课程理解成什么，在制度化的教育中，教材是课程的核心组成。教材与课程的这种关系可以从两个方面进行描述：一是从逻辑关系上来看，教材是课程的组成部分，也就是说课程包含教材，但还包含了教材以外的其他资源；二是从存在形态来看，课程是一种观念性存在，是对所有具有课程性质的教育资源的一种观念上的概括与表述，而教材是一种物化形态，它以直观的方式存在。因此，"教材是课程的重要组成部分，是课程家族中的基本单元。形象地讲,教材是一部分课程内容的物化形态"①。并且在教育实践中,教材与课程在教师的观念与话语中往往构成了同义语,课程即教材、教材即课程。因此,在现实的教育实践中,课程的逻辑功能往往赋予了教材,"教什么"往往是由教材说了算,即教师的教学内容的依据主要来自教材,"备教材"也成了教师进行教学设计的重要步骤。

教材与知识的关系问题可以通过历史中教材的编制问题得到澄清。虽然教材的存在与教育的存在一样久远,但教材编制理论的形成却只有三百年左右的历史。中国教育史中的孔子编撰六经,以及封建社会时期通常采用的"三百千""四书五经"等可以视为教材的具体形态,西方教育史中的"七艺"也是教材的具体形态。但真正从理论上对如何编制教材进行思考,应该始于工业革命后义务教育的普遍实施。一方面,义务教育的普遍实施使得教材问题显得更为普遍与重要,逐渐被国家与教育专家所重视,开始从理论上进行思考;另一方面,在教育学科学化进程中,教育学获得了自身的独特理论基础,具备了从理论上探讨教材编制问题的可能性。从现实来看,夸美纽斯编制的《世界图解》是历史上第一个采用直观方式编制的教材,其对教材的相关论述可视为对教材进行理论性思考的开始。自夸美纽斯以后,对教材编制的思考主要有两种基本观念,即基于经验的教材编制和基于系统知识的教材编制。德国教育学家赫尔巴特是主张从系统知识教材进行教材编制的系统研究者。赫尔巴特在《普通教育学》中明确提出,"教材的材料存在于各种科学中"②。《教育学讲授纲要》对于教学内容不同观点的分析中所涉及的基本问题是:"各种不同观念中产生的各种有争议的意见,它不仅涉及如何教学的问题,而且也涉及选择什么来教与学的问题。"③可见,赫尔巴特把教学内容方面的争论概括为"如何教"与"教什么"两个基本问题,也就是今天我们通常所说的教学与课程的问题。但对于"教什么"的问题,赫尔巴特的理解是"教什么科学的问题",即他认为"假如说这种争论有什么

---

① 靳玉乐:《新教材将会给教师带来什么》,北京大学出版社,2002,第3页。

② 赫尔巴特:《普通教育学·教育学讲授纲要》,李其龙译,浙江教育出版社,2002,第79页。

③ 同上书,第263页。

本质的争论焦点的话，那就是发生在这样一种绝对假定上：究竟应该教授这种科学还是那种科学"①。因此，赫尔巴特认为"教什么的问题"本质是教什么科学的问题，并认为所教授的科学应该与学生"获得智力活动"这个目标联系起来，而不是由纯粹的知识所决定。而"教什么的问题"又可以影响到"怎样教"的问题，认为"科学已给了他（教师——笔者注）这样的一个计划：他可以按照它的内容，一步接着一步地、适当地进行教学"②。可见，在赫尔巴特的教学思想中，教材必定要按照学科知识结构与体系来编制的，甚至赫尔巴特从根本上就没有思考过是否可以或允许从学生经验来进行教材内容编制的问题，因为他所关心的是"教何种学科知识"的问题，而不是要不要教学科知识的问题。

　　基于系统知识编制教材是传统教育学的基本观点，也正是在批判这种观念基础上，杜威建构了自己的教材观。杜威反对传统教育中教材过于重视知识，进而忘却学生经验，将教材知识与学生生活和成长割裂的状况，进而造成了被动的、"无兴趣"的学习。杜威认为，"所谓教材，就是在一个有目的的情境的发展过程中所观察的、回忆的、阅读的和谈论的种种事实，以及所提出的种种观念"③。教材建设的主要依据不是具有普遍性和独立性的学科知识，而是学生学习教材过程中的经验过程。这个经验过程主要表现为三个基本阶段："在第一个阶段，学生的知识表现为聪敏才力，就是做事的能力。学生熟悉了事物，就表明他已掌握材料。在第二个阶段，这种材料通过别人传授的知识，逐步地得到充实和加深。最后阶段，材料更加扩充，加工成为合于理性的或合于逻辑的有组织的材料——掌握这种的人，相对地说，就是这门课的专家。"④从这三个阶段可以看出，学生的学习是从生活经验的充实到学科知识的掌握过程，没有学生在行动中主动获得的丰富经验，便不能够在此基础上掌握学科知识，成为学科专家。可见，对于"教什么知识"的

　　①　赫尔巴特：《普通教育学·教育学讲授纲要》，李其龙译，浙江教育出版社，2002，第266页。

　　②　同上书，第263页。

　　③　杜威：《民主主义与教育》，王承绪译，人民教育出版社，2001，第197页。

　　④　同上书，第201页。

问题，杜威的答案同样是"学科知识"，只是学科知识的学习不能够以超越儿童经验范围与兴趣的方式进行灌输，而需要以儿童为中心，从儿童经验入手，通过儿童主动作业，通过经验的扩充自然延伸至学科知识的掌握。因此，杜威对教材的改变并非改变其根本目的和性质，而是改变了其学习的过程与方式，他希望通过经验的发展实现学生学科知识的建构。在知识与经验之间，杜威建构了它们之间的相关性与连续性，因此对教材问题的认识，他认为"迫切的问题是要在儿童当前的直接经验中寻找出一些东西，它们是在以后的年代里发展成为比较详尽、专门而有组织的知识更新的根基"①。有学者把经验与知识的问题，即如何从儿童的经验中生长出"系统而有组织的专门知识"的问题称之为"杜威问题"②，正是这一问题的产生与解决构成了杜威的教材观。从杜威对教材知识的理解来看，其本质上并不反对或否认教材知识的系统结构，系统的学科知识也是杜威教育所追求的目标，他所反对的是脱离儿童经验的系统学科知识的灌输式教育。正因为如此，在儿童经验与思维能力薄弱的早期，教材的编制应该以儿童的经验为基础，以活动为主要形式，或者说以活动的方式来体现学科知识。正是这种诉求，杜威在编制教材时才认为"除非知识的组织问题能够在经验的基础上得到解决，否则一定会发生反作用，即趋向从外部强加的组织方法"③。

在杜威之后，布鲁纳提出的学科结构的概念，把基于系统知识编制教材的认识进一步系统化与科学化。杜威主张采用经验的方式呈现知识，虽然不否定学科知识，但却在很大程度上削弱了学科知识的结构，这种削弱是儿童经验的整体性与学科知识之间的独立性所不能调和的。正是这种削弱使得遵循杜威教育思想的美国教育在培养儿童学科知识结构方面显得力不从心，导致了教育成为在 1957 年苏联第一颗人造卫星上天后美国所指责的对象，并进而诞生了《国防教育法》，形成了"回归基础"运动。而布鲁纳则是这

---

① 梅休，等：《杜威学校》，王承绪等译，教育科学出版社，2007，第 409 页。
② 郭晓明：《课程知识与个体精神自由：课程知识问题的哲学审思》，教育科学出版社，2005，第 131 页。
③ 杜威：《我们怎样思维·经验与教育》，姜文闵译，人民教育出版社，2005，第 293 页。

场运动的重要代表人物。在布鲁纳的《教育过程》中，他首先所要阐明的便是"结构对于学习与教学的重要性"。布鲁纳认为"任何学习行为的首要目的，在于它将来能为我们服务，而不在于它可能带来的乐趣"①，这是一种完全不同于杜威教育旨趣与理想的教育判断。正是在这种判断基础上，学科知识结构显得尤为重要，因为布鲁纳所认为的两种服务方式——工作适应性与学习连续性——中的第二种也是最重要的一种，必须依赖于教材的结构。"他学到的观念越是基本，几乎归结为定义，则这些观念对新问题的适用性就越宽广"②，只有通过获得学科的基本结构，形成原理层次的认知，才能够进一步促进迁移，进而实现学习的连续性，而不是仅仅停留在情境之中。因此，对于教材编制而言，布鲁纳认为最重要的问题表现在两个方面：第一，怎样改革基础课和修改基础课的教材，给予那些和基础课有关的普遍的及强有力的观念与态度以中心地位。第二，怎样把这些教材分成不同的水平，使之与学校里不同年级不同水平的学生的接受能力配合起来。③ 在布鲁纳的教材思想中，结构性知识是使学生能够产生普遍意义的基础与关键，因为只有"掌握事物的结构，就是以允许许多别的东西与它有意义地联系起来的方式去理解它"④。布鲁纳对学科结构在教材编制中的地位的认识，以及基于心理学与文化学对结构性知识对于学生学习与发展价值的判断让系统知识在教育与教材中的地位与功能得到进一步的巩固与承认，以至于在当代的教育改革与发展中，知识问题成了课程与教材的核心问题。

我们梳理教材编制理论历史的主要目的在于从历史事实中去发现教材与知识之间的关系。从赫尔巴特到杜威，再到布鲁纳，在教材编制的逻辑中，从重视学科知识到重视学生经验，再到重视学科结构，构成了一个否定之否定的循环过程。在这个过程中，我们形成两个基本认识。第一，在教材的编制过程中，学科知识永不遗忘。杜威虽然主张以儿童经验为基础编制教材，但却从未否认知识的重要价值，他所希望的是通过经验与知识的相互

---

① 布鲁纳：《教育过程》，邵瑞珍译，文化教育出版社，1982，第 36 页。
② 同上书，第 37 页。
③ 同上。
④ 同上书，第 28 页。

作用在经验与知识之间建立起一座能够有效连接的桥梁,虽然他承认这个任务一直没有完成。那种认为杜威忽视系统知识和间接经验,过于重视直接经验与活动的作用的观点是站不住脚的。① 布鲁纳的学科结构是对赫尔巴特学科中心的进一步修正与发展,它使学科知识更能够以科学的方式在教育中发挥其育人的作用。第二,教材的编制需要考虑的是两个基本问题,即"教什么"与"如何教"。这两个问题具有内在的一致性,二者将产生相互作用,因为"教什么"需要通过"如何教"考虑知识的组织与呈现方式,而"如何教"必须遵循知识的内在结构与关系。也正是对这两个问题的偏向才导致了基于经验的教材编制与基于知识的教材编制两种观点的产生,也构成了分析教材编制理论的基本思维框架。相比较而言,赫尔巴特与布鲁纳则侧重于从"教什么",即以知识本身来编制教材,而杜威则侧重于"如何教",即以学习本身(经验重构)来编制教材,他们都从某一个因素出发,充分而深入地阐述了教材编制的基本理论。

从以上梳理与分析中我们可以感受教材的知识意蕴,这种知识意蕴主要表现为三个基本方面,即教材知识的价值是什么？ 选择何种知识更有利于实现这种价值？ 以及如何组织与呈现知识可以实现这种价值？ 这三个构成了研究教材知识最关键的问题,也可以成为区分不同教材观的根本点。

二、教材知识的特点

教材是知识的载体,它以教育学的存在样态承载着知识,进而使得知识能够产生教育的价值。相对于其他诸如专著、论文、小说等载体而言,教材所承载的知识具有其自身的特点,把握这种特点,是理解教材知识的基本前提。

(一)结构性

从基本含义来看,结构表达的是在整体中各个部分的搭配与排列,其内含着整体与部分、部分与部分两种基本的关系。在哲学中,结构主义是专门

---

① 郭晓明:《课程知识与个体精神自由:课程知识问题的哲学审思》,教育科学出版社,2005,第 134 页。

以结构的态度与方法思考问题的一种哲学思潮，其中的代表人物涉及各个领域，如社会学中的阿尔都塞（L. Althusser）、历史哲学中的福柯（M. Foucault）、语言学中的索绪尔（Saussure）、文学评论中的德里达（J. Darrida）、心理分析中的拉康（J. Lacan）等，他们都以结构主义方法论研究各自领域中的问题。瑞克斯吉布森（Rex Gibson）曾把结构主义原则概括为五个基本特征，即整体（wholeness）、关系（relationships）、消解主体（decantring the subject）、自调节（self-regulation）、转换（transformation）。[①] 在教育中也有众多学者对知识结构进行了分析与建构，如郭元祥把知识的内在结构分为符号表征、逻辑形式和意义，认为知识是由这三个内在要素相互关联构成的整体[②]；潘洪建将知识分为知识形式、知识内容与知识旨趣三个维度，认为它们共同构成了一门学科知识蕴涵的整体[③]；李松林将知识分为知识与知识的知识，认为知识教学的突破应从"知识教学"走向"知识的知识教学"[④]。除此以外，李瑞洲、季苹等学者也从不同角度提出了不同的知识结构的看法。

以结构方法论思考知识问题不仅是学者们在研究相关问题的一种知识观立场，更是教材中知识的实际存在样态。教材中的知识具有两种基本意蕴：一是知识与学科的内在关联；二是知识与学习的内在关联。因此，教学中的知识结构也具有两种存在形式，即以学科的方式存在（学科知识结构）与以学习的方式存在（学习知识结构）。学科知识结构指教材中的知识是按照学科的基本知识领域、基本表达方式以分类、分层的方式存在，主要表现为：第一，教材知识需要设计相应学科的众多领域，在知识领域上与学科基本保持一致，如义务教育阶段的数学知识，总体分为数与代数、空间与图形、统计与概率、实践与综合，总体上与数学学科领域是一致的；第二，教材中的知识是按照不同的层次逐渐上升的，在每一个学段中每一个领域在知识的深入程度上都呈现出一种层级关系，如1—3 年级、4—6 年级、7—9 年级中，

---

① 沃野：《结构主义及其方法论》，《学术研究》1996 年第 12 期。
② 郭元祥：《知识的性质、结构与深度教学》，《课程.教材.教法》2009 年第 11 期。
③ 潘洪建：《基于"三维知识"教学的学科素养提升》，《教育研究》2017 年第 7 期。
④ 李松林：《知识教学的突破：从知识到知识的知识》，《教育科学研究》2016 年第 1 期。

数与代数、空间与图形、统计与概念领域的学习内容、学习目标与要求都存在深度与难度上的差异。学习知识结构指教材在组织与呈现知识时，需要以学生的学习过程与方式为依据。这主要表现为：第一，教材编制要以基本教育理念为导向，如在新课程教材编制中，所要遵循的基本理念是：体现教材是引导学生认知发展、学习生活、人格建构的一种范例；新教材提倡多元化的学习方式；促进课程内容的现代化、生活化与适应性；教材的整合性；教材编写要有利于师生互动；新教材编写要富有弹性，为学生发展留出空间；新教材应充分运用现代信息技术；在继承中发展，在发展中创新。① 第二，教材中知识的呈现要体现学生学习的过程，要从学生生活经验开始，并内含学生的学习方式与教学方式。这从教科书中呈现的过程可以得到证明。

从以上分析可以得知，教材中的知识是以学科结构与学习结构两种方式存在的，结构性是教材知识的一种基本特性。

（二）简约性

教材知识是一种简约性知识，这种判断主要是基于教材知识与学科知识相比较而言的。学科知识是人类在长期的历史发展进程中在某个特定的学科领域所建构与积累下来的知识，因而是一种极具复杂与庞大的知识体系。学科知识的发展来源于人类在长期历史中的不断积累，这种积累速度伴随着历史进程不断被加快。特别是启蒙运动以后，知识更新的速度越来越快，以几何级的方式快速增长着。这种快速增长一方面来源于人的主体性的提升，使得人对知识的反思与批判能力获得解放；另一方面来自社会分工的细化，使得人类生活的每一个细小领域开始被人们所发现、思考并在其中创造着知识。从现实来看，学科的分化发展以及每一细小领域的学科化建设都是学科知识复杂性与庞大性的体现。在教育史中，这种学科分化极大影响了课程的内容。

随着知识的积累，教材已经无法包含学科中的所有知识，简约化是现代教材建设的根本方向。当然，简约化并非"简单"或"缺省"，而是在顾及整体的前提下，以化繁为简的方式对事物进行处理，去除表面化、附带性的东西，

---

① 靳玉乐：《新教材将会给教师带来什么》，北京大学出版社，2002，第32—36页。

仅仅保留基本的、结构性的部分。课程史中,斯宾塞提出的"什么知识最有价值"之问,可视为教材课程简约化的开端,因为他希望通过对这一问题的追求寻找到能够产生最大教育价值的课程体系。在教材中,简约化是以知识的结构性为基础与前提的,它表现为教材所呈现的内容主要是学科领域的基本概念、原理与公式,以及在长期的学科发展中集中所具有普遍认可的知识,所带给学生的是对某一个学科领域的基本的、框架性的认识。在我国减轻学生负担与越来越注重教材编制的学习逻辑的背景下,教材正以篇幅的减少与学习方式的多样化体现着教材知识的简约性特征。

(三)范例性

教材的简约化在知识逻辑与学习逻辑两个层面要求学生所学的知识具有范例性特征。范例概念受到教育学者的重视应该始于瓦根舍因(M. Wagenschein)的范例教学。范例教学是联邦德国在知识激增背景下如何提升教育质量的一种尝试。范例教学论认为:"没有一个有计划的教学过程可以穷尽整个精神世界,没有人能够毫无缺漏地掌握某一个学科领域的全部知识与能力,因此更不必说使一个学生去点滴不漏地掌握各门学科的全部知识了。"[①]基于这种判断,教育质量的提升不能求助于对知识数量的掌握,而需要转向对知识质量的掌握,而这种质量就是"使学生掌握学科的基本结构、各种知识之间的联系,让他们对一门学科有一个整体观念、全局观念"[②],这就需要让学生在知识学习中抓住重点与难点,通过知识学习的深度来实现迁移,让学生处于一种具有自主性的连续学习状态之中,进而谋求知识的广度问题,而知识学习中的重点、难点就是范例。因此,范例是一个特殊的个例,它的特殊性表现在三个基本方面:一是基本性,即指范例代表着学科基本的知识结构与规律;二是基础性,即案例必须与学生的基本经验联系;三是范例性,即所设计的教学活动结构能够成为关联基础性与基本性的典型教学案例。如老师在利用学生分苹果活动来对学"分数的意义"进行教学时,"分数的意义"就是基本性,"学生分苹果"就是基础性,恰当地通过教学

---

① 李其龙:《德国教学论流派》,陕西人民教育出版社,1993,第7页。
② 同上书,第8页。

设计在二者之间构成一种学习关系便是案例性。因此，范例教学的核心思想在于以范例性知识实现学生对系统知识的掌握以及实现学生对知识学习的兴趣与能力。

教材知识的范例性与范例教学中所提出的范例性概念具有相同的内涵，它是知识范例、学习范例与教学范例的统称，涉及了知识本身的结构关系以及知识学习与知识教学三个核心方面。在我国新课程改革中，教材的范例性逐渐成为教材的本质特征，"随着新课程改革的不断深入发展，对教材实质的认识呈现出新的转向，这种转向的根本特征是'范例性'，即把教材看作是引导学生认知发展、生活学习、人格建构的一种范例"①。

（四）教育性

教育性是教材知识区别于学科知识最核心的体现，它所显示的是教材知识存在方式与根本旨趣在于学生的个性发展。传统教育与现代教育的根本区别之一就在于对知识的价值判断。传统教学中，知识是作为教学的目标存在的，也就是说教学从目的上看就是为了获得知识，这在赫尔巴特为代表的"主知主义"的教学论思想中尤为明显。新教育运动开辟了教学论的转向，即从注重知识转向注重人，把知识视为学生个性化发展的一种有效工具，知识不再是目的，而是手段。因此，教材在选择知识与组织知识的过程中，不仅要考虑何种知识最有育人价值，更要考虑这种知识如何实现育人价值，把学生的经验、学习兴趣、学习过程等因素整合到知识的组织过程之中，使得知识的教育性能够得到充分的实现。

三、教材知识的结构

教材知识是一种特殊的知识，它蕴含着"知识是什么"到"怎么学知识"的内在逻辑线索，形成自身独立的知识谱系。从这一谱系出发，依据意义的发生过程，我们可以尝试对教材知识的类型与层次进行划分，以进一步明确教材理解在知识维度的合理路向。

从对知识的分类研究来看，教育领域对知识的分类主要涉及两个基本

---

①　靳玉乐：《新教材将会给教师带来什么》，北京大学出版社，2002，第5页。

维度,一是知识的横向维度,即从不同知识之间的关系出发,分类探究不同知识之间的联系与差异;二是知识的纵向维度,即从同一种知识的不同层次出发,探究知识不同层次之间的联系与差异。这两种分类中,横向分类有利于我们了解不同知识类型之间的关联,纵向分类有利于掌握不同知识层次之间的关联。

(一)教材知识的横向结构

从意义来看,教材知识的类型所涉及的主要是教材知识的意义范围,也就是说教材知识究竟蕴含着哪些意义内容。对这一问题的思考,一方面需要从理论上对当前知识(或教育知识)类型的相关研究进行分析,另一方面需要在实践上对知识类型的存在方式进行考察。

正如潘洪建所言,"在课程改革的众多理论基础中,知识是一个重要基础"①,知识的性质、价值、类型、来源、确证等知识观对回答课程与教学中的"教什么""学什么""如何教""如何学"等基本问题具有重要的启示意义,在课程论与教学论领域,课程知识或教学知识的研究对于理解课程论与教学论,进行课程建设与教学改革具有十分重要的作用。知识类型研究是知识观的重要组成部分与集中体现,从思维与操作来看,知识类型往往构成了知识性质、价值、来源、确证等问题在课程论与教学论中的集中体现,并且为教育实践提供了基本的理解与操作方式。在课程论与教学论领域中的知识类型研究众多,我们就较为典型的认识与观点进行介绍。

从教育角度看,斯宾塞所提出的"什么知识最有价值"可以说是较早从知识分类的角度来思考教育问题的。在《什么知识最有价值?》一文中,斯宾塞认为古希腊学校开设的音乐、诗歌、修辞等科目所追求的是知识的装饰作用,而忽视了知识的实用价值,"那些受人称赞的知识总放在第一位,而那些增进个人福利的知识倒放在第二位"②。在人类社会中,社会需要总是压倒了个人需要,我们所考虑的不是什么知识真正最有价值,而是什么知识能够带给我们社会地位和荣誉,因此教育中的知识需要考虑的不是知识的内在

---

① 潘洪建:《致知与致思:课程改革的知识论透视》,山东教育出版社,2015,第6页。

② 斯宾塞:《斯宾塞教育论著选》,胡毅、王承绪译,人民教育出版社,2005,第7页。

价值,而是知识的外在价值,是在内外价值的比较中选择最有价值的知识,"我们认为最重要的问题并不在于这个或那个知识有没有价值,而在于它的比较价值"①。从功利主义出发,斯宾塞给予自己问题的答案是:科学知识最有价值,并依据人类完满的生活分为五类:与维持自己生存有直接关系的活动、与维持自己生存有间接关系的活动、关于抚育后嗣为目的的活动、关于维持正常社会生活和政治关系的活动、为满足爱好和情感的一切活动,并认为指向这五类生活的科学知识最有价值。与斯宾塞相似,富兰克林(B. Franklin)也把知识分为有用的(useful)知识和装饰的(ornamental)知识,希望教育能够在二者之间取得平衡,"如果能把一切有用的知识和一切供装饰用的知识都教给学生,该多么好啊! 可惜知识是无穷的,而学生的时间却是有限的。因此应该向他们建议,要学习那些多半是最有用的和最装饰性的知识"②。余文森从知识的主体与向度(理解与认识)出发,将知识分为个体知识与公共知识,并将其作为一对相互依存、彼此规约的矛盾范畴。③ 我国学者季苹在《教什么知识:对教学的知识论基础的认识》中从学生理解力出发,将知识分为四个维度,即事实性知识、概念性知识、方法性知识和价值性知识,并认为这四种分类同时也代表了四种基本水平④。除此以外,从哲学的角度对知识进行划分也给教育带来众多的启示意义,如:亚里士多德将知识分为理论知识、实践知识与创制知识;波兰尼把知识分为显性知识与隐性知识;赫斯特(Hirst)与彼得斯(Peters)将知识分为形式逻辑与数学、自然科学、道德认知和判断、美学、哲学、宗教经验以及对自己和他人心灵的认识;等等。这些知识分类在一定程度上为教育的知识论研究提供了方法论与分析框架。

对知识纵向划分是以分析的方式对学生应该学习何种知识进行探究,

---

①　斯宾塞:《斯宾塞教育论著选》,胡毅、王承绪译,人民教育出版社,2005,第10页。

②　徐汝玲:《外国教育史资料》,教育科学出版社,1995,第218.页。

③　余文森:《个体知识与公共知识:课程变革的知识基础研究》,教育科学出版社,2010,第32页。

④　季苹:《教什么知识:对教学的知识论基础的认识》,教育科学出版社,2009,第83—96页。

它在承认知识可分的同时,通过不同标准与依据的分类为课程设计与知识教学提供有益的借鉴,但却在一定程度上割裂了知识的整体性,造成了学生在学习过程中经验与知识的分裂,使得知识失去了应有的意义。台湾学者黄政杰指出,所谓知识分类,并不能支配和塑造课程,只有当学习者面临继续处理的重要问题,又非得依赖分类的知识不可时,分类的知识才有采用的价值。① 从意义的角度来说,学生获得知识的意义并非按照知识的分门别类来进行的,而是依据自身生活经验的整体来进行意义建构的。在心理学中,学习存在着一种基本机制,即学习是已有经验与新的经验的相互作用,学生已经获得的经验在获得新知识的过程中起着基础性与主导性的作用。对于这一机制,赫尔巴特的科学教学论中的"观念同化"、皮亚杰的"发生认识过程"、奥苏泊尔的"有意义学习"、罗杰斯的"意义学习理论"都给予恰当的证明。在诠释学中,海德格尔、伽达默尔等人的诠释学理论所强调的前理解在理解中的合法性也意味着理解的可能性就在于前理解的存在。对于学生而言,不管是已有经验还是前理解,并非通过专门的学科学习所获得的,更多的是在日常生活中各种综合性情境中所进行的体验过程来形成的,它们具有情境性、体验性与综合性的特点。这些特点与分门别类的知识的学习之间在程度、范围等方面存在矛盾性,使得学生学习从经验到知识永远存在着一道需要通过教学来得以解决的鸿沟。在我国新课程改革以后,为改变知识学习的非生活化状态,使经验与知识能够在教学活动中得以有效连接,关注学生生活体验与经验,以学生的生活情境为突破口来实现知识学习成了教学研究的重要课题与取向,体验教学、情境教学、问题教学、综合课程、经验课程、课程理解等相关研究成了人们思考课程与教学如何关注学生经验、生活与生命的重要课题,以解决儿童生活的整体性与知识学习的学科性之间的矛盾。

教师的教材理解在知识维度理应关照学生经验与知识的冲突与矛盾。从哲学对知识的分类以及教育中知识分类来看,在社会分工与学科分化越来越精细的背景下,在浩如烟海的人类知识及其快速增长的过程中,知识分

---

① 洪成文:《现代教育知识论》,山西教育出版社,2003,第48页。

类对于人们把握知识整体,理解不同类型知识的性质、价值及其学习过程与方式具有重要的意义,它是哲学认识论与教育知识论所必须关注和研究的课题。但儿童从一出生就处于一个现实世界之中,在这个世界中,没有所谓的数学、物理、化学等学科门类,只有儿童的生活情境与成长活动,所有的知识都以情境化、生活化、综合化的方式存在于儿童的整体性世界之中。"他们认识事物的方式不像成人一样先化整为零,然后再加以整合,小学生认识世界的过程是综合的、整体的,无论多么复杂的新事物,小学生可以将其作为整体逐步同化,纳入自己的认知体系进而掌握事物的整体特征"[①]。面对儿童知识的整体性特征,教师的教材理解应该具有儿童的视角,将成人的知识分类式理解转化为儿童的综合性、整体性、生活性与活动性理解,进而使得课程与教学能够真正地回归儿童生活世界,真正确立起"儿童中心"。

因此,从知识分类来看,教材知识分类应该按照意义的关联形成三种系统而有效的分类。在推进教师教材理解的知识过程中,为使教师能够从知识的角度关注知识,依据意义的部分与整体的关联可以形成三种不同形式的分类。第一种是"知识点"知识与"学科结构"知识。"知识点"知识是教师在某节课所要讲解的知识点,如某节课的主要教学内容是"分数的意义",它所体现的该知识点的意义,具有片面性、独立性、狭小性特点。"学科结构"知识是该知识点在整体学科知识结构的位置的知识,如"分数的意义"在分数知识、数的知识以及数学知识中的地位,这种地位是对学生未来学习的一种预设,它是以未来的、整体的眼光看待现实学生所需要获得的意义。"知识点"知识与"学科结构"知识主要关注的是学科范围内,部分意义如何转向整体意义。第二种是"本学科知识"与"他学科知识"。"本学科知识"指按照学科或课程所涉及的该学科的知识,表达的是该课程或学科的知识的意义,如语文学科的工具性与人文性。"他学科知识"是"本学科知识"以外的其他学科知识,所关注的是非本学科的意义,如语文学科之外,数学学科知识关注的科学精神,品德与生活所关注的美德等。"本学科知识"与"他学科知识"主要关注的是学科间的部分意义如何转向整体意义。第三种是

---

① 殷忠民、刘立德、阮成武:《初等教育学学科建设与小学教师教育专业化》,《课程.教材.教法》2003 年第 3 期。

"学科知识"与"经验知识"。"学科知识"指所有学科的知识,它以抽象、简练的方式表达人类的认识成果,"经验知识"指学生在生活和成长过程中所获得的知识,它以具体、复杂的方式表达学生自己的认识成果。"学科知识"与"经验知识"主要关注的是知识世界的意义如何向生活世界的意义转化,其表现形式类似于"生活中的数学""生活中的哲学"等。教材知识的这三种分类形成了三个基本维度,它们共同指向了教师教材理解的知识向度。

(二)教材知识的纵向结构

知识的纵向分类是按照知识的不同层次而非按照知识的不同领域所进行的分类。

从哲学来看,柏拉图认为知识是心灵的产物,因此它以人的心灵为基础进行分类。柏拉图在《理想国》中阐述过:"现在你可以看到,有四种心理状态,相应于这四段:理性理应于最高一段,知性相应于第二段,感觉相当于第三段,想象相应于最后一段。你可以把它们按比例排列起来,它们的清晰程度是和它们的对象的真实程度一致的。"[①]理性知识、知性知识、感觉知识、想象知识构成了柏拉图"线喻"的各个知识阶段。哲学家波普尔(K. Popper)在"三个世界"理论基础上,按照知识的形态把知识分为主观知识与客观知识,主观知识指主观意义上的知识或思想,它包括精神状态、意识状态,或者行为、反应的意向;客观知识指客观意义上的知识或思想,它包括问题、理论和论证。[②]除此以外,波兰尼所划分的显性知识与隐性知识也可以称之为知识层次意义上的分类。

在教育学领域,经过"钟王之争"后,知识在课程与教学中的地位与价值得到进一步确认,从知识角度思考课程与教学问题的研究也逐渐增多。郭元祥把知识分为符号表征、逻辑形式与意义三个内在要素,认为作为符号的知识是"关于世界的知识(knowledge of the world)";知识的逻辑形式是指人认识世界的方式,包括了知识构成的逻辑过程和逻辑思维形式;知识的意义是其内具的促进人的思想、精神与能力发展的力量,是知识与人的发展的价

---

① 柏拉图:《理想国》,郭斌和、张竹明译,商务印书馆,1986,第271页。
② 波普尔:《客观知识:一个进化论的研究》,舒炜光译,上海译文出版社,2005,第111—112页。

值关系。三个要素构成知识整体,而深度教学就是从知识的符号表征深入知识的逻辑形式与知识的意义。① 潘洪建从知识论视角探讨课程改革的基础时,从课程论的历史演进、理论旨趣和实践使命出发确定了知识的概念与分析框架,把知识分为知识的实质、知识的形式与知识的意义三个维度,认为知识的实质指知识内容及其属性、特点;知识的形式指知识的探究形式(思维方式)、表述形式、检验方式及其存在方式;知识的意义指知识对学生主体发展的价值、影响。② 季苹在对"基本知识"的重构过程中认为,基本知识就是能够增进理解力和解释力的知识,它包括了事实的知识、概念的知识、方法的知识和主体的知识。所谓事实的知识是描述"×××怎么样"的知识,是一种信息;概念的知识是通常所说的"是什么"和"为什么"的知识,用于解释事实;方法的知识是在形成概念与原理时所采用的基本原则与哲学依据,它用以生产概念与原理;主体的知识是主体在生产知识时所处于的个人与社会背景,它是方法、原理与事实生成的根源。四种知识由浅入深、由表及里,构成一个整体,形成"活的知识"。③ 李松林在力图使知识教材超越简单的知识层次而转向知识的深度时,将知识分为"关于事物的知识"与"关于知识的知识"。"关于事物的知识"是一种具体性知识,它包括事实性知识和概念性知识两种基本类型;"关于知识的知识"是一种"元知识",包括导源知识的知识——表现为学科方法、学科思想与学科价值,和规定知识的知识——界定与诠释同类知识的组织结构和属性特征。两种知识处于两个不同的层次,其关系构成了"事物—知识—元知识"的层次性关系与相互循环关系。④

除此以外,联合国经济合作与发展组织(OECD)从经济分析的角度将知识分为四种类型,即知道是什么的知识(Know-what)、知道为什么的知识

① 郭元祥:《知识的性质、结构与深度教学》,《课程.教材.教法》2009 年第 11 期。
② 潘洪建:《致知与致思:课程改革的知识论透视》,山东教育出版社,2015,第 12—16 页。
③ 季苹:《什么是基本知识? ——另一种解释:基本知识就是能够增进理解力和解释力的知识》,《教育理论与实践》2005 年第 3 期。
④ 李松林:《知识教学的突破:从知识到知识的知识》,《教育科学研究》2016 年第 1 期。

(Know-why)、知道怎么做的知识(Know-how)、知道是谁的知识(Know-who)。[①] 这一分类虽然是从经济学角度做出的,但在教育中影响颇大。

从知识的纵向分类来看,人们总是按照知识的存在状态、生产过程或学习过程对知识进行层级性划分,凸显知识结构中不同层次的价值以及层次间的关系,进而对知识进行价值判断与选择。在教学领域,知识纵向分类是实现知识教学突破表层教学,转向深度教学的关键,或者说,由表层转向深层是知识教学的基本价值取向与改革方向。沿着这样的价值导向,从意义的角度对知识进行纵向分类,可以进一步为教师理解教材提供具体性过程。

教师对教材知识进行理解也是一个从表层到深层的过程,这个过程将从知识最为表面的符号指称开始,逐渐过渡到知识创作者的情感与价值观。具体而言,在这一个过程中,依据意义链条,可以将知识分为以下四种基本类型。

第一种是符号指称性知识。任何知识都必须由符号来给予表达,而符号之所以能够表达知识,其本质在于符号本身具有自己的指称对象,知识表达只有将这种指称对象纳入自己所要表达的意义之中,知识的表达与传播才能成为可能,因此,知识的最外层是用于表达和传播知识的符号的指称性知识。在教学过程中,符号的指称性知识是理解知识的第一步。只有当我们明白 S 表示距离、V 表示速度、T 表示时间,我们才能知道"S＝VT",我们只有知道"小桥""流水""人家"是什么,我们才能知道"小桥流水人家"究竟是一个什么样的事实情境,才能体验作者所要表达的意涵。在学习的最初阶段,人们对知识的最直接感知就是符号,由符号以及符号被赋予的指称对象作为工具,学生才能进一步去认知符号组合的内容以及蕴含在其背后的其他东西。

第二种是文本性知识。文本性知识是由符号组合所表达的知识,它的基本构成单元是符号指称性知识,但却因其组合风格与方式的差异带来了其内容上的差异。美国学者格雷西亚曾详细分析了符号排列对于文本意义

---

① 经济合作与发展组织:《以知识为基础的经济》(修订版),杨宏进、薛澜译,机械工业出版社,1997,第6—7页。

的影响，认为"不同符号的选择与排列会改变文本的意义与功能"①，作者往往通过改变符号的组合和排列方式来表达自己的思想。教学实践中也经常可以看到因为符号排列差异而产生的意义差异，如"S＝VT""V＝S/T""T＝S/V"三个文本只是因为排列方式的差异，其所表达的内容是有差异的。而且在不同的学科中，由于表达范型与表达风格的差异，其所表达的内容以及理解的要求也存在差异。

第三种是思想方法知识。任何知识的生产过程本质上都是一个研究过程，都是基于一定的问题，运用一定的方法去验证假设的过程。在这一过程中，涉及了研究的提问、研究的假设、研究的方法等基本问题，而问题、假设与方法蕴含着知识生产者的思想立场和价值信念。在传统符合论真理观遭到质疑的过程中，人们对科学的确定性的基础进行了怀疑与重建。库恩的"范式理论"、拉克托斯的"研究纲领"、霍尔顿的"主题（themata）"、波普尔的"证伪主义"等都意味着科学研究人的信仰与价值观在提出问题与建立假设中起着至关重要的作用。正如莫兰所总结的那样，科学是一个建构过程，"科学的客观性不排除人类精神、个别的主体、文化、社会，而是调动它们的作用。客观性是建立在不断调动人类精神、后者的建构能力、社会文化的酵素和历史的酵素的基础上的"②。因此，知识本身意味着知识生产的过程，体现着知识生产者自身的思想与方法，而绝不仅仅是一种结论性的事实。知识生产者的这种思想与方法通过知识符号实现传播，并以文化的形态存在于人的精神领域之中，体现着知识所在学科领域的基本思想与方法。

第四种是生产者知识。我们采用生产者知识而不采用主体知识的主要目的在于把这种知识清晰地指向知识原创者而非知识传播者的知识，因为在知识的范围内，知识传播者对知识生产的贡献可以说是微乎其微的，某些时候甚至在经意与不经意之间在歪曲着知识生产者的本来意图。知识生产者的知识是生产者在生产知识过程中所持有的一种人生态度、价值理想等个体背景性知识以及产生这种个体背景性知识的社会背景性知识。知识不

---

① 格雷西亚：《文本性理论：逻辑与认识论》，汪信砚、李志译，人民出版社，2009，第43页。

② 莫兰：《复杂的思想：自觉的科学》，陈一壮译，北京大学出版社，2001，第40页。

仅是创造，也是表达，是知识生产者表达自身对于事物、社会和人生的认识、态度与价值理想。阅读李白的诗歌，我们所体验的不仅是词句的准确与优美，而且还体验了李白那种生存境遇、人生态度与价值理想。正是这种生存境遇、人生态度与价值理想构成了知识生产的源泉。

符号指称性知识、文本性知识、思想方法性知识与生产者知识是知识创造者主体意图范围内对知识的层级结构进行的划分，它们由表层逐渐深入，共同构成了教材知识整体，为教师理解教材知识指明方向与进路。

四、教材知识的理解途径

（一）体验与判断：明晰教材知识的思想与价值

意图是渗透在教材知识之中的体验、情感、价值、信念等精神性产品，具有隐蔽性特点，它需要教师结合知识生产过程、学科性质以及当代主流价值观进行体验与判断才能明晰。

体验则是在对事物的真切感受和深刻理解的基础上对事物产生情感并生成意义的活动，具有情感性、意义性、主体性、亲历性、模糊性等特点。[1] 体验一方面需要基于自身生活经历与社会阅历去感受，另一方面也需要以个体的内在精神建构为导向。体验的基本方式是"角色代入"，即通过角色转化进入情境之中，去感受、体会、想象、猜测他人内心的想法。教师在理解教材知识时需要通过角色转换置身于教材知识的生产、选择、组织与评价的情境之中，去体验知识作者、国家与社会、学科教育专家的内心期盼，并在沟通、对话中达成共识，获得主体意图。如，在理解《游子吟》这首诗时，教师只有通过角色互换体验作者在创作该诗时的生存处境，才能感受作者创作的心境与旨趣，进而形成该诗的情感与价值主题。

判断表现为分析、比较、推论、综合、决断等，是个体在一定事实基础上实现从有限到无限的关联过程。相对于体验的直觉性特征，判断具有明显的理性特征。教材知识的意图不仅需要教师积极体验，去想象与猜测知识主体的意图，而且也需要通过梳理回溯教材知识发生的历史背景、学科发展

---

① 杨四耕：《体验教学》，福建教育出版社，2005，第4—8页。

现状与趋势以及社会的主流价值观念等事实基础对主体意图进行理性判断。如在归纳朱自清的《荷塘月色》中心思想时，既要通过梳理朱自清自身的生平、经历、创作风格以及创作该文章的历史时代背景，又要从语文学科性质以及我国新时代倡导的主流价值观出发来综合考虑。

体验与判断构成了教师理解教材知识的一个循环，以直觉与实证相结合的方式互证着教材知识的主体意图。

（二）拆解与对比：建构知识点的结构体系

理解教材知识的学科结构的关键在于把握不同知识点之间的结构性关系，以明晰该知识点在知识结构体系中的位置、功能与价值。教师要完成这一工作，就需要在教材知识理解时采用拆解与对比策略。

拆解是将知识点拆开，借助一定的知识结构分析框架将知识点分解为不同的类型或层次。在当前知识结构分析框架研究中，季苹所建构的基于学生理解力的知识分类具有一定代表性。季苹将知识分为事实性知识、概念性知识、方法性知识与价值性知识四种类型①，可以对知识进行有效拆解。如在语文的字词教学中，"休"字在事实性知识上表示的是"累了，不干活"，在概念性知识上表现为"暂停劳动，恢复精力"，在方法性知识上表现为"会意字的构词方法"，在价值性知识上表现为"休息是为了更好地劳动"。通过这种拆解可以从内部把知识形成不同的类型，建构起知识的内部结构。

对比是将该知识点与其他知识点进行比较，发现它们之间的递进、并列、反衬、延伸等不同关系，进而构建以该知识点为中心的知识网络。知识点的对比一般存在三个基本维度：一是同知识领域内的比较，以把握它们之间的共同主题思想，如对语文某主题内的不同课文之间进行对比，以发现不同课文如何从不同角度表达主题思想；二是将同领域内不同学段和年级知识点进行对比，以把握它们之间的内容递进关系，如对小学数学四年级中"小数的加法与减法"与五年级中"小数乘法""小数除法"进行比较；三是学科间知识点的比较，如语文与英语，作为不同语言在表达上存在哪些共同与

---

① 季苹：《教什么知识：对教学的知识论基础的认识》，教育科学出版社，2009，第86页。

差异之处。

（三）还原与创设：系统设计教学活动

教材中对学生知识学习逻辑与过程的预设往往带有普遍性、静态性特征，难以适应不同情境中学生学习的特点与方式，因此教师在理解教材知识时还需要在此基础上进行还原与创设，以建构鲜活的、系统的教学活动。

还原是将静态的、抽象的教材知识转化为动态的、具体的学生生活经验与已有知识，以促进学习的发生。教材知识的还原有两种基本方式：一是"生活还原"，即将教材知识转化为学生的生活经验，以搭建教材知识与学生生活经验之间的桥梁，实现教材知识的经验化，如将"平均分"转化为学生生日的分蛋糕的情境；二是"知识还原"，即将新的知识转化为与学生已有知识相关的知识，以实现新旧知识之间的连接，如将"三角形的面积公式"转化为"长方形的面积公式"。

还原的本质依据是学习规律，在此基础上，还需要从活动的角度创设教学活动，系统设计教学过程。创设教学活动是依据教与学的互进关系，从教的角度对如何利用各种条件建构活动体系的系统规划与设计，它以教学理念为导向，以学习规律为依据，以教学条件为基础，集中表现为教学模式或教学方法。如当以问题教学法设计"年、月、日"知识点教学时，可以以学生对年、月、日的生活体验为基础，以日历为载体，通过问题发现活动、问题分析活动、问题解决活动系统设计教学过程。

第二节　教师教材理解的意识形态维度

季光茂在《意识形态》中，曾对意识形态概念界定的复杂性进行了充分的说明，在梳理意识形态的概念史过程中，时时表达着界定的复杂性，认为伴随着意识形态概念的确立与发展，"它已经超越了社会科学中诸如'自由'、'民主'、'正义'、'权力'、'合法性'、'传统与权威'、'一致与共识'之类的'大佬级'概念而后来居上,成为社会科学中最重要的范畴"①,"意识形态的用法也极其复杂,以至于到了人言人殊的地步"②。克拉姆尼克更是在其著作《意识形态的时代:从1750年到现代的政治思想》中明确提出:"随着中世纪天主教的欧洲其宗教一统的崩溃,以及启蒙运动与工业革命所孕育出来的对于进步的信心,于是意识形态的时代来临了。"③在意识形态与教育的关系中,伴随着知识社会学研究的领域在我国的快速发展,以阿普尔的《意识形态与课程》为代表,从知识社会学角度探讨意识形态与教育、课程、学校等的关系也逐渐成了我国教育理论研究的重要课题。在实践中,我国在新中国成立后所系统展开的具有中国特色教育理论研究的历史进程中,特别是在新时代中国特色社会主义理论背景下,教育的意识形态特征得到了空前的加强,加强教材的思想性,体现中国特色意识形态成为当前教材建设的重要维度。面临意识形态概念的复杂性与时代要求的紧迫性,如何正确认识意识形态的内涵、特征及其对中国教育改革与发展的影响已经成了我国教育改革与发展的重要课题。如何正确理解意识形态? 如何分析意识形态在教材建设中的重要地位? 教师如何去理解教材中所蕴含的意识形态,进而培养中国特色社会主义的建设者与接班人? 这一系列的问题将融入教师教材理解合理性的范围,成为教师理解教材的重要维度。

一、意识形态历史简顾

正如人们在使用"教育"这一概念之前就已经在享受、思考和规范着教育一样,人们在正式采用"意识形态"这一概念之前,意识形态就已经渗入了社会生活的方方面面。而首次正式提出这一概念的是法兰西研究院的托拉西(D. Tracy)。作为法国的哲学家、政治家与意识形态学说的奠基人,托拉西在其著作《意识形态的要素》(四卷本,1801—1815)中首次提出意识形态概念,并期望通过意识形态概念建设一门基础性的哲学理论,专门探讨人的观念问题,形成了自己的意识形态学说。

① 季光茂:《意识形态》,广西师范大学出版社,2005,第5页。
② 同上书,第6页。
③ 克拉姆尼克:《意识形态的时代》,张明贵译,联经出版事业公司,1984,第1页。

　　催生意识形态学说诞生的是西方哲学家在批判中世纪神学与经院哲学过程中对如何形成正确观念的执着追求,其代表人物是培根(F. Bacon)与洛克(J. Locke)。培根在《新工具》经验归纳的论证中首先指出了错误观念来源的"四种谬见",即种族谬见(idols of tribe)、洞穴谬见(idols of cave)、市场谬见(idols of market place)与剧场谬见(idols of theater)。这四种假象是使人陷入谬误的心理习惯,认为"用真正的归纳法来形成概念和原理,毫无疑问这是排除和肃清谬见的良药"①。正是培根关于人们认识过程中谬见的揭示与归纳法的提倡,催生着人们对于"如何获得新的、科学的观念"问题的深入思考,从而进一步开启了意识形态问题的大门。洛克对于观念形成的见解主要集中在其著作《人类理解论》之中。《人类理解论》主要探讨的是人类知识的起源、确度与程度,认为人类知识局限于观念,而观念起源于经验(感觉与反省),并受制于文字的运用与人的判断力,只有在经验的基础上,准确地使用文字与严格地作出判断,人们的观念才可能成为科学的认识。在分析判断力如何产生导致"错误"时,洛克把核心指向了概然性,认为"错误不是知识的过失,而是判断力的误认,判断力之所以有些错误,乃是因为它同意于不真实的真理……而且我们同意的固有对象和动机在于概然性"②。在概然性中,由于计算概然性的尺度是错误的,因此导致了判断的错误。而错误的概然性尺度有四种,即不确定的命题、传统的假设、强烈的情欲或心向与权威。③　培根的"四种谬见"与洛克的"四种偏见"具有许多共同之处,但他们所指向的都是同样一个问题,即科学的认识观念究竟是如何产生的。正因为如此,有学者将培根的"四种谬见"视为意识形态降生的第一个先兆,而将洛克的《人类理解论》视为意识形态概念的真正催生剂。④

　　在培根与洛克之后,致力于认识"偏见"的研究越来越多,法国启蒙学者孔狄亚克(E. B. Gondillac)、爱尔维修(G. A. Helvétius)和霍尔巴哈(P. H. Holbach)等从不同的角度阐述了如何克服偏见以获得科学的观念。正是在

---

①　培根:《新工具》,张毅译,京华出版社,2000,第17页。
②　洛克:《人类理解论(下册)》,关文运译,商务印书馆,2009,第762页。
③　同上。
④　俞吾金:《意识形态论》,上海人民出版社,1993,第15—17页。

此基础上,托拉西致力于建立一种专门讨论认识的起源、界限与可靠性的学问,以为获得科学的观点奠定基础,这就是意识形态。在托拉西那里,意识形态学说是作为观念学的含义和意义存在的,它以意识为基础概念,以意识的诸要素与诸形态为基础,阐述人的精神活动。作为一个感觉主义者,托拉西从人性的基本能力——感觉——出发建构了人的精神活动的基本范畴及其运动,他认为,人的精神活动包含着四个基本要素,即知觉、回忆、判断与意愿,它们都可以还原为感觉的不同类型,人对外部世界的感觉是一切精神活动的源泉。总而言之,托拉西所创立的意识形态学说,其根本目的在于以"还原"的方法寻求意识的实践根源,进而获得关于意识形态的感觉基础,从而克服宗教、形而上学以及人性、传统、权威等所带来的各种偏见,为哲学以及其他科学奠定科学基础。"意识形态概念的提出,不仅标志着认识论上的彻底的感觉主义性质的转向与革命,而且也意味着实践上的革命,即在拒斥宗教和种种旧的传统观念的同时,也必然拒斥那些正在维护的谬误的政治制度,特别是国家制度。"[1]

伴随着意识形态概念的提出,各个领域也开始注重意识形态研究,形成了不同领域意识形态学说。有学者依据意识形态理论的知识背景与历史脉络,将意识形态分为四个基本类型,[2]即认识论意义上的意识形态、社会学意义上的意识形态、一般心理学意义上的意识形态、文化心理学意义上的意识形态,这一分类较好地说明了意识形态对各个领域的渗透。认识论意义上的意识形态是托拉西创立意识形态概念的初衷,它旨在研究认识的起源与边界、认识的可能性与可靠性等认识论的基本问题,是一种"观念科学"(science of ideas)。社会学意义上的意识形态是从社会学的角度,把意识形态视为社会的核心组成部分,在社会和谐、社会控制、社会动员等方面发挥着决定性作用的观念体系。在这一领域,马克思、曼海姆(K. Mannheim)、默斯卡(G. Mosca)、帕莱托(V. Pareto)、帕森斯(T. Parsons)等社会学家推动意识形态研究的发展。一般心理学意义上的意识形态把意识形态视为个人控制情绪的工具,是个体消除紧张与焦虑的指导原则。在这一领域,弗洛伊德

---

① 俞吾金:《意识形态论》,上海人民出版社,1993,第26页。
② 同上书,第46页。

(S. Freud)的精神分析学说以及撒顿(F. X. Sutton)对意识形态与心理紧张的关系研究极大地推动了意识形态研究的发展。文化心理学意义上的意识形态不仅把意识形态视为对紧张等心理现象的回应,还认为是指导人类政治生活与社会生活的价值"整合器",具有强烈的社会与文化方面的含义与意义。在这一领域,狄翁(L. Dion)和格尔茨(C. Geertz)做出了突出的贡献。

在意识形态研究的历史过程中,马克思对意识形态研究的推进作出了最为重要的贡献。马克思对意识形态理论的突出贡献在于其基于唯物主义立场,运用唯物史观思考与看待意识形态问题,找到了意识形态存在实践根源,并将意识形态与人类社会发展、阶级斗争等整合起来,为意识形态在人类社会发展中的价值与功能进行了科学定位。

唯物史观是马克思思考和改造人类社会的基本方法论。对于如何看待历史问题,马克思一方面在扬弃黑格尔的辩证法与费尔巴哈的唯物主义基础上形成辩证唯物主义,另一方面以辩证唯物主义立场批判德国历史主义,否认其所坚持的神本论本质,从而形成了唯物史观。对于这种历史观的描述,可以运用马克思在《德意志意识形态》中的一段话来清晰说明:"这种历史观就在于:从直接生活的物质生产出发来考察现实的生产过程,并把与该生产方式相联系的,它所产生的交往形式,即各个不同阶段上的市民社会,理解为整个历史的基础;然后必须在国家生活的范围内描述市民社会的活动,同时从市民社会出发来阐明各种不同的理论产物和意识形态,如宗教、哲学、道德等等,并在这个基础上追溯它们产生的过程。"[1]马克思的唯物史观坚持从实践出发来解释观念,从市民社会出发来追问意识形态的发生过程,从根本上为意识形态建构了发生学的基础。正是从这个意义上说,唯物史观的诞生也就标志着马克思意识形态学说的形成,"历史唯物主义的创立与意识形态学说的形成乃是一个过程的两个方面"[2]。

---

①　马克思:《马克思恩格斯选集(第 3 卷)》,中共中央马克思恩格斯列宁斯大林著作编译局编译,人民出版社,1995,第 42—43 页。

②　俞吾金:《意识形态论》,上海人民出版社,1993,第 53 页。

二、意识形态的内涵

从意识形态概念的简要历史回顾可以看出,意识形态最开始是一种哲学的观念学,旨在从认识论的角度阐明人的观念获得的起源、过程与条件。伴随社会的发展与研究的深入,意识形态成为解释社会、心理、文化的重要概念,逐渐汇集成了"意识形态的时代",对意识形态内涵的理解也呈现出百花齐放的局面。

对于众多意识形态理解,萨姆纳(W. Gumner)曾归纳出十种定义。它们分别是:①指基于虚假意识的信仰体系,虚假意识的根源在于阶级利益;②指基于乌托邦幻想而形成的思想体系,乌托邦幻想的根源在于个人旨趣;③指依据事物的表象而形成的错误观念;④指任何系统化、体系化、标准化、制度化的思想体系;⑤指基于特定的生产方式和经济结构而形成的思想意识;⑥指排斥理论探讨而一味追求实用性的不科学的信念(如民间迷信);⑦指人们在其无意识中幻想出来的与现实世界的种种关系;⑧指思想领域中的各种阶级斗争活动;⑨指具有政治意味和政治效果的生活实践活动;⑩指一种独特的生活实践活动,个人凭此生存于社会整体之中,并切身感受自己与整体之间的关系和社会的"真实"状况。[①] 从这十种定义可以看出,意识形态既可以存在于观念领域,也可以存在于实践活动之中;既可以是一种一般意识,也可以是某个领域的意识;既可以是体系化的意识,也可以是非体系化的意识;既可以根源于虚假意识,也可以根源于乌托邦幻想;既具有认识论特征,又具有社会学特征。而且,意识形态与诸如观念、信念、学说、思想、理论、哲学、世界观、价值、意见、乌托邦等众多相近或相似的概念关联在一起,难以区分。有学者通过分类的方式来对意识形态进行理解,如雷蒙·高斯(R. Geuss)依据感情色彩将意识形态分为中性意义上的意识形态、贬义上的意识形态和褒义上的意识形态。[②] 阿普尔依据意识形态的范围把意识形态分为"特殊和可确认的职业群体活动相当明确的合理化或理由"

① C. Summner,*Reading Ideologies:An Investigation into the Marxist Theory of Ideology and Law*(London:Academic Press,1979),p. 5.

② 李光茂:《意识形态》,广西师范大学出版社,2005,第 16 页。

"更广泛的政治策划和社会运动"，以及"广泛的世界观、前景或伯格（Berger）、鲁克曼（Luckmann）等人称之为符号的世界"。① 曼海姆从历史发展的阶段出发将意识形态分为特定的意识形态（particular conception of ideology）和整体的意识形态（total conception of ideology）。② 这些分类研究从不同的角度突出了意识形态的内涵与特征，并构成了意识形态内涵发展史的重要内容，对于我们理解、选择意识形态的内涵具有重要的启示意义。

本书研究对意识形态的理解主要选取马克思意识形态的理解，其原因在于三个方面。第一，马克思对意识形态理论的发展具有关键性作用。马克思从唯物史观出发，对意识形态概念进行了解构与建构，不仅将意识形态由哲学领域带到了社会学领域，完成了由古典意义向现代意义的转换，成为分析社会存在与发展的重要概念工具，而且对意识形态概念本身进行了系统建构，使得"它不再仅仅局限于对观念之真假的辨识与追问，更注重于观念所发挥的功能……使其成为一个极具张力性的三元模型概念：或者是纯粹主观的虚假意识，或者是社会所必须的一种结构性要素，抑或来自市场的一种无意识的幻想"③。第二，从我国日常用法来看，意识形态概念具有强烈的阶级性，主要体现的是占统治地位的阶级的思想价值体系，是统治阶级进行统治的思想的精神力量。而这与马克思对意识形态阶级性的揭示，把意识形态的本质视为统治阶级思想是一脉相承的。第三，从本书研究来看，教材的意识形态特征所要揭示的正是蕴含在教材编写与内容中的统治阶级主体所倡导的信念、价值观与行为方式，并在与文化概念进行区分的意义上进行使用，而马克思对意识形态的理解正好符合这一需要。

马克思虽然对意识形态理论做出过重大贡献，但却从未对意识形态给出过明确的定义，因此，对马克思意识形态的内涵的理解主要通过马克思意识形态的研究者给予明确。戈士国在其著作中通过分析认为马克思意识形

① 阿普尔：《意识形态与课程》，黄忠敬译，华东师范大学出版社，2001，第20页。

② 曼海姆：《意识形态与乌托邦：知识社会学导论》，李步楼、尚伟、祁阿红等译，商务印书馆，2014，第93页。

③ 戈士国：《重构中的功能叙事：意识形态概念变迁及其实践意蕴研究》，人民出版社，2013，第40页。

态概念的分析框架包含三个方面:一是从哲学认识论的角度将意识形态阐发为"虚假意识";二是从社会形态结构框架内阐发意识形态与阶级、权力、统治的关系;三是从资本主义社会中"异化劳动"与经济的关系角度分析意识形态的各种经济样式。① 这样的分析框架在总体上切中了马克思对意识形态研究的历史逻辑,即从"虚假意识"批判开始,到构建社会学意识形态概念,最终至经济学的应用,并从不同的维度共同阐述了马克思意识形态的本质特征。周宏通过分析,把"阶级社会的维护意识"作为马克思意识形态最为基本的规定,认为这种理解表明意识形态属于阶级性的观念范畴,是统治阶级的阶级意识,其基本功能是维持统治阶级已有的社会地位,是关于社会生活的集体无意识及其理论表现。② 这种理解从根本上切中了马克思意识形态的阶级性本质,把意识形态视为社会运行,统治阶级维护自己统治的精神工具。俞吾金在其专著《意识形态论》中给予马克思意识形态一个明确的定义,认为是"在阶级社会中,适合一定的经济基础以及竖立在这一基础之上的法律和政治的上层建筑而形成起来的,代表统治阶级根本利益的情感、表象和观念的总和,其根本特征是自觉地或不自觉地用幻想的联系来取代并掩蔽现实的联系"③。这一理解突出了马克思意识形态的发生学根源,即作为上层建筑的意识形态必然来自经济基础,并指出了马克思意识形态的阶级属性与具体内容。除此以外,在国内还有众多学者对意识形态概念进行了大同小异的探讨,也有学者对列宁、毛泽东等马克思主义者的意识形态思想进行过探究,所揭示出来的意识形态内涵大多与上述三种观点相似。

从上述对意识形态概念的分析,以及马克思在各种文本中对意识形态概念的使用来看,马克思的意识形态概念具有以下内涵。

(一)意识形态的基础或根源是经济基础

托拉西所提出的意识形态概念最开始是作为哲学认识论范畴的,是一

---

① 戈士国:《重构中的功能叙事:意识形态概念变迁及其实践意蕴研究》,人民出版社,2013,第 52 页。

② 周宏:《理解与批判:马克思意识形态理论的文本学研究》,上海三联书店,2003,第 82—86 页。

③ 俞吾金:《意识形态论》,上海人民出版社,1993,第 129 页。

种"观念学",旨在探究认识的起源、范围、可靠性等认识论问题的。马克思意识形态学说的形成是基于对哲学认识论范畴的意识形态的扬弃,并将其扩展为社会学领域,而其中的关键在于对"虚假意识"问题的批判。意识形态的虚假性是马克思对德意志意识形态的判定,在马克思恩格斯对意识形态的定义中,认为"意识形态是由所谓的思想家通过意识,但是通过虚假的意识完成的过程……因为这是思维过程,所以他的内容和形式都是他从纯粹的思维中——不是从他自己的思维中,就是从他先辈的思维中引出的"[①]。在对意识形态的批判中,马克思将意识形态的虚假性概括为四个方面[②]:第一,思维的颠倒性,即观念被颠倒性地赋予了优先权而具有了本体论意义;第二,观念与历史分离,即观念脱离了人类历史的现实基础;第三,思维的神秘化,即从宗教或神学的立场来看待和思考历史;第四,批判的虚幻性,仅仅依靠哲学话语进行批判。在批判基础上,马克思主张从社会学领域重建意识形态概念,以唯物史观为基础原则与方法,将社会生活、生产等经济基础作为意识形态的发生根源,从而使得意识形态研究的论域发生了转变,确立了意识形态的经济基础根源,形成了科学的意识形态理论。

(二)意识形态的本质特征是阶级性

通过对德意志意识形态的批判,马克思对意识形态的研究从哲学认识论转向了社会学,并将其作为了社会结构与运行的核心概念,意识形态的本质也发生了重大变化。"随着批判语境由'发生学'向'功能学'的转换,马克思关于意识形态的观念发生了重大变化,意识形态在马克思那里换上了第二副面孔,认识的本性开始让位于实践的本性。正是意象上的如此'变脸',暗示了意识形态概念上的变化:由一个认识论概念转化为一个功能性概念,由揭露性、评价性的论战概念转化为描述性、规范性的概念,由一个贬义词转化为一个中性词。"[③]作为功能性概念的意识形态,阶级性成了意识形

---

① 马克思:《马克思恩格斯选集(第4卷)》,中共中央马克思恩格斯列宁斯大林著作编译局编译,人民出版社,1995,第726页。

② 戈士国:《重构中的功能叙事:意识形态概念变迁及其实践意蕴研究》,人民出版社,2013,第60页。

③ 同上书,第63页。

态的根本特性,意识形态所体现的是统治阶级的根本利益,是占统治地位的阶级的价值观念体系,广泛渗透于社会生活中的各个领域,特别是精神生活领域,而不能超越阶级的范围去进行任意理解。

（三）意识形态的基本功能是维护统治阶级的统治

在阶级社会中,统治阶级维护自己的统治地位主要依靠两种手段:国家机器与意识形态。国家机器既是国家的形象化称谓,也是作为政治上层建筑的政治法律制度和设施等实体性存在,如监狱、军队、警察、政府、官吏等,它以显性与强制的方式去规范社会成员的行为方式。而意识形态作为由统治阶级创造、认同、传播的思想价值体系,通过对社会成员的精神世界的影响、干预、"再生产"等方式使得社会成员在价值信念、思想观念、道德认识等方面对国家意识形态产生认同,进而认同统治阶级的意识形态。从统治角度看,国家机器与意识形态在本质上并无差别,它们共同构成了国家治理的基本手段。

因此,在本研究中,意识形态是一个社会学概念,它有其坚实的经济基础根源,以统治阶级的利益为核心,是统治阶级在维护自己统治过程中,依据社会发展现状与目标所建构的一系列思想价值体系,旨在通过意识形态的传播与教化以保证社会成员在信念、价值、行为规范等方面的同一性,其表征为一个国家和社会的核心价值观。作为一个中性的概念,它既不是具有"虚假性"的纯粹的政治意识形态,也不是作为"观念学"存在的意识形态,而是基于社会发展基础,指向国家繁荣、民族团结、政治进步、文化创想的,既有客观性,又有主观性的思想价值体系。在实践中,意识形态往往通过国家与社会所倡导的核心价值观,以及国家法律制度、政策法规、政治社会活动中所提倡或显现的各种知行要求来体现。

从以上对意识形态的理解来看,意识形态与政治既有联系,也有区别。海伍德(A. Heywood)将政治(politics)的理解分为四种:第一种是将政治理解为国家范围内的活动,它由"政治"(polis)一词在古希腊时期的最初含义发展而来;第二种是将政治视为"公共"活动,而不是个人的"私"事;第三种是把政治视为是一种解决冲突的特殊方法,以区别于诸如"军事"在解决问题上的差异;第四种是将政治与社会存在进程中的资源生产、分配和使用相联系,其核心是权力。① 综合这几种理解,有学者概括认为,政治是作为重大的社会生活现象和经济的集中体现,是社会群体为了实现和维护其特定利益,借助公共权力而实现的权威性价值分配,以及由此达成的种种社会关系。其本质是争取、维护、调整或分配不同阶层或集团的利益,其主体是特定的社会群体和个人,其核心是掌握和运用公共权力,其主线(主要内容)是政治主体的活动和相互关系,其目的是追求自身的利益。② 因此,政治的核心是权力,而意识形态的核心是价值观;政治是显性的,而意识形态是隐性的;政治是活动层面的,意识形态是精神层面的,二者具有明显差异。当然,不管是政治还是意识形态,它们从根本上看都是维护统治阶级的利益,都是统治阶级在维护自己统治,保障自己利益的过程中所采用的手段而已。

三、教材的意识形态特征

从根源上说,教材的意识形态特征来源于教育社会学的研究,正是在承认教育与社会的相互关系基础上,课程、教材与社会中的政治、经济、文化、意识形态等关系才能够得以确立。吴康宁在编写《教育社会学》一书时曾确立了三条基本原则:立足中国国情,理清基本问题;选择借鉴国外,展示学术前沿;把握学科特点,糅合理论、实证。③ 并依据这些原则,拟定了编写《教育社会学》的基本思路:第一,作为一种社会子系统,教育系统的生存与运转必受外部社会制约;第二,作为一种特殊的社会子系统,教育系统当有其自身之结构与过程;第三,作为一种社会子系统,教育系统也必定会对外部社会有所影响。④ 可以看出,吴康宁在建构《教育社会学》的内容框架时力图以系统论为方法论,通过克服单纯地从社会学范畴或教育学范畴来谈论教育社会学问题,希望在动态关系中形成教育社会学的独立性与特殊性,从而为教育社会学的改革与发展寻找一种恰当的方向和途径。教育系统与社会其他子系统的相互关系的确立使得我们直视教育的社会性特征,可以脱离教育

---

① 海伍德:《政治学核心概念》,吴勇译,天津人民出版社,2008,第40页。
② 焦炜:《课程改革的政治学研究》,中国社会科学出版社,2015,第21页。
③ 吴康宁:《教育社会学》,人民教育出版社,2014,第1页。
④ 同上书,第2页。

学的狭隘范围,从社会中的政治、经济、文化、意识形态等方面思考和探讨教育学问题,从而为教材的意识形态特征奠定了理论前提。

在教育社会学的研究基础上,课程社会学的研究为教材的意识形态特征奠定了直接的基础。吴永军在指明课程社会学研究意义的时候指出,课程社会学研究可以为我国教育社会学理论的发展提供新的生长点,可以为我国当代课程研究提供新的视角、理论与方法,可以为课程改革提供适当的方法论基础和宽广的社会学视野。① 这三个方面的意义的揭示表明:一方面,课程社会学是教育社会学的重要组成部分,是教育社会学研究的具体化;另一方面,课程社会学的研究为课程本身的研究开辟了新的领域,并有助于推动课程改革。课程社会学研究在确立课程的社会学特征基础上,也间接表明在课程编制与理解中意识形态存在的合理性。在这方面,阿普尔作出了重要的贡献,在其《意识形态与课程》中明确指出了课程的意识形态特征,认为"教育并非一个价值中立的视野……教育工作者不应该把他们的教育活动与不平等的制度安排和支配我们先进工业经济的各种意识形态完全分裂开来"②,通过合法性、权力与语言修辞等途径与方式,意识形态总是存在于课程之中,构成了课程所具有的基本特征。在课程的理论研究中,课程的意识形态特征也逐步显现。派纳(W. F. Pinar)在对课程理论历史的判定中认为,在 20 世纪 70 年代以前,课程理论研究属于"课程开发模式",它以泰勒(R. W. Tyler)的《课程与教学的基本原理》为经典,课程进行程序化的、技术性的设计,以期为教育活动提供详细的工作方案。在对"泰勒原理"的反思与批判过程中,逐渐孕育出了"课程理解范式",认为课程是一种相遇,是一种充满着意义的活动,它需要教师与学生在教育活动中进行理解,而不是按部就班地去执行计划。课程不应该是一种学校材料,而是一种符号表征,它需要在不同的情境中以不同方式被分析与确认,进而生成不同的意义,理解应该占有整个课程领域。因此,在派纳的判定中,"课程开发:生

① 吴永军:《课程社会学》,南京师范大学出版社,1999,第5—8页。
② 阿普尔:《意识形态与课程》,黄忠敬译,华东师范大学出版后,2001,第1页。

于 1918 年,卒于 1969 年"①。课程作为一种符号表征,可以被理解为是政治的、种族的、自传的、现象学的、神学的、国际的、性别的和结构的,"我们可以说把课程理解为符号表征的努力,在相当程度上确定了当代课程领域"②。从课程开发范式转向课程理解范式,奠定了课程作为一种意识形态教育的合理性基础。

与此同时,在微观领域,教科书的意识形态特征研究也逐步深入。正如吴永军所言,"教科书的社会学分析是透视课程内容的意识形态、社会控制的特征的有效途径,因而深受社会学家、教育社会学者的重视"③。近年来,对教科书意识形态的研究逐渐增多。据统计,从 1994 年 1 月到 2018 年 8 月,直接对教科书(教材)的意识形态进行研究的学术论文和学位论文有 28 篇,主要采用"主题—量化"研究方法,对教科书中意识形态特征及其渗透方式进行了量化分析与价值判定。④ 这些研究主要从两个层面展开:一是宏观研究,即从教科书的本质、内涵层面对教科书进行价值认定,认为在教科书的编写、审定以及评价等过程中,教科书并非价值中立的,而是受到社会发展水平、政治体制、文化特征等的系统影响,"教科书不仅仅是'事实'的'传输系统',它还是政治、经济、文化活动、斗争及其相互妥协等共同作用的结果"⑤;二是对教科书的内容进行微观研究,在诸如知识选择、内容特征、人物、性别、话语等方面进行"主题—价值"性判定,从而显现教科书的价值取向与特征。

四、教材意识形态的存在方式

教材是课程的主要组成部分,教科书是教材的核心内容,对课程与教材

---

①　派纳,等:《理解课程:历史与当代课程话语研究导论》,张华等译,教育科学出版社,2003,第 6 页。

②　同上,第 16 页。

③　吴永军:《课程社会学》,南京师范大学出版社,1999,第 168 页。

④　赵长林、孙海生:《教科书与意识形态再生产——对 1949—2018 年相关研究的回顾与省思》,《课程.教材.教法》2019 年第 1 期。

⑤　阿普尔、史密斯:《教科书政治学》,侯定凯译,华东师范大学出版社,2005,第 2 页。

意识形态特征的研究直接揭示了教材的意识形态特征。那么问题在于,教材的意识形态是如何存在的呢? 换句话说,意识形态是如何渗透于教科书之中呢? 在教育活动中,教材可以分为生产(编制)与使用(理解)两个基本方面,而这两个方面又不是截然分离的。从意识形态角度来看,教材的使用要以教材的生产为依据,即我们如何理解教材,要以如何编制教材为依据,因为在教材编制过程中,对如何使用教材已经或明或暗地提出了要求。作为教材生产的教材编制对教材的编写思想、内容选择、评价方式以及教材运行过程进行了系统的设计,而正是在这一过程中,意识形态被渗透进入了教材。因此,从存在方式来看,教材中的意识形态具有政策制度性存在、目标性存在、内容性存在三种基本方式。

(一)政策制度性存在

政策制度性存在是国家和政府以政策制度的形式对教材所要体现的思想价值观念的追求与规定,它往往以教材政策制度的形式得以体现。当前国际上,围绕着教材的编审、发行与选用等形成的教材管理制度大概有三种典型形式①:一是固定制或统编制,即教材由国家统一编审、发行与使用;二是审定制,即教材的编写与出版下放到民间,国家承担着教材的审定权力;三是自选制,即教材的编写、出版与选用都下放到民间,国家不予干涉。

从我国教材制度的演变来看,大概经历了从"固定制"到"审定制"的基本过程。改革开放以来,中小学教材管理也面临着秩序的重建,逐渐确立了以国家为主导的教材管理制度,表现为以固定制作为教材管理的基本制度,以计划手段作为教材管理的基本机制。1978 年,教育部颁布了《全日制中学暂行工作条例(试行草案)》《全日制小学暂行工作条例(试行草案)》,提出"学校必须根据中华人民共和国教育部统一规定的教学计划、教学大纲和教科书进行教学"的基本原则,"这标志着我国基础教材改革步入了规范、有序的建设轨道"②。自 1985 年颁布《中共中央关于教育体制改革的决定》确立

---

① 柯政:《改革开放 40 年教材制度改革的成就与挑战》,《中国教育学刊》2018 年第 6 期。

② 刘学智、张振:《改革开放 40 年基础教育教材制度改革的回顾与展望》,《课程.教材.教法》2018 年第 8 期。

了教育的权力与责任下移的改革方向以后，1986 年，国家教委成立了全国中小学教材审定委员会及各学科教材审查委员会，1987 年国家教委颁布了《全国中小学教材审定委员会工作章程》指出，"要求本地区或本学校使用而编写的教材（乡土教材、选修教材、补充教材等），由省、自治区、直辖市教育行政部门审查，报国家教育委员会备案"，教材管理权力与责任进一步下移。1988 年，国家教委颁布了《九年制义务教育教材编写规划方案》明确提出"鼓励各个地方，以及高等学校，科研单位，有条件的专家、学者、教师个人按照国家规定的教育方针和教学大纲的基本要求编写教材"①，教材逐渐由固定制转向审定制，把市场机制逐渐引入教材建设之中，推动教材建设的多样化与特色化发展。在国家与地方两级管理体制基础上，在新课程改革推动下，逐渐形成了国家、地方、学校三级课程管理体制，明确提出了"教材审查实行编审分离""鼓励有关机构、出版部门等依据国家课程标准组织编写中小学教材""改革中小学教材指定出版的方式和单一渠道发行的体制"，逐步健全了基础教育教材管理制度体系。从我国教材制度的基本发展过程来看，尽管在从固定制到审定制的转变过程中，教材编制的权力在逐渐下移，地方与学校在教材编制过程中占据了越来越重要的地位，但从总体上看，国家与政府对教材的领导权、控制权仍然占据着支配性地位，从国家、社会、政党角度对教材的意识形态要求自始至终未有本质性变化。

　　特别是新时代中国特色社会主义建设时期，在实现中华民族伟大复兴的征程中，加强意识形态教育，团结一致共同促进国家繁荣与社会进步教育方针得到了进一步加强。2016 年 10 月，中共中央办公厅、国务院办公厅印发了《关于新形势下加强和改进大中小学教材建设的意见》，这是新中国成立以来第一个关于教材建设的中央文件。为贯彻落实文件精神，2017 年国务院成立国家教材委员会，教育部成立教材局，以"指导和统筹全国教材工作，贯彻党和国家关于教材工作的重大方针政策"，对教材的领导和监管得到了加强。在这几年时间里，中央纷纷出台相关政策，要求加强教材的思想性与监管，《中小学教材选用管理办法》（2014 年）、《教育部 2017 年工作要

---

　　①　国家教育委员会：九年制义务教育教材编写规划方案，http://www.chinalawedu.com/falvfagui/fg22598/20663.shtml，访问日期：2019 年 2 月 13 日。

点》《教育部 2018 年工作要点》《出版管理条例(2016 年修订本)》《关于组织开展中小学教材全面调查的通知》等均强调要加强教材的思想性,严格监督管理教材,使教材的编写、出版、使用等体现国家意志,符合国家发展需要。

教材编制的政策制度是从权力的角度对教材编制理念与思想的落实,从新中国成立以后我国教材制度的历史发展以及新时代教材制度的变革来看,我国教材制度始终蕴含着意识形态特征,始终把教材置于国家繁荣、社会进步与政党建设之中,力图通过教材的编制充分实现教育与政治制度的相互促进。

(二)目标性存在

政策制度体现的是教材研制的指导思想与基本规范,要使这种思想观念转化到实践中,发挥对教育教学的指导作用,则必须进行转化,形成学科课程目标,以具体化教材政策的价值理念指导教科书的编写。因此,课程目标是对教材政策制度的具体化,它以具体的方式表达着教材建设的基本理念与价值,也表达着意识形态的具体内容与要求。从我国来看,课程目标主要在课程标准中进行解答,对课程标准的分析可以透视出意识形态的目标性存在样态。课程标准,又称为教学大纲,"在宽泛的意义上,课程标准可以被理解为是一种纲领性文本。它既可以是具体领域的专业协会对本领域的教育理念和价值取向、课程结构和内容、学习与教学实践的专业性阐述,也可以是某个国家或地区对辖区学校教育的办学方向、性质、内容和方式的规范性要求"[1]。因此,课程标准主要强调两个方面,一是学校总体教育思想与目标,它伴随国家与社会发展状况、教育理念与价值的转变而发生变化,如对基于核心素养的课程标准,不仅是在以前的课程标准基础上的小修小补,而且"需要基于素养教育背后的知识观和学习范式,系统反思我国原有教育教学观念和体系的弊端和不足,重新构建以核心素养为导向的我国基础教育理论框架和课程体系"[2]。二是将这种总体的教育思想与目标具体化到学

---

① 杨向东:《基于核心素养的基础教育课程标准研制》,《全球教育展望》2017 年第 10 期。

② 同上。

科课程之中,对学科课程的价值、思想、目标、内容、学习方式、评价等进行纲领式的规定,因此在学科课程标准的内容架构中,一般包括了前言、课程目标、课程内容与实施建议四个基本部分。

为了分析的典型性,我们选择《义务教育历史课程标准(2011 年版)》(简称《课程标准》)进行简要分析。与其他学科课程标准一样,《义务教育历史课程标准(2011 年版)》也包含了前言、课程目标、课程内容与实施建议四个部分。《课程标准》的"前言"分为"课程性质""课程基本理念"与"课程设计思路"三个基本内容。首先,在"前言"部分,对课程标准的时代背景与学科价值进行判断,认为"培育具有社会主义核心价值观的公民"是时代所赋予历史课程改革的新要求,"在唯物史观的指导下,弘扬以爱国主义为核心的民族精神和以改革创新为核心的时代精神,传承人类文明的优秀传统"是历史课程的基本任务。其次,在"课程性质"部分,强调了历史课程的思想性、基础性、人文性与综合性,提出思想性要"坚持用唯物史观阐释历史的发展与变化",人文性要"形成正确的价值取向和积极向上的人生态度,适应社会发展的需要"的性质判定。最后,在"课程基本理念"部分,要求"学生通过历史学习,增强对祖国和人类的责任感,逐步确立为中国特色社会主义事业、人类的和平与发展做贡献的人生理想"的基本理念。在"课程目标"部分,"总目标"明确提出了要"感悟中华文明的历史价值和现实意义,养成爱国主义情感",在"情感、态度与价值"目标中明确提出了"从历史的角度认识中国的具体国情,认同中华民族的优秀文化传统,尊重和热爱祖国的历史和文化""我国各族人民密切交往、相互依存、休戚与共,形成了中华民族多元一体的格局,共同推动国家发展和社会进步,增强民族自信心和自豪感""感悟近现代中国人民为救亡图存和实现中华民族伟大复兴而进行的英勇奋斗和艰苦探索,认识中国共产党在中国革命、建设和改革事业中的决定作用,树立中国特色社会主义理想信念""认识人民群众创造历史的作用以及杰出人物在历史上的重要贡献"等目标。在"教学建议"部分,注重强调了"坚持正确的思想导向与价值判断",提出了"以唯物史观为指导""在评价历史人物和历史事件时,要注意坚持正确的价值引领""注重拓宽历史课程的情感教育功能"的要求。从以上对《课程标准》的内容分析来看,在教材政策制度理念与思想的影响下,义务教育历史课程标准在目标指向中强调"唯物史观""社会主义核心价值观""爱国主义""民族团结""群众价值""中国共产党执政地位"等意识形态,通过这种目标的设定,统领着教材的内容选择、组织、安排与评价。

从存在方式来看,意识形态的目标性存在主要有两种:一是以显性的方式存在,即通过对课程目标的强制性规定,要求在目标中必须体现某种价值与情感,如将"唯物史观""社会主义核心价值观"等写入课程目标之中;二是以隐性的方式存在,即隐藏在内容选择、组织与评价的要求中,如要求内容选择"精选最基本的史实,展现人类社会在政治、经济和文化等方面发展的基本进程",学习方式"注意历史知识多领域、多层次的联系",评价上"注重学生通过历史学习对正确的思想、道德、观念等方面的感悟、理解和认同程度"等。在这两种方式中,社会科学侧重于以显性的方式表达意识形态,而自然科学则侧重于以隐性的方式表达意识形态,但其本质上是一致的,只是由于学科特点的差异性所造成的表达方式有所不同而已。

(三)内容性存在

不管是教材政策制度的思想价值层面的导向,还是课程标准对目标的规定性要求,教材的意识形态都必须通过内容的选择与表达来集中体现。教材内容的选择研究经历了一个较长的历史过程,可以说,自从有了教育,"教什么"的问题便成了教育的基本问题,特别是在制度化教育形成以后,对于什么知识能够进入教材往往是人们所关注的重要问题领域。在历史上,真正提出并系统思考这一问题的是斯宾塞(H. Spencer),其"什么知识最有价值"的提问一直影响着当今的课程编制。在斯宾塞的认识中,教育的基本价值是为完满生活做准备,因此对完满生活有价值的知识才真正值得教。他认为"不只是过去,在我们现在也差不多一样:那些受人称赞的知识总是放在第一位,而那些增进个人福利的知识倒放在第二位"①,这造成了学校教育往往传授了一个人一生中十有八九都用不到的知识,知识仅仅起着"修饰"用,毫无实用之处。在实用主义思想下,斯宾塞主张通过对人的完满生

---

① 斯宾塞:《斯宾塞教育论著选》,胡毅、王承绪译,人民教育出版社,2005,第7期。

活的分析去确定学校应该教授什么样的知识，从而建构了他的课程体系。虽然斯宾塞把教育的价值指向实用，将科学知识认为是最有价值的知识的观点对于今天的教育有偏颇之处，但他的提问及其回答问题的技术理性取向与科学主义模式却一直支配着课程理论的研究。在这种思维方式的支配下，美国的泰勒所建构的"泰勒原理"成为课程史上的一个具有范式意义的理论。在"八年研究"基础上，泰勒认为课程编制需要回答四个基本问题："学校应该达到哪些目标？提供哪些经验才能实现这些目标？怎样才能有效组织这些经验？我们怎样才能确定这些目标正在得到实现？"在教育目标的研究中，泰勒认为必须有三个方面的来源：学生、社会与学科，并通过教育哲学与学习理论的检视。作为一种课程理论的科学范式，泰勒及其后续研究者虽然并未涉及课程知识的主体问题，但其对课程内容的社会来源与教育哲学检视却为课程知识的主体性研究奠定了研究的空间，因为社会生活本身是一种价值性生活，而教育哲学检视也必须考虑社会的价值问题，"学校的教育哲学或办学宗旨，设计对美好生活的看法，所持的价值观，以及对社会适应、社会改造和社会分工等问题的态度"[1]。课程编制理论的研究虽然为教材知识选择与社会的关系开辟出了一个具有巨大空间的领域，但却并未对这一空间本身进行系统研究，真正对其进行系统分析的是知识社会学。

在知识社会学中，知识与权力的关系是透视这一空间的必备钥匙，法国哲学家福柯（M. Foucault）则是掌握这一钥匙的真正主人。福柯所提出的"知识就是权力"的命题鲜明地显示了知识与权力的内在联系。福柯认为，不存在纯粹的知识，所有知识都受到意识形态的影响，权力是一种知识化的权力，知识是一种权力化的知识，知识与权力相互连带，"不相应地建构一种知识领域就不可能有权力关系，不同时预设和建构权力关系就不会有任何知识"[2]。因此，在福柯的认识中，权力控制着知识，通过知识使得权力合法化，而知识为权力辩护，使权力具有合理性，知识与权力之间是一种相互利用的关系。知识与权力的揭示不仅使知识研究从认识论研究转向了社会学研

---

①　泰勒：《课程与教学的基本原理》，施良方译，人民教育出版社，1994，第24页。

②　福柯：《必须保卫社会》，钱瀚译，上海人民出版社，1999，第233—234页。

究,更是为教材知识与权力的关系的揭示奠定了理论基础。伴随着知识与权力关系的揭示,课程知识的选择、组织与评估问题出现了新的研究领域,麦克·杨在《知识与控制》一书中明确指出了这种研究领域,即"教育社会学的一个重要核心是探索教育机构中知识的生活组织"①,而这个领域在以前往往是被忽视的。由此,课程知识的研究逐渐由知识论、心理学转向社会学,开始探讨课程知识的社会价值与社会控制问题,开始从"什么知识最有价值"转向"谁的知识最有价值"。"关于课程知识筛选的研究,除了要从学科特点、人的发展、社会需要等维度来进行客观考察外,还需要从课程知识筛选的主体、筛选主体的价值取向等维度来把握课程知识筛选主观性的一面。"②这种研究趋势在课程转向理解范式后进一步得到了加强。

　　社会对知识的控制方式,不同的学者有不同的见解。郝明君从社会—政治学视野出发,将课程理解为一种政治文本,认为"课程总是体现一定阶层的意志和利益,课程借助于知识体现该社会阶层的意识形态、权力控制、影响力等"③,在课程中知识的选择、知识的传递与知识的评价充溢着权力品性。刘丽群以知识准入为切入点,考察国家如何介入教科书内容选择与形成,认为知识准入课程的自然过程与知识准入课程的建构(国家介入)过程是明、暗对应的两条主线,国家通过建构知识、确立依据、挑选代言人与审定教材完成知识准入过程的国家介入。④ 从这些研究中可以看出,意识形态渗透教材的方式主要存在四种基本方式,即教材内容的选择、教材内容的组织、教材内容的表达与教材内容的评价。首先,教材内容的选择指向的是"什么知识可以进入教材",它通过教育目标、教材政策以及课程标准给予限定,体现着统治阶层对知识合法性的认识。其次,教材内容表达主要涉及教材知识的话语方式。对于话语与知识的关系,福柯在其《词与物》《知识考古

---

　　① 麦克·扬:《知识与控制:教育社会学新探》,谢维和、朱旭东译,华东师范大学出版社,2002,第 3 页。
　　② 刘丽群:《教科书内容的选择与形成:知识准入课程中的国家介入》,湖南师范大学出版社,2013,第 1 页。
　　③ 郝明君:《课程中的知识与权力》,重庆大学出版社,2009,前言。
　　④ 刘丽群:《教科书内容的选择与形成:知识准入课程中的国家介入》,湖南师范大学出版社,2013,第 69—116 页。

学》中进行了详细分析。福柯认为"话语是由一组符号序列构成的,它们被加以陈述,被确定为特定的存在方式"①,其包括四个基本要素,即话语对象、陈述方式、概念使用以及策略选择,它通常以整体的方式存在,如"教育学话语""政治学话语"等,是一种"系统的陈述整体"。话语不仅仅是一种陈述,更是一种实践,即"话语实践",正是在这种实践中,知识得以产生,"知识是在详述的话语实践中可以谈论的东西"②。当然,福柯所谓的知识不仅仅指科学知识,还包括经验知识,是一种广义上的知识。从语言学来看,话语实践是一种事件,它与索绪尔(F. Saussure)的言语概念类似,是一种语言活动,具有情境性与特定的意义。正是在这一意义上,利科才将文本定义为"通过文字固定下来的话语"③,把文本视为中断的话语,以构建起文本世界。因此,话语是饱含意义的事件,它以文字的方式表达,却蕴含丰富的意义,而话语方式则是指向这种所蕴含意义的"线索",构建了"语言文字—话语方式—意义指向"的基本逻辑关系。这意味着阅读语言文字,不仅要获取语言文字的公共意义,更需要通过语言文字的话语方式去体验与推理其所蕴含的特殊的意义。以话语的方式去透视教科书,是研究教科书的一种重要方法论,也是理解教科书意识形态的重要途径与方式。这正如有学者所主张的那样,在传统教科书研究的方法论中,"内容分析法不适于分析教科书文本的深层意义,传统教科书研究缺乏对方法论问题的跨学科探讨,传统教科书研究脱离了教科书文本生产传播过程的社会语境"④,以此主张用批判话语分析作为当代教科书研究的理论视角与方法路径。不管是作为一种方法论,还是作为教科书内容分析的一种基本方式,教科书的话语分析主要是揭示教科书语言背后所蕴藏的"意义场",而教科书的意识形态在很大程度上就隐藏在这"意义场"之中。有学者从事实的角度分析了语文教科书意识形态的嵌入方式,认为主题先行嵌入(主题决定内容选择)、价值预设嵌入(预设

---

① Michel Foucault, *The Order of Things : An Archaeology of the Human Sciences* (New York : Routled,1989),p. 121.

② 福柯:《知识考古学》,谢强、马月译,生活·读书·新知三联书店,1998,第 118 页。

③ 利科:《从文本到行动》,夏小燕译,华东师范大学出版社,2015,第 148 页。

④ 王攀峰:《教科书话语分析的方法论建构》,《教育研究》2019 年第 5 期。

内容的价值观)、修辞手段式嵌入(以修辞赋予内容以特殊意义)、社会偏见嵌入(主体将社会偏见影响教材内容选择)、文学素养中的沁润式嵌入(以文学性为纲潜移默化地渗透价值思想)是其五种基本方式。[1] 相对于人文社会科学,科学教科书的话语以其更为隐蔽的方式同样体现着其意识形态,只是更为隐蔽而已,"科学教科书的话语结构其实隐喻着'谁的知识最有价值'这一意识形态的问题"[2]。近年来,对科学教材或教科书的话语研究逐渐增多,主要通过科学教科书话语方式与意识形态的关系研究揭示科学教科书的意识形态特征,以及致力于建构"正确"意识形态的话语建构,如陈文革、吴建平结合伯恩斯坦(Bernstein)的教育话语理论和系统功能语言学理论,对中学物理和化学教科书文本进行语言分析,揭示科学教科书如何构建意识形态。[3]

五、教材意识形态的理解途径

理解教材的意识形态就是教师依据教材中意识形态的存在方式,结合教学情境特点,分析与设计教学目标、教学活动与教学评价的过程。这个过程从总体来看一方面需要解读出教材中所蕴含的意识形态,另一方面需要结合自身的教学能力、风格对意识形态进行活动化处理,以生成教学活动。

(一)在国家与社会发展背景下准确把握教材政策精神

教材政策是意识形态的宏观层面,它指明了教材知识的基本价值取向,准确把握教材政策的基本指向是进一步理解教材意识形态的前提和基础。

教材政策产生于国家与社会发展的基本状况与趋势之中,是教育政策在教材领域的具体化。因此,准确把握教材政策精神首先需要分析国家与社会的发展状况,以及在国家与社会背景下教育改革与发展的基本趋势。从当前来看,我国社会发展的基本方向是建设具有中国特色的社会主义,它

---

① 王娟:《小学语文教材意识形态嵌入方式探究》,华中师范大学硕士学位论文,2015,第16—24页。

② 石鸥、赵长林:《科学教科书的意识形态》,《教育研究》2004年第6期。

③ 陈文革、吴建平:《科学教科书中的意识形态及其话语建构——以初中物理和化学教科书为例》,《外语与外语教学》2014年第5期。

要求立足中国传统与中国国情,借鉴与吸收世界各国的改革与发展经验,建设成为具有坚定的政治信仰、发达的经济水平、强烈的文化自信、自强的民族性格的现代化国家。这一趋势反映到教育科学建设中,则体现了建设具有中国特色的教育科学理论体系,促进教育现代化建设与发展。国家、社会与教育发展趋势是教材政策的母体,准确把握教材政策的精神需要将其置于这一宏观背景之中,从政策的基本精神、具体目标、过程设计、结果预期等不同方面系统理解与掌握。

其次,需要深入、仔细研读课程标准。在新的制度框架下,课程标准才是国家法定政策文件,是国家对学生在某阶段学习结束后需要掌握的学习结果的硬性规定,体现着国家意志。[①] 课程标准是在教材政策的宏观要求下,依据不同学科的学科性质、知识特点与学习规律,对学科教材编写与教学的基本理念、目标体系、内容结构以及实施要求的系统规划与设计,是理解教材的纲领性文本。课程标准的深入、仔细研读是理解学科教学理念,进行有效教学设计的基础与条件。对课程标准的研读,一是需要对学科课程的性质、地位、基本理念、发展方向等进行准确把握,如2017年修订的小学语文课程标准提出"语文课程应该致力于学生语文素养的形成与发展"究竟意味着什么? 它与三维目标有什么样的继承关系? 二是要把握学科课程的目标体系,包括目标的构成、总体目标与分段目标以及不同目标之间的横向与纵向联系,如小学语文课程在"识字与写字""阅读""习作""口语交际"不同领域的阶段目标是如何承接的。三是应该把握学科课程的内容体系,理解不同学科领域知识的内在结构与基本逻辑。四是需要对课程标准提倡的教学方式进行理解,结合学科知识特点形成基本的教学方式体系。

(二)在价值观层面透析学科知识的国家意识形态意图

学科知识是教材的核心内容,同时也是教材意识形态的主要载体,因此选择什么样的知识,如何组织这些知识以及用怎样的话语表达知识都蕴含着国家意图。从意识形态角度看,对学科知识的理解需要从价值观层面去

---

① 柯政:《改革开放40年教材制度改革的成就与挑战》,《中国教育学刊》2018年第6期。

透析蕴含在学科知识之中的国家意图。

首先,透析学科知识选择的国家意图。在统编本教材中,知识选择发生了许多变化,这些变化是国家对不同学科知识的价值判定与价值预期。如在统编本小学语文教材中,传统文化与红色文化篇目显著增多。小学 6 个年级 12 册共选用古诗文 124 篇,占所有选篇的 30%,比原有人教版增加 55 篇,增幅达 80%,革命传统教育的篇目也占有较大的比重,小学选了 40 篇,初中 29 篇。① 传统文化与红色文化篇目的增加意味着国家对传统文化与红色文化的重视,希望学生通过学习能够认同我国五千年的传统文化精神与自力更生、不怕牺牲的革命精神,进而形成文化自信与政治信仰。与语文相同,统编本的《道德与法治》在内容、表达方式、价值判定等很多方面与人教版都出现较大差异。这些差异不仅仅是文字符号的差异,更多的是国家对于人才培养规格的差异,是新时代对培养什么人、为谁培养人、怎样培养人等根本问题认识与价值取向的差异。作为国家意志的体现,《道德与法治》教材内容的正确性、科学性必须得到保证,这一点毫无疑问。

其次,透析学科知识组织的国家意图。教材知识组织不仅可以体现学科的知识逻辑、学生的学习逻辑,其中也蕴含着一定的国家意识形态意图。统编本的《道德与法治》采用了与以前不同的教材组织理念与方式。从组织理念上看,采用了以学习活动为核心来组织教材内容;从组织方式来看,采用了单元、正文、栏目、儿童的教材设计方式。这种体现了《道德与法治》从"教德"向"学德"的转换,"德育归根结底是'学德'"②,希望学生的道德品质形成与发展可以通过教材学习而又摆脱教材学习,培养学生的道德自主学习意识与能力,使学生能够在日常生活情境中自发地进行道德思考与道德养成。

最后,透析学科知识话语方式的国家意图。不同的话语方式表达着不同的情感与价值指向,教材中对学科知识不同的话语方式意味着编者对学

---

① 温儒敏:《"部编本"语文教材的编写理念、特色与使用建议》,《课程. 教材. 教法》2016 年第 11 期。

② 高德胜:《以学习活动为核心建构小学〈道德与法治〉教材》,《中国教育学刊》2018 年第 1 期。

科知识的不同价值判定,蕴含着国家的意识形态意图。如统编本《历史》众多话语方式的变化,七年级第 14 课的标题是"沟通中外文明的'丝绸之路'",相对于人教版的标题"汉通西域和丝绸之路"具有不同的话语方式。这种话语方式的变化一方面体现了丝绸之路不仅是"汉通西域"的单向文化流动,更是"中外文明"的双向文化交流;另一方面也体现了丝绸之路是中外文明交流的纽带,突出了丝绸之路与中外文明交流是一回事,而并非将"汉通西域"和"丝绸之路"视为两件事。这一话语方式所体现的意图与我国重建丝绸之路,加强与世界文化的交流,参与世界发展的意识形态意图是一致的。

(三)基于学生生活设计教学活动,挖掘教材的意识形态意蕴

"意蕴"在《汉语大词典》被解释为"内在的涵义"。在艺术学中,意蕴也被称为"神韵""韵味""意味",是相对于艺术作品直接呈现的直接的、外在的具体形象而言的间接的、内在的深层的意义和情感,它是艺术作品的"魂"。朱光潜在翻译黑格尔的《美学》时,将这种超越具体形象的深层意义和情感翻译为"意蕴"。黑格尔认为:"意蕴总是比直接呈现的形象更为深远的一种东西。"[①]从本质上说,意蕴也是一种意义,但它不是作品所直接呈现的,甚至不是作者所想要表达的,而是读者自身所体悟到的。因此,相对于同样一个对象,不同的读者具有不同的意蕴。

意蕴的存在使教材的意识形态有了更大的拓展空间,对于教材知识,除了获得其本身的事实性意义与编制所赋予的意义之外,教师还应该在具体的教学情境中,依据意识形态背景与趋势、自我理解以及学生的生存处境来阐发其意蕴性意义。如对于科学实验,我们不仅要掌握其基本原理与操作规范,还要以此引发出科学家严谨的科学精神与科学伦理的人类情怀等意蕴性意义。对于教材知识的意蕴性意义的阐发,第一要确立教育知识观,即进入教材的知识不仅是人类认识的成果,更是促进学生生命成长的手段,"教育中的知识,是基于前人的认识成果,通过师生互动而产生的新的意义

---

① 黑格尔:《美学》(第 1 卷),朱光潜译,商务印书馆,1996,第 25 页。

系统"①。第二要把握意识形态方向,将国家和政府所倡导的思想价值体系与知识的意义体系关联起来,判断、选择恰当的意识形态内容。第三要结合学生的生活设计相应的教学活动,要依据学生的生活经验体验、价值理想来选择与表达意识形态的教学目标,并设计学生的学习活动,使所引发的意识形态不仅停留在目标层面,更是体现与渗透在学生具体的学习活动之中。

第三节　教师教材理解的专业维度

教材与教师素养的关系一直是课程与教学论的基本命题,也是制约或推动课程与教学改革的重要方面。教师、教材和学生一直是教学的三个核心要素,教师专业成长、教材建设和学生成长从来都是紧密相关,任何教材的改革与发展都离不开对教师专业素养的要求,"提升学科教师学科专业素养的路径之一,便是学习和运用教材分析与比较"②。自新课程改革以来,我国对教材的本质与使用进行广泛探讨,形成不同的教材使用观。特别是新时代以来,国家对教材建设的重视程度达到了历史新高度。2020 年,国家教材委员会印发《全国大中小学教材建设规划(2019—2022 年)》,教育部印发《中小学教材管理办法》《职业院校教材管理办法》《普通高等学校教材管理办法》《学校选用境外教材管理办法》。这是我国教材建设历史上首次发布大中小学教材建设规划,对我国近期教材建设的指导思想、具体目标、思路方法进行了顶层设计。而《全国大中小学教材建设规划(2019—2022 年)》的落实关键在于教师,"落实《规划》,关键在教师,特别是中小学教师队伍的专业水平有待进一步提高,否则教材编得再好,他们不能领会,不会使用"③。

---

① 郭元祥:《知识的教育学立场》,《教育研究与实验》2009 年第 5 期。
② 徐文彬:《教材分析与比较:教师专业发展不可或缺的面向》,《江苏教育》2019 年第 89 期。
③ 描绘新时代教材建设蓝图:《全国大中小学教材建设规划(2019—2022 年)》发布,http://www. moe. gov. cn/jyb_xwfb/xw_zt/moe_357/jyzt_2020n/2020_zt04/baodao/202004/t20200409_441835.html,访问日期:2020 年 4 月 18 日。

教材的改革与发展不仅是对教材性质与地位、编制思想与制度、知识选择与组织等的规范与发展,更是对教师的专业素养提出了新的要求。

一、教材使用观:互融共生

教师教材使用观源自于教材观,有什么样的教材观必然导致有什么样的教材使用观。所谓教材观,指的是"人们对教材的内容、属性、结构、功能等的基本看法,不同的教材观体现了不同的教材内容观、组织观、功能观以及教学观"[①]。目前,对于教材观研究文献较多,呈现出不同认识和看法,如圣经式教材观、经验自然主义教材观、科学取向教材观、结构主义教材观、范例式教材观、文化教材观等。教材使用观是在教材观基础上,对教师如何使用教材的基本理解和看法,它主要从教师与教材的关系角度提出,体现的是教师应该如何对待和使用教材。

对教材使用观的研究目前较少,主要存在"教教材"与"用教材教"两种基本认识。"教教材"注重教材的权威性,认为教材是国家法定学习材料,教材中的知识是经过层层筛选的具有典型性、代表性和合法性的知识,教学就是按照教材所规定的内容范围和深度开展,教师只要让学生能够获得教材所规定的知识,达到教材所规定的发展要求便完成了教学任务。这种教材使用观秉承的是一种忠实取向,教师和教材的关系是一种客体—主体关系,即教师是客体,教材是主体,教师必须按照教材的要求进行教学。"用教材教"将教材视为一种手段、工具或载体,认为教材中的内容仅仅是为了学生发展的一种手段,不能仅仅局限于教材之中,教师可以通过教材研究对教学内容进行重组、拓展、转换。这种教材使用观秉承的是一种创生取向,教师和教材的关系是一种主体—客体关系,即教师是主体,教材是客体,教师可以依据自己的理解和情境进行教学。

在我国,"教教材"是传统教学理念下对教师与教材关系的一种认识,它把教材置于教师之上,把学生的学习局限在教材范围之内,为教师的教和学生的学提供了一个较为固定和稳定的框架,使课堂教学具有了严格的规范。

---

① 陈柏华、高凌飚:《教材观研究:类型、特点及前瞻》,《全球教育展望》2010 年第 6 期。

新课改以后,在"学生中心"理念下,"教教材"受到了激烈的批判,认为"教教材"导致了"灌输式教学""教教材""强调学科知识的优先性,事实上这助长了教师在教学中直接选择讲授这一简便易行的方式向学生灌输学科知识体系的做法"。① 在由"教师中心"转向"学生中心"过程中,开始提倡"用教材教"的教材使用观,提倡教师依据学生知识学习的特点与规律,对教材进行具体化和情境化处理,使教材能够在不同的情境中呈现出不同的样态。由于"用教材教"主张教师对教材的支配作用,充分调动了教师对教材的个性化处理,导致了教师在使用教材时出现随意化现象,走向了另外一个极端。由此,有部分一线教师和学者开始探讨"教教材"和"用教材教"的关系问题,并呈现出一种争论状态。安桂清曾将这种关系的争论概括为三种观点:一是坚持"教教材"与"用教材教"是一种对立关系,二者是新旧课程理念的"分水岭";二是认为"教教材"和"用教材教"是一种粘连关系,二者是同一个问题的两个方面,不存在对立关系;三是主张"教教材"与"用教材教"是体用一致的关系,二者互为体用。② 与此同时,面对"教教材"与"用教材教"二者关系的争论,为了维护教材的权威性和严肃性。2018 年《教育部教材局关于开展义务教育国家课程教材检查工作的通知》重申:"经教育部审定通过的国家课程教材,未经许可不得擅自修改。"这一规定为教师如何使用教材奠定了基本的基调。

从理解来看,教师与教材的关系是一种互融共生的关系。理解不是一种单向活动,而是一种在对象与主体之间的循环建构活动,一方面,主体对对象的理解在不断揭示对象意义的同时,也在不断地赋予对象意义,使对象能够成为被理解的对象;另一方面,主体在理解对象的过程中也在不断地生成意义,使自身的意义持续丰满。正因为如此,海德格尔才认为所有的理解都是自我理解。教师对教材的理解同样遵循着这一基本原理,即一方面,教师在揭示教材指称性意义、文本性意义和意图性意义的同时,也在不断形成

---

① 安桂清、李磊:《论教师的教材观及其对教材使用的影响》,《教师教育论坛》2020 年第 6 期。

② 安桂清:《教材使用的研究视角与基本逻辑》,《课程.教材.教法》2019 年第 6 期。

生成性意义,以促使教材的具体化和情境化,使之适合特定情境下的课堂教学;另一方面,教师也在理解教材过程中不断认识和提升自身,逐步明确自身的素养水平,并积极推动教师专业水平。这一过程可以用图6-1来表示。

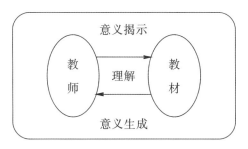

图6-1　教师与教材的互融共生关系图

从图6-1可以看出,从理解角度出发,教师的教材理解本质是教师与教材的意义揭示与生成过程,二者在理解活动中互融共生,共同促进教材从静态向动态转化,形成合适具体情境的教学活动方案。

二、教师教材理解与教师专业发展

教师专业发展是不断提升教师专业素养的过程。"我们如何思考知识,确实在相当程度上影响着我们如何思考教育。"[①]从"知识就是力量"(培根),到"什么知识最有价值"(斯宾塞),再到"谁的知识最有价值"(阿普尔),知识问题一直是教育研究领域的重要话题。教师与知识的关系是教师专业发展根本的、永恒的话题。

自教师专业发展概念提出以来,随着社会的发展和研究的深入,教师专业发展经历了知识技能、专业能力、专业伦理与精神等不同的发展阶段与形态,形成了不同的专业发展研究框架,极大丰富了教师专业发展的理论研究与实践。到21世纪,随着新课程改革对教师专业素养的进一步要求以及国外教师专业研究的启发,我国对教师专业发展的研究逐步聚焦于"有效教师专业发展","当今国外对于教师专业发展研究的新趋势主要聚焦于'有效教

---

① 索尔蒂斯:《教育与知识的概念》,唐晓杰译,载瞿葆奎主编《教育学文集·智育》,人民教育出版社,1993,第62页。

师专业发展'这一主题"。① "有效教师专业发展"是国外学者首先提出的教师专业发展的一种理念,并在引进与本土化过程中逐渐受到国内学者的认可,形成了不同的理解与模式建构。对于何为"有效",国外学者有不同的理解,英国的 Labone 和 Long 等明确将"有效"指向了学生的学业成就。② 国内学者对"有效教师专业发展"也形成了具有本土化的理解与模式,如陈向明所提倡的实践性知识,认为"实践性知识是教师专业发展的知识基础,在教师的工作中发挥着不可替代的作用"③,并对教师实践性知识的表征、要素与生成等进行了系统研究。也有学者将"草根"研究视为促进小学教师专业发展的一种新趋势。④ 总体看来,"有效教师专业发展"是在教师专业发展的基本理论与框架形成以后,对工作中的教师如何更为有效地成长为专家型教师的一种新的研究方向,它以追求实效为目的,以实践中的教师为主体,从教师工作场域中去寻求促进教师专业发展的有效理念、模式与途径,其典型代表是"基于实践的教师专业发展""工作嵌入式教师专业发展"和"课堂中心的教师专业发展"等专业发展模式。

在指向教师工作场域的教师专业发展取向中,教师工作成为教师专业发展的平台与核心。教师工作是教师在岗位中所需要开展的日常性和专业性的劳动,其中最为典型的是备课、上课、学生管理、家校合作、校本研修、课题研究等。这些工作既构成了教师工作的基本内容,也成了促进教师专业发展的有效途径,以"有效工作"实现"有效发展"成为当前教师专业发展研究的重要取向与核心命题。从逻辑上看,教师专业知识获得、专业能力提升、专业精神与专业伦理养成,都不可避免地表征为在具体工作中的各种观念与行为,都是为更好地做好教师基本工作。因此,从教师工作入手,以工

---

① 穆洪华:《教师专业发展研究的现状及趋势》,《北京教育学院学报》2016 年第 6 期。

② Labone E,Long J,"Features of Effective Professional Learning:A Case Study of the Implementation of A System-based Professional Learning Model," *Professional Development in Education* 42,no.1(2016):54—77.

③ 陈向明:《搭建实践与理论之桥:教师实践性知识研究》,教育科学出版社,2011,第 2 页。

④ 宋海桐、朱成科:《草根"研修:中小学教师专业发展新趋势》,《教育理论与实践》2016 年第 11 期。

作的有效性来思考和带动教师专业素养的提升,既能将教师专业发展融于具体行动之中,又使得教师专业发展脱离了理论说教和空泛苍白的窘况,使得教师专业发展具有良好的实践针对性。

在"有效教师专业发展"理念与取向下,教师的教材理解必然构成教师专业成长的有效途径。在摆脱传统教师与教材单向关系的"教教材",走向教师与教材互融共生的教材使用观过程中,教师对教材的研究成为教师实现有效教学的基础与条件。教材在教师课堂教学过程中,不但是基本的依据与材料,更是教师发挥主体性,实现个性化教学的前提和平台,只有在充分了解教材、把握教材,创造性地使用教材的基础上,教师才能够在具体情境中使教材"活起来",真正地融入课堂教学活动之中,发挥教材的功能,实现学生成长。因此,教材研究作为中小学教师校本教研的一项基础性与核心性活动,受到了极大的重视。教材研究是对教材知识结构、编者意图、育人价值等进行系统分析,并建构教学活动的过程,它基于教材、形成教学活动,最终指向学生学习。教师的教材研究是教师与教材之间的双向建构过程,既能丰富教材意义,又能提升教师专业素养。教师的教材理解是教材研究的核心,一方面,只有对教材形成系统的、个性化理解,才能真正明确教材的内容体系、学习方式与育人价值;另一方面,教材研究的目的指向的是教师对教材的深度理解。正是在教材研究过程中,教师开始认识自己,清楚自己的优势与不足,并不断进行学习与提升,最终促进教师专业素养的提升。

教师理解教材的过程本质上是进行教材研究的过程,也是提升教师专业素养的过程,"优化教材是教师专业成长的标尺"[1],"教师尤其是青年教师,要充分地意识到教材对于教师专业发展的重要作用,要有意识地利用教材实现真正意义上的教学相长"[2]。

三、教师教材理解对教师专业素养的要求

从理论上讲,教师的教材理解是对教材意义的揭示与建构过程,是教材

---

[1]　钟启泉:《"优化教材"——教师专业成长的标尺》,《上海教育科研》2008 年第 1 期。

[2]　于兰、刘佳星:《基于教材维度的教师专业发展研究》,《渤海大学学报(哲学社会科学版)》2019 年第 3 期。

指称性意义、意图性意义、文本性意义与创生性意义的循环生成过程。但从实践角度看,一线教师对教材理解往往更加具体与明确。以小学数学为例,有教师认为,小学数学教材解读需要聚焦数学基础知识、数学核心素养与数学思维[1];也有教师认为小学数学解读需要从"知识解读""思想解读"和"价值解读"三个维度进行[2]。总的来看,人们在思考教师教材解读时总是从两个维度出发:一是横向维度,即从理解对象出发去分析教师教材理解,形成一个平面结构,如刘家访将课程文本、课程开发和课程运作作为教师课程理解框架[3];二是纵向维度,即从理解过程出发去分析教师教材理解,形成一个由浅到深的纵向结构,如对教材知识的理解可以从事实、逻辑与意义三个层次逐层展开。任何系统而全面的教材理解都需要从这两个维度展开,在纵向与横向的交错中对教材进行系统、全面而深刻的把握。从意义的发生学出发,结合教材的结构,我们认为可以从教材知识、学科结构、学科思想与育人价值四个维度展开。这四个维度既有对象性特征,同时也具有过程性特征,既概括了教材理解的对象,也体现了教材理解的深度。

综合这四个维度,教师在进行教材理解时要对教材进行系统而全面的把握,需要具备以下专业素养。

(一)系统的专业知识

教师的专业知识结构在教师专业发展过程中一直是研究的重要领域。国外对教师专业知识的研究以斯滕伯格(R. Sternberg)、舒尔曼(L. S. Shulman)和格罗斯曼(P. L. Grossman)等人为代表,所提出的教师知识结构的认识受到广泛的认可。国内学者在借鉴相关研究成果基础上,从本土化出发,经过系统研究也提出一些自己的认识,如辛涛等人认为,教师知识包括本体性知识、条件性知识、实践性知识和文化知识[4]。又如叶澜认为,未来

---

[1]　钱中华、羊琴:《小学数学教材解读"三聚焦"》,《现代中小学教育》2020 年第 2 期。

[2]　秦引:《小学数学教材解读的三维视角》,《数学教学通讯》2019 年第 13 期。

[3]　刘家访:《教师课程理解研究》,福建教育出版社,2014,第 31—42 页。

[4]　辛涛、申继亮、林崇德:《从教师的知识结构看师范教育的改革》,《高等师范教育研究》1999 年第 6 期。

教师的知识结构不再局限于"学科知识+教育学知识",而应该呈现出多层复合的结构特征,其知识基础应该包括:对学科的基础知识技能有广泛而准确的理解,熟练地掌握相关的技能技巧;对与该学科相关的知识,尤其是相关点、相关性质、逻辑关系有基本的了解;了解学科发展的历史及趋势,了解学科对社会、对人类的价值,掌握学科知识在人类生活实践中的多种表现形态及各种学科知识的应用情境;掌握学科提供的认识世界的独特视角、思维方式等。[①] 总体而言,对教师专业知识的结构虽然有不同的取向和观点,但都围绕着"学科—教育"和"理论—实践"两个维度展开。

从教材理解角度来看,教师对教材的理解是对教材中知识的解构与建构过程。解构教材知识是对教材中的概念、原理以及知识之间的逻辑关系的清晰认识,以准确获得"知识是什么";建构教材知识指依据教材的育人价值、教学活动原理、学生学习与发展规律对知识及其关系的重新建构,以转化成符合学生学习和有利于实现学生发展的教育活动。对教材中知识的解构与建构不仅需要系统的学科知识,还需要包括课程知识、学生知识、教学知识、情境知识等众多专业知识。缺乏这些知识,教师对教材的理解将走向肤浅和表层,难以触及知识本质和内核。

(二)出色的课程理解能力

在心理学中,能力一般被定义为"人顺利完成某种活动所必须具备的心理特征"[②];在哲学中,能力往往指"在主体和客体的对象关系中表现出来的完成某种活动的实际本领与能动力量"[③]。从心理学和哲学来看,能力都是表征人们驾驭活动的程度,它具有外显性、可测性和可培养性等特征。

教师的课程理解能力是教师在课程领域,驾驭和完成课程活动的能力,是"教师对教育场域中的课程现象及其背后的价值观进行解释、批判、转化,

---

① 叶澜、白益民、王枬,等:《教师角色与教师发展新探》,教育科学出版社,2001,第23页。

② 黄希庭:《心理学导论》,人民教育出版社,2005,第599页。

③ 张典兵、王作亮:《教师专业发展》,中国矿业大学出版社,2017,第8页。

并生成意义的能力"①。具体而言，教师的课程能力是教师依据时代的课程
理念，对课程性质、目标、内容、实施、评价等的把握能力，它是教师课程能力
的核心，也是教师专业发展的逻辑起点和核心内容。从特征上看，教师的课
程理解能力包含三个特征：一是个人性，即教师的课程理解能力是在自己的
历史经验体系中生成的；二是境域性，即教师的课程理解能力是在具体境遇
中所表现出来的对课程的把握能力；三是意义性，即教师的课程理解能力以
学生的意义建构为根本目的和核心指向。②

教材是课程的核心，教师教材理解的前提是具有课程理解能力，只有在
课程理解能力前提下，教师才可能对教材所呈现的知识、蕴含的思想方法，
以及其具有的育人价值进行系统把握。教师的教材理解同样也对教师的课
程理解能力提出了相应的要求，进而促使教师在理解教材过程中不断提升
其课程理解能力。

（三）卓越的教师专业精神

对教师职业而言，专业精神并非可有可无的，而是作为教师职业的一项
基本属性。自从赫尔巴特正式将心理学视为教育学的核心理论基础开始，
教育学便走向科学的道路，以科学的态度与方式看待和思考教育学成了教
育学研究与实践的基本范式，课程与教学论也超越了技术和技艺的范围，成
了一门具有科学性质的学科。但课程与教学论的科学属性并不能抹杀其人
文属性，并且从根本上说，课程与教学论是一门具有人文性质的学科。因
为，课程与教学始终面对的是学生，是教师与学生在历史文化中的交互，以
引起学生学习与成长的活动，是一种指向性的活动。"教学不只是一种知识
传递的手段，只有注重教学过程中的投入和对教学本身的热爱，讨论教师的
专业精神才有意义，教师的专业精神先天带有非功利性色彩。"③

教师专业精神是一个综合性概念。按照朱旭东的理解，教师的专业精

---

① 张金运、程良宏：《教师的课程理解力及其生成》，《现代教育管理》2014 年第 1
期。
② 许大成：《教师课程理解力提升的价值与路径——基于核心素养的视域》，《中学
政治教学参考》2016 年第 10 期。
③ 朱旭东、张华军：《教师专业精神研究》，北京师范大学出版社，2017，第 6 页。

神的立足点是教师的理性、道德和审美情感,它可以解构为发生学意义上的三个层次:第一层次是教师认同,包括自我认同和组织认同;第二层次是教师美德,它包括理性精神、道德精神和审美精神;第三个层次是教师使命,它主要包含教师职业使命感和超越性使命。[①] 教师专业精神的三个层次相互关联,层层递进:教师认同是教师专业精神的起点,是教师从事教育事业的基础;教师美德是在教师认同基础所形成的具有个性特质的内在精神品质;教师使命是教师脱离具体教育情境后通过对人生根本问题的反思与追问所形成的个人的人生观与价值观,是教师专业精神的最高层次。

教师的认同、美德与使命虽不是教师教材理解的具体行为,但却在精神层面影响着教师的教材理解。精神是行为品质的保障,任何行为在没有精神品质的保障下,所表现出来的都仅仅是一种操作的序列,难以体现行为与自己的价值信念与精神信仰的关系。教师的专业精神以超越具体知识与行为形态的方式引导和制约着教师的教材理解,并赋予其浓厚的价值与信念色彩,使行为具有内在的一致性。因此,教师要建构和优化自己的教材理解行为,使教材理解脱离工作的最初状态,成为一种教师对教育事业、对人生价值的一种表达,需要具有相应的专业精神。

第四节　教师教材理解的学习维度

教材的目的是促进学生更好地学习,从这个角度来看,学习性是教材的基本特性,学习维度是教师教材理解的基本维度。

一、何为学习

学习是促进人类发展的最重要的行为,也是人类所关注与研究的最重要的问题之一。法国的焦尔当(A. Giordan)在梳理学习理念简史时曾认为,

---

① 朱旭东、张华军:《教师专业精神研究》,北京师范大学出版社,2017,第9—15页。

有三大学习传统占据主流且相互对立,构成了学习理念的基本历史。第一种传统是"经验主义"学习理念,它强调感觉,"把学习描述为一种简单、机械的记录,知识的获取通过一个随时待命的、'空白的'、始终专注的大脑来进行,学习被看作知识传递的直接结果"①。第二种传统是行为主义学习理念,它强调行为,将行为训练作为根本原则,期望通过刺激与反应之间的连接来解释学习,所构建的程序教学法在教育学中得到了广泛的运用。第三个传统是"建构主义"学习理念,它关注认知主体,把认知主体作为一种自组织系统,在与环境的相互关系中建构与发展主体的认知。在焦尔当看来,这三种传统存在明显的不足,就算是我们当前所广为承认的建构主义学习也仅仅重视人的心智运算,而忽视了情境的概念。"建构主义模型仅限于对一种机能和守衡状态(即'阶段')进行描述,而没有说明学习者对特定情境的处理以及他们如何根据自己已掌握的信息作出各种推论。"②正是在批判与反思的基础上,焦尔当认为,学习是"一种意义炼制活动"③,是学习者自身在情境中通过实践操作、自我发问、现实对质、他人对质、辩论等来或赋予知识意义的过程。

　　之所以要将焦尔当对学习历史以及作为"意义炼制"的学习理解进行简要表达,其主要原因在于笔者认为焦尔当的《学习的本质》一书实现了对学习研究的基本趋势。众所周知,对学习的系统的、科学的研究当属心理学。美国心理学家戴尔·H·申克在《学习理论》一书中明确以舒尔(Shuell)的学习概念作为自己对学习的理解,即"学习是行为或按某种方式表现出来某种行为的能力的持久变化,它来自实践活动或其他的经历"④。我国学者施良方在对心理学对于学习的理解分析的基础上,也认为"学习是指学习者因经验而引起的行为、能力和心理倾向的比较持久的变化。这些变化不是因成熟、疾病或药物引起的,而且不一定表现出外显的行为"⑤。类似的观念在

①　焦尔当:《学习的本质》,杭零译,华东师范大学出版社,2015,第 21 页。
②　同上书,第 27 页。
③　同上书,第 79 页。
④　申克:《学习理论:教育的视角》,3 版,韦小满译,江苏教育出版社,2003,第 2 页。
⑤　施良方:《学习论》,人民教育出版社,2001,第 5 页。

心理学研究领域十分常见。这种对学习的理解强调了三个方面:第一,学习必然引起行为或行为能力的变化;第二,这种变化是持久的,并非因成熟、疾病或药物等引起;第三,这种变化产生于学习者的实践或经验。从心理学历史来看,不管是行为主义、认知主义还是建构主义,对学习的理解所关注的都是学习者的内在心理层面,把学习研究领域限定在了个体心理内部如何处理外界信息,进而引发个体心理的变化。它虽然切中了学习的心理维度,但却忽视了社会与文化的维度,进而带来一种生物主义的倾向。对于这一问题,美国的乔纳森(D. H. Jonassen)认识更为深刻。在其编著的《学习环境的理论基础》一书的译本序中认为,传统的学习领域的理论是客观主义的,它把学习视为一种复制传输给学习者的知识的内部心理过程,而建构性的学习过程观则提倡"学习既是个体性的建构意义的心理过程,也是社会性的、工具中介的知识合作建构过程。有意义的学习是有意图的、复杂的,是处于它所发生的情境脉络之中的"①。对学习的理解从个体心理转向社会文化在"转化性学习"(Transformative learning)上得到更为充分的体现。从 20 世纪 70 年代至今,在学习领域逐渐形成了以梅兹罗(Mezirow)、克兰顿(Cranton)、德克斯(Dirkx)为代表的转化性学习研究群体,形成并提出了转化性学习理论。梅兹罗认为,转化性学习是"使用现有的解释来分析新的或修订过的指导未来行动的个人经验的意义阐释的过程"②,它是在个人的生活境遇中,对已经形成的一系列具有常识性的认识参照体系(Frame of reference)进行反思、调整、改造或重建,进而形成一种具有社会与文化适应性的新的认识参照体系的过程。而这种认知参照体系的本质是人们诠释世界的参照框架,包含意义观点(Meaning perspective)和意义图式(Meaning scheme)两个组成部分。转化性学习理论的提出,显示着当代对学习的理解具有更大的包容性与开放性。

　　从以上对学习的简要梳理可以看出,从学习的客观性转向学习的主观

---

①　乔纳森:《学习环境的理论基础》,郑太年、任友群译,华东师范大学出版社,2002,第 1 页。

②　麦基罗:《成人教育实践中的转换性学习》,陈静、冯志鹏译,北京师范大学出版社,2016,第 18 页。

性,重视学习者本身;从学习的内在倾向转向学习的外在倾向,重视学习的境脉条件;从学习的心理特征转向学习的社会文化特征,重视学习的实践建构,可以说是当代学习研究的重要趋势。正是在这种发展趋势下,学习与社会、学习与文化、学习与学习者的个体实践等研究逐渐成了学习领域的重要研究主题。因此,从现代对学习的理解可以看出,学习包含以下几个内涵:第一,学习必须以学习者为基本立场与视角,学习者是学习的出发点与归宿;第二,学习是学习者的意义建构过程,这种意义建构包括认知意义建构、社会意义建构与文化意义建构;第三,学习是在境脉中发生的,系统的场域是学习发生的基本条件;第四,学习是一个延续的过程,它在个体的生活境遇中不断对个体的认知结构、价值信念、行为方式进行反思、改造与重构。

考察或分析学习的方法主要来源于对学习的理解。在这方面,由于学者对学习的理解存在差异,其考察或学习的方法也存在差异。传统对学习的考察往往关注学习发生的心理过程,把学习局限在个体心理的狭隘范围之内,如申克在《学习理论》一书中认为学习研究的关键性问题包括六个方面,即学习是怎么发生的? 哪些因素影响学习? 记忆起什么作用? 动机起什么作用? 迁移是如何产生的? 各种理论最适合解释哪种类型的学习?[1]这种考察学习的方法带有明显的心理学色彩。在超越狭隘的心理学范围对学习的分析中,丹麦学者伊列雷斯(K. Illeris)所建立的"两过程三维度"分析框架具有代表性。在《我们如何学习:全视角学习理论》一书中,伊列雷斯认为所有学习的发生包含两个基本过程:个体与所处环境的互动过程以及发生在其中的心理获得过程,并且认为,"对于学习的理解来说,非常关键的是这两个过程及其双向互动都必须能够被顾及"[2]。由这两个过程及其关系构成了"学习三角",包含了三个基本维度:第一维度是内容维度,指向我们学习什么,主要包括知识、理解与技能,发展了学习者的功能性;第二维度是动机维度,指向学习所需心智能量的运用,主要包括动力、情绪与意志,发展了

---

① 申克:《学习理论:教育的视角》,3 版,韦小满译,江苏教育出版社,2003,第 10 页。

② 伊列雷斯:《我们如何学习:全视角学习理论》第 2 版,孙枚璐译,教育科学出版社,2021,第 23 页。

学习的敏感性;第三个维度是互动维度,指向个体与所处社会性与物质性环境的互动,主要包括活动、对话与合作,发展了学习者的社会性。[1] 伊列雷斯对学习的考察方法显然已经超越了纯粹的心理学范围,将学习置于社会之中,突出了学习作为一种个体的社会活动过程。除以此外,我国教育学者在考察学习时所采用的维度往往从学习活动的逻辑过程出发,如有学者在考察深度学习与浅层学习的差异时把学习分为了学习动机、学习内容、学习方式、学习过程与学习结果五个方面。[2]

二、教材的学习性特征

从教育学逻辑来看,教材(课程)所充当的逻辑问题是"学什么",也就是说,在教育活动中,教材指向的是学生所学习的内容。但不管主张"学什么",里面总是包含着学生的学习性特征,心理学总是课程的基础理论之一。

教材的学习性特征伴随着教育与课程的发展不断被认识、显化,并逐渐成为课程的基本特征。当前,我国学者对教材的历史研究主要是以石鸥为代表的对中国近代教科书历史的系统梳理与反思判断,其诸如《中国百年教科书论》《百年中国教科书记忆》《简明中国教科书史》等著作对中国,特别是新中国成立以来的教科书的基本形态、历史演变、价值取向等进行系统研究,但对人类历史中教材的演化尚缺乏专门系统的研究,各个时期对教材的理解、认识与实践往往融于教育史、课程史或教学论史之中,对教材的历史阶段的划分往往还不清晰,难以看出教材与学习心理结合的具体历史进程。为了明确教材与学习心理相结合的演进过程,我们从教育史的角度对教材与心理的基本历史进行简要梳理与分析,以确认教材与学习心理结合的历史轨迹。

具有制度化特征的课程的诞生可以追溯到中国的春秋战国与西方的古希腊时期。《诗》《书》《易》《礼》《乐》《春秋》可以被认为是中国最早的系统

---

① 伊列雷斯:《我们如何学习:全视角学习理论》第 2 版,孙枚璐译,教育科学出版社,2021,第 26—30 页。
② 李松林、贺慧、张燕:《深度学习究竟是什么样的学习》,《教育科学研究》2018 年第 10 期。

化课程,它在当时的私人讲学中已被列入正式课程。① 古希腊在智者所确立的"三科"(文法、修辞法、辩证法)与柏拉图所确立的"四学"(算数、几何、天文、音乐)基础上所形成的"七艺"成为西方最早被公认的课程体系,并延续到了文艺复兴时期。从这一时期对课程的设计来看,课程的心理化色彩较为淡化,课程产生的主要动因在于统治阶级的需要以及教育思想家的设想,"奴隶社会的学校课程是按照奴隶社会的教育目的而设置的。当时的教育目的无非是首先要维护奴隶主统治的社会秩序,为统治被压迫阶级培养人才"②,这从课程内容与生产劳动相脱离的历史事实就可以得到证明。当然,在学校课程设计中隐含着学生初步的学习心理,主要体现在课程的安排要符合学生学习"从易到难"的基本顺序。在这方面,中国形成了一系列蒙学教材,如秦汉的"字书"(即识字课本),梁周兴嗣的《千字文》,唐李翰的《蒙求》,宋王应麟的《三字经》,宋佚名的《百家姓》,明萧良有、杨臣诤的《龙文鞭影》,清程允升、邹圣脉的《幼学琼林》,清王筠的《文字蒙求》等,均显示了当时学校课程对学生学习心理的朦胧认识。

在教育思想中,学生学习心理一直是教育思想家思考教育问题的重要维度。早在古希腊时期,柏拉图对3—6岁儿童进行的游戏教育就隐含着哲学心理学思想。在文艺复兴时期,经验认识论一度成为思考教育的最重要的基础性理论,17世纪捷克教育家夸美纽斯在其著作《大教学论》中所提出的教育适应自然原则显示了经验认识论在教育教学领域的系统运用,"他对课程论的贡献,不仅在于扩大了学科基础的范围,而且在于按照它的适应自然的原则,初步按照儿童身心发展的阶段来安排课程"③。而真正对教育进行心理学化思考的是19世纪瑞士著名教育家裴斯泰洛齐(J. H. Pestalozzi)。裴斯泰洛齐在继承卢梭对儿童自然本性的高度赞扬的基础上,对儿童的"自然"进行了改造,否认了儿童"自然"的理想性特征,将其与后天的教育、环境结合起来,认为只有将儿童的本性与社会的影响、教育的引导结合起来才能真正实现培养健康的儿童。这种结合在实践意义上就是要抛弃将儿童视为

① 陈侠:《课程论》,人民教育出版社,1989,第36页。
② 同上书,第36页。
③ 同上书,第134页。

空洞的名词,需要在具体的情境中按照儿童的心理规律进行教育,认为"智力和才能的发展,要有一个适合人类本性的心理学的循序渐进的方法"①,主张将心理学作为教育实践的核心基础。从教育历史来看,"一般认为,'教育心理学化'是裴斯泰洛齐在柏格多夫首先提出来,并作为他自己从事教育实验和改革的伟大目标之一"②。正是在"教育心理学化"基础上,裴斯泰洛齐提出了要素教育思想,要求依据儿童的心理规律简化教育教学工作,提高教育效率。虽然在裴斯泰洛齐时代,科学心理学还仅仅是一种设想,但"教育心理学化"思想却为后续的教育学家指明了一条教育改革与发展的光明之路,也正是在这种思想的影响下,德国教育学家赫尔巴特积极建构着自己的"观念心理学",并将其与伦理学(实践哲学)一起视为教育学的两个支柱,进而开辟了科学教育学的道路。在赫尔巴特的教育体系中,为实现培养具有道德性格力量的人的教育目的,设置了管理、教育性教学与训育三个基本手段,而教育性教学则是这三个手段中最为重要的方面。为实现教育性教学,赫尔巴特认为学生必须对知识产生多方面的兴趣,并使之达成平衡。多方面的兴趣是赫尔巴特课程思想的基础,在经验的兴趣、思辨的兴趣、审美的兴趣、同情的兴趣、社会的兴趣以及宗教的兴趣六个方面的兴趣基础上,赫尔巴特建立了系统的课程体系。③ 虽然赫尔巴特将其所建构的"观念心理学"主要用于解释其教学过程,对教材的组织仍然坚持学科逻辑,但他以学生对知识的兴趣为根本依据与维度所建构的课程体系极大地推动了课程心理学的发展,由于当时心理学处于非科学化时期,其教材心理化还仅仅停留在思想层面,并不具有坚实心理学基础。真正主张以心理逻辑来组织教材的是美国教育家杜威,他被称为是"教育史上第一个明确提出'教材心理化'的教育家"④。

作为现代教育的标志性人物,杜威实现了教育从知识中心向儿童中心的转化,儿童成了思考教育问题的基本逻辑起点与最终指向。在具有纲领

①　张焕庭:《西方资产阶级教育论著选》,人民教育出版社,1979,第191页。
②　袁锐锷:《外国教育史新编》,广东高等教育出版社,2002,第174页。
③　吴式颖:《外国教育史教程》,人民教育出版社,1999,第314页。
④　张建桥:《杜威的教材心理化理论述评》,《石家庄学院学报》2013年第1期。

性的著作《我的教育信条》中,杜威明确表达了将儿童视为社会中的个体,社会与心理两个有机联系的维度是思考教育的两个基本维度,"我认为唯一的真正教育是通过对儿童能力的刺激而来的,这种刺激是儿童自己感觉到的社会情境的各种活动所引起的"①。在儿童作为教育中心的前提下,教材必须与儿童的社会生活及心理紧密相关,"我认为学校科目相互联系的真正中心不是科学,不是文学,不是历史,不是地理,而是儿童本身的社会活动"②。因此,在杜威的教材理论中,教材编制必须遵循两个基本逻辑的统一,即经验的逻辑与心理的逻辑,"也许有必要把经验的逻辑的方面和心理的方面区别开来并相互联系起来——前者代表教材本身,后者代表教材和儿童的关系"③。教材的经验性与心理化是杜威对教材基本特征的理解,只有将教材内容从学科专家转向儿童社会活动经验,按照儿童学习心理给予组织,才能真正实现教育中的儿童中心,才能将教育与儿童的生活、生长关联起来。杜威对教材与学习心理的关系的主张与重视从根本意义上推动了"儿童中心主义课程"流派的发展,也推动了课程理论的多元化发展,课程的心理维度成了思考课程编制与理解的基本维度之一。自杜威以后,伴随着心理科学的进一步成熟,对人类学习心理过程的进一步揭示,从学习心理角度审视、编制教材,把心理学视为课程教材的基础性理论之一成了课程领域进行问题研究的基本常识。

从历史梳理可以看出,教材与儿童心理的关联一直都存在,从古希腊对儿童学习的哲学认识(即灵魂论),到文艺复兴时期的经验认识论,再到科学心理学的诞生,随着儿童学习心理的一步步科学化,教材的学习心理维度也变得逐渐紧密与清晰,如何依据儿童的学习心理来编制教材成为理解与研究教材的重要维度,特别是在课程论产生以后,课程理论专家泰勒、博比特(F. Bobbitt)、布鲁姆(B. S. Bloom)、布鲁纳(B. S. Bruner)等人在思考课程目标的设计、课程内容的组织、课程评价等问题时均带有浓厚的学习心理色

---

① 杜威:《学校与社会·明日之学校》,赵祥麟、任钟印、吴志宏译,人民教育出版社,2005,第 3 页。

② 同上书,第 9 页。

③ 同上书,第 120 页。

彩,心理逻辑也成为课程编制的核心逻辑之一。正如有学者所说的那样,不管怎么去界定课程,学校课程与心理学理论都保持着千丝万缕的联系,在学校课程中必然涉及两个心理成分:①课程工作者必须了解学生对课程内容理解的情况,不了解学生对课程内容是如何组织的,传递这些内容很可能是徒劳的;②课程必定会涉及某种学习和发展的模式,因为课程最终的目的是要不断改变学生对世界的看法,如果没有一种(或几种)知识组织变化的模式,就会缺少确定课程活动的基础。①　正是在这种理念下,现代教材的编制具有明显的学习心理特征。钟启泉曾将教材分为教养教材与教育教材,以区分的方式来审视教材对于儿童学习心理关注的不足,认为"在考虑适当的教材与教材编制时,还有必要将思维方式、作业方式、方法、步骤、技术等等也包含在教材之中"②,以实现教育教材与教养教材的统一。教材作为儿童学习的对象,从最为基本的逻辑层面映射着儿童学习教材的过程,重视教材的学习心理维度从根本上体现了教材本身的科学性与合理性。

三、教材中学习的存在方式

教材的学习性特征是教材的基本属性,它贯穿于教材的编制与使用的整个过程。从存在方式来看,基于对教材编制的过程分析,可以折射出学习是如何存在于教材之中的。教材编制是生产教材的一系列过程,"这是一种准备制作教材、进行教学论分析与重构的一连串作业"③。从实践过程来看,大概可以分为三个连续的阶段:一是确立教材编制的指导思想。"课程实践在本质上是一种价值创造活动,因而必须遵循一定的价值原则"④,任何教材的编制都应对着教育理念变革与教育实践需要的结合,只有在现实与理想的差距与张力中才会重新编制新的教材。如在21世纪初新课程教材与"部编本"(历史、语文、道德与法治)教材编制中,社会发展需要、教育理念变革

---

① 施良方:《课程理论:课程的基础、原理与问题》,教育科学出版社,1996,第39页。
② 钟启泉:《现代学科教育学论析》,陕西人民教育出版社,1993,第186页。
③ 同上书,第205页。
④ 钟启泉、崔允漷:《新课程改革的理念与创新:师范生读本(第2版)》,高等教育出版社,2008,第27页。

与中小学教育实践共同构成了改革的基本背景与价值确立的依据。二是依据编写理念组织人员进行教材的研制,包括课程标准的确立,教科书内容、结构与呈现方式的确立以及评价的理念、原则与方式等的确立。这是教材编写的重要阶段。三是实验与推广,即将所编写的新教材运用至教育实践活动之中,通过实践反馈与理论逻辑梳理对新教材进行修订与完善,最后推广使用。这三个阶段也折射出学习在教材中的存在方式。

(一)倡导性学习观念

教材编制首先是确立指导思想,以阐明教材编写的价值思想与基本依据,使教材具有明确的观念导向。教材编写的指导思想涉及多个方面,其中一项重要的内容便是关于教材的学习,它从学习理念、学习方式等层面对教材应该如何学习进行倡导与规定,以期实现与教材相适应的学习方式。

进入 21 世纪以来,我国的教材编写经历了两次重大改革。2001 年,教育部印发《基础教育课程改革纲要(试行)》(教基〔2001〕17 号),正式拉开了新世纪教材改革。在该文件中,明确提出要改变"接受学习、死记硬背、机械训练"的课程实施现状,提倡"在实践中学习""富有个性地学习"等新的学习方式。自此,自主、合作、探究成了新课程改革提倡的主要学习方式。在经历新课程改革以后,伴随着国家对教育的重视和新时代对教育提出的新要求,我国开始对"三科教材"进行统编,教材进入"审定制"和"国定制"并存之局面。2016 年,中共中央办公厅、国务院办公厅印发了《关于新形势下加强和改进大中小学教材建设的意见》,这是新中国成立以来第一个关于教材建设的中央文件。文件明确提出了语文、历史、道德与法治三科教材统编、统审、统用。在统编教材编写过程中,注重了学习研究的新进展,依据新的学习理念对教材内容进行处理,彰显了统编教材的学习理念。如小学语文教材试行"先认字,再学拼音",使学生的学习更符合生活实践,"接地气"、贴近"语文生活"也成了统编小学语文教材的一个特色①;《道德与法治》教材重视儿童经验,重视儿童的经验基础与经验成长,"我们在编写小学《道德

---

① 温儒敏:《如何用好"统编本"小学语文教材》,《课程.教材.教法》2018 年第 2 期。

与法治》教材的时候,坚持从儿童的经验出发,努力做到'接童气',其实就是'入伙'儿童的一种尝试"①。同时,在教材政策指导下,课程标准更为具体地展示了对学生学习的预期。2020 年,教育部印发了《普通高中课程方案和语文等学科课程标准(2017 年版 2020 年修订)》,对学生如何学习教材进行了明确说明。如在《普通高中语文课程标准(2017 年版 2020 年修订)》中,明确提出了语文是一门实践性课程,要"加强实践性,促进学生语文学习方式的转变",要求教师在引导学生运用语言文字过程中发现问题,培养探究意识和发现问题的敏感性,探求解决问题和语言表达的创新路径。

在教材编写的政策性文件内容中,学生的学习方式一直是关注的重点,提倡何种学习理念,主张何种学习方式,既是学习研究新成果的要求,也是提升人才培养质量的要求。这些规定和要求,以"倡导性学习观念"的方式存在于教材政策文本之中,构成了教材中学习的重要存在方式。

(二)内容组织与安排

内容组织与安排是对教材中所选用的知识经验的合理结构化的过程。在相关理论中,教材内容组织一般遵循两个基本原则,即学科逻辑与学习心理。因此,不同学科的教材在组织安排教材内容时,必然会考虑到学生的学习过程与规律,倡导某种学习方式。

相对于人教版,统编本语文教材对教材的呈现结构进行了调整。统编语文教材采用的是"分单元组织教学,若干板块的内容穿插安排在各个单元之中"②。而在单元之内,采取的是"双线组织单元结构",即将"单元主题"与"核心素养"作为两条基本线索贯穿于教材之中。单元设计也非常丰富,除了设计了"单元导语""单元提示""单元练习""语文园地"之外,还设计了"和大人一起读"。这种设计蕴含着学生学习的基本方式。

统编本《道德与法治》秉承着以学生活动为中心,通过教材的单元结构指向学生学习的问题域;通过正文功能的转变重新拟定正文的结构与表达

---

① 高德胜:《小学〈道德与法治〉教材对儿童经验的处理》,《中国德育》2019 年第 1 期。

② 温儒敏:《"部编本"语文教材的编写理念、特色与使用建议》,《课程.教材.教法》2016 年 11 期。

方式;通过多元化栏目设置(如"活动园""阅读角""故事屋""小贴士"等)实现儿童多元化的学习活动;通过"教室中儿童"主体地位的确立体现儿童学习的主体地位。① 这些教材结构的变化体现着教材组织与安排过程中对儿童学习的重视和提倡。

不同的内容组织与安排体现着教材对儿童学习规律的尊重,对儿童学习理念与方式的提倡,对儿童学习要求的确立,学习总是或明或暗地贯穿于教材内容的组织与安排之中。

(三)教材活动化过程

教材活动化是教师依据课程标准将静态化的教材内容转化为动态化的教学活动的过程,其核心是教学设计。对于教师而言,教材政策、课程标准所倡导的学习观念、教材组织与安排所预设的学习方式虽然对如何进行教学设计,开展教学活动进行了预设,但面对具体的教学情境,还需要依据或参考学习预设,将其转化为可操作性、情境化和个性化的学习活动。

美国乔纳森在《学习环境的理论基础》一书中所提倡的"贯一设计"强调方法、手段要以与其认识论一致的方式相联系,"并不提倡和假设某种特定的认识论和方法论对设计具有内在的优先权,而是提供了一个框架,将不同的设计实践和相关思想系统的基本信条融合在一起"②,强调学习环境的重要性,认为"在脱离情境脉络下获得的知识,经常是呆滞的和不具备实践作用的"③。乔纳森对学习与环境关系的理解可以较好地揭示教材与教学活动之间的关系。教材作为一种静态化的内容,与真实的学习环境往往是相互脱离的,它所考虑到的学习理念与方式往往是宏观和普遍的,虽对教师的教学设计具有认识论和方法论意义,但却不能完全替代具体教学情境中的教师教学设计。因此,教师的核心作用就在于转化,即将这种宏观和普遍的预设转化为具体教学情境中的教学方案。在转化过程中,教师需要依据自己的

① 高德胜:《以学习活动为核心建构小学〈道德与法治〉教材》,《中国教育学刊》2018 年第 1 期。

② 乔纳森:《学习环境的理论基础》,郑太年、任友群译,华东师范大学出版社,2002,第 3 页。

③ 同上书,第 11 页。

进度安排、学生特点、教学条件以及教师自身的专业素养,将教材的预设具体化、活动化、情境化,以形成符合具体教学情境需要与特征的教学活动系统。

教师的转化意味着教师需要对学生的学习过程与活动进行解构与建构。在教师的转化过程中,一方面需要对教材中的学习预设进行解构,了解教材中的学习意图,另一方面需要结合具体教学情境进行学习活动建构。正是在解构与建构过程中所获得的学习理解构成了教材中学习的存在方式。

四、教材中学习理解的基本途径

学生学习是学生意义建构的过程,学习性是教材的基本特征,教材中蕴含着学生的学习方式,这意味着教师对教材的理解需要关照学习维度,只有系统、深度地理解教材中的学习,教师才能把握教材,才能设计和开展教学活动。

(一)结合当代学习观和教材政策性文件,确定教材所倡导的学习观

倡导何种学习观来组织学生进行教材学习既有主观的一面,也有客观的一面。一方面,学习研究新成果为教材学习观的选择提供了客观基础。从逻辑来看,学习是进行教育教学的基础与核心,任何教育观念的产生、教学模式的提倡都必然有其学习基础的假设,都是为了促进学生学习效果的。因此,学习研究是推动教育教学的重要力量。从当前来看,随着人工智能、脑科学等不断发展,人的学习过程与机制也在不断被揭示,深度学习、机器学习、转化学习等概念相继出现。王美、郑太年等在总结近二十年学习科学研究时指出,学习科学研究呈现出四大趋势:第一,重视文化境脉对学习的重要影响;第二,强调学习持续发展并贯穿一生;第三,重视学习者的主动学习机制;第四,重视技术对学习的支持。[1] 可以看出,学习研究逐渐迈向一种综合性研究,开始从脑科学、人工智能、文化学等各个方面对学习进行综合性探索。这些研究成果必然为教育学提供了理论支撑,影响着教育教学的基本观念与方式,也必然影响着教材的编制与理解。另一方面,教材中所倡

---

① 王美、郑太年、裴新宁等:《重新认识学习:学习者、境脉与文化——从〈人是如何学习的Ⅱ〉看学习科学研究新进展》,《开放教育研究》2019 年第 6 期。

导的学习观念是教材编制者对学习观的选择过程。从一定意义上说，教材政策制定者并不研究学习，他们对教材应该采用什么样的学习观念进行学习是一个具有主观性的选择过程。这种选择一方面受到学习观念研究的合理性的影响，另一方面也受到当前社会环境和学生学习现状的影响。以新课程改革所倡导的自主、合作、探究学习观为例，一方面，自主、合作、探究学习方式所依据的建构主义学习观在经历了半个世纪后普遍受到教育学领域学者的认同和接受，把学习视为一种意义建构过程也契合了学生学习的本质；另一方面，在新课程以前的学生学习中，普遍采用着"接受学习、死记硬背、机械训练"，严重压制了学生学习的主动性；再者，伴随着我国社会的不断发展与进步，特别是经济的迅速腾飞，创新意识、实践能力、科学探究精神等逐渐被社会所认同和提倡，也成了决定社会是否能够继续快速发展的关键因素。正是在研究成果、学习弊端和社会发展需求的综合影响下，新课程确定了以自主、合作、探究为主的建构主义学习观。

确定某种学习观以后，教材编制者以政策文本、课程标准等形式将这种学习观以及主要学习方式规定为了教材学习的主要观念和方式，并与具体学科结合起来，成为引导教师理解教材中的学习的重要文本。教材政策与课程标准是教材编写的指导性文本，它为教材编写提供了指导思想、内容框架、学习方式与评价标准，教材政策与课程标准所提倡的学习观念与方式是进行教材内容组织与安排的重要依据之一。如《普通高中数学课程标准（2017 年版 2020 年修订）》明确提出："提倡独立思考、自主学习、合作交流等多种学习方式，激发学习数学的兴趣，养成良好的学习习惯，促进学生实践能力和创新意识的发展。"在高中数学教材编写时则需要按照这一学习理念与方式进行组织和安排内容。

因此，教师对教材中学习的理解需要结合当代学习研究成果和教材政策性文件来确立教材的学习观。一方面要关注学习研究成果，对各种学习观念、学习方式等系统了解和掌握，另一方面，需要精读教材的政策性文本，揭示所倡导的学习观念和方式。通过二者的结合，教师才能准确把握教材所倡导的学习观。

(二)结合教科书内容的组织与安排结构,理解教科书中的学习方式

教科书是教材政策与课程标准的具体化,教科书一般按照教材政策精神与课程标准要求进行编写。从学习的角度来看,教科书内容的组织、安排与呈现最能体现教材的学习方式。从教科书沿革来看,按照功能角度可以将教科书划分为三代:第一代的教科书尚未从专著中分离出来,主要关注的是学科知识;第二代教科书虽然从专著中独立出来,但主要是为教师的教学服务的,忽视了学生的学习过程;第三代教科书受到学习理论的影响,将重心调至关注学生的学习过程。[①] 可以说,当前的教科书是为了学习的教科书,是依据学生的学习过程与规律进行编写的,学习应该成为现代教科书编写的重要依据之一。这正如比利时的热拉尔和罗日叶在《为了学习的教科书:编写、评估与使用》一书的引言中所说的,传统意义上的教科书主要用于传递知识以及构成一个练习题库,除此以外,教科书还应该满足学生的学习习惯、提出学习方法建议、把获得知识和日常生活结合起来等。[②]

教科书对学习的重视和采纳的主要途径是通过内容的组织、安排与呈现。学生的学习方式在教科书中主体体现如何学习教科书内容,不同的内容组织方式、安排结构与呈现方式体现着对学生学习的不同要求,隐含对某种学习观念、学习机制与学习方式的认同与采纳。如统编本小学《道德与法治》教科书编写过程中,始终重视儿童的经验,认为:"儿童的经验是儿童生长的一种力量,如果教材里面缺少儿童的经验,就斩断了儿童自身力量和教育力量的交互作用。"[③]因此,在编写过程中,通过"一个经验"(儿童的生活实践)来唤醒儿童经验,通过多种方式来让儿童表达经验,通过儿童亲自操作(如"活动园")来实现体验上升为经验,通过"入伙"来使儿童个人经验上升为他人经验。这种以儿童经验为基础与线索,通过"生活经验——个人体

---

① 任丹凤:《中小学教科书编制设计的理论与实践研究》,华东师范大学博士学位论文,2003,第106页。

② 热拉尔、罗日叶:《为了学习的教科书:编写、评估和使用》,汪凌、周振平译,华东师范大学出版社,2009,引言。

③ 高德胜:《小学〈道德与法治〉教材对儿童经验的处理》,《中国德育》2019年第1期。

验——个人经验——他人经验"的学习逻辑,使儿童的品德发展能够建基于儿童生活,能够有效促进儿童从经验到知识的转化。不仅统编本小学《道德与法治》重视儿童学习,以儿童的学习活动为中心来组织、安排与呈现教材,现代几乎所有的教科书都蕴含着学生的某种学习方式,都将学习作为教科书编写的基本依据与线索。

教师的教材理解需要从教科书的内容组织、安排与呈现中去揭示与建构儿童的学习活动。要理解教科书所蕴含的学习方式,教师首先需要去分析教科书的内容组织与安排,解构其中所蕴含的学习过程。如统编本语文教材中的古诗词,小学阶段的古诗词都与现代文结合在一起组成一个单元,并未出现单独的古诗词单元,直到八九年级,才将古诗词单独组合成单元。这种安排除了遵循学生的心理水平和学习特点以外,也暗示着小学阶段的古诗词学习要与学生生活体验结合起来。除此以外,教师还需要通过分析教科书内容的呈现方式去解构其所蕴含的学习过程。对于这一点,现代教科书体现得十分明显,所有学科在知识呈现时均未采用直接呈现方式,而是通过图片、提示语、生活活动等方式引入,这要求教师进行教学设计时必须重视学生的生活经验,将经验作为学生学习的基础与条件。

(三)结合教学情境,创造性地建构学习活动

创建学习活动是教师教材理解的重要环节。任何教材编写都是对教师开展教学活动的一种预设,但这种预设只是对教师开展教学活动的一种普遍要求,并不能替代具体的教学活动,也并不一定符合具体教学情境需求。因此,教师需要结合具体教学情境,对这种普遍预设进行转化与创造,以形成具体的教学活动,才能真正地实现"用教材教"。

教师对教学活动的建构需要在全面深入把握教材对学生学习要求基础上创造性地进行。首先,要通过教材理解,准确把握教材对学生学习的基本要求,如已有知识基础、生活经验基础、学习方式要求、学习结果要求等。其次,教师需要结合这些要求思考和创建学习模式,即以一种较为系统的学习方式来重新架构相关学习内容,使学生的学习更为系统,如采用问题解决学习、项目式学习、探究式学习等等。最后,教师需要将学校环境对学生学习的细节补充纳入到教学活动构建之中,如依据班级学生的生活特点,选择导入材料,依据学生环境选择直观图片或教具等。

参考文献

一、工具书类

[1]《辞海》编辑委员会. 辞海[M]. 上海：上海辞书出版社, 1978.

[2] 中国大百科全书编辑部. 中国大百科全书·教育卷[M]. 北京：中国大百科全书出版社, 1976.

[3] 顾明远. 教育大辞典(第 1 卷)[M]. 上海：上海教育出版社, 1990.

[4] 顾明远. 教育大辞典(第 6 卷)[M]. 上海：上海教育出版社, 1992.

[5] 冯契. 哲学大辞典(修订本)(上册)[M]. 上海：上海辞书出版社, 2001.

[6] 朱智贤. 心理学大词典[M]. 北京：北京师范大学出版社, 1989.

[7] 林传鼎, 陈舒永, 张厚粲. 心理学词典[M]. 南昌：江西科学技术出版社, 1986.

[8] 湖北辞书出版社编. 常用百科辞典[M]. 武汉：湖北辞书出版社, 1991.

二、著作类

[1] 阿隆. 社会学主要思潮[M]. 葛智强, 胡秉诚, 王沪宁, 译. 上海：上海译文出版社, 2005.

[2] 阿佩尔. 哲学的改造[M]. 孙周兴, 陆兴华, 译. 上海：上海译文出版社, 2005.

[3] 阿普尔, 史密斯. 教科书政治学[M]. 侯定凯, 译. 上海：华东师范大学出版社, 2005.

[4] 阿普尔. 意识形态与课程[M]. 黄忠敬, 译. 上海：华东师范大学出版社, 2001.

[5] 安德森, 索斯尼克. 布鲁姆教育目标分类学——40 年的回顾[M]. 谭晓玉, 袁文辉, 等, 译. 上海：华东师范大学出版社, 1998.

[6] 奥苏贝尔. 意义学习新论：获得与保持知识的认知观[M]. 毛伟, 译. 杭州：浙江教育出版社, 2018.

[7] 巴拉诺夫等. 教育学[M]. 李子卓, 等, 译. 北京：人民教育出版社, 1976.

[8] 柏拉图. 理想国[M]. 郭斌和, 张竹明, 译. 北京：商务印书馆, 1986.

[9]鲍里奇.有效教学方法(第9版)[M].杨鲁新,译.上海:华东师范大学出版社,2021.

[10]贝斯特.认知心理学[M].黄希庭,等,译.北京:中国轻工业出版社,2000.

[11]波普尔.客观知识:一个进化论的研究[M].舒炜光,等,译.上海:上海译文出版社,2005.

[12]布尔迪厄.区分:判断力的社会批判(上)[M].刘晖,译.北京:商务印书馆,2015.

[13]布迪厄.实践感[M].蒋梓骅,译.南京:译林出版社,2012.

[14]布留尔.原始思维[M].丁由,译.北京:商务印书馆,2009.

[15]布卢姆.教育目标分类学(第一分册:认知领域)[M].罗黎辉,等,译.上海:华东师范大学出版社,1986.

[16]布鲁纳.教育过程[M].邵瑞珍,译.北京:文化教育出版社,1982.

[17]德里达.论文字学[M].汪堂家,译.上海:上海译文出版社,1999.

[18]狄尔泰.人文科学导论[M].赵稀方,译.北京:华夏出版社,2004.

[19]杜夫海纳.美学与哲学[M].孙非,译.北京:中国社会科学出版社,1985.

[20]杜威.民主主义与教育[M].王承绪,译.北京:人民教育出版社,2001.

[21]杜威.我们怎样思维·经验与教育[M].姜文闵,译.北京:人民教育出版社,2005.

[22]杜威.学校与社会·明日之学校[M].赵祥麟,任钟印,吴志宏,译.北京:人民教育出版社,2005.

[23]范梅南.教学机智:教育智慧的意蕴[M].李树英,译.北京:教育科学出版社,2001.

[24]弗莱雷.被压迫者教育学(修订版)[M].顾建新,等,译.上海:华东师范大学出版社,2014.

[25]弗雷格.弗雷格哲学论著选辑[M].王路,译.北京:商务印书馆,2006.

[26]福柯.必须保卫社会[M].钱瀚,译.上海:上海人民出版社,1999.

[27]福柯.知识考古学[M].谢强,马月译.北京:生活·读书·新知三联书店,1998.

[28]加达默尔.真理与方法:哲学诠释学的基本特征(上卷)[M].洪汉鼎,

译.上海:上海译文出版社,1999.

[29]格雷西亚. 文本:本体论地位、同一性、作者和读者[M]. 汪信砚,李白鹤,译.北京:人民出版社,2015.

[30]格雷西亚. 文本性理论:逻辑与认识论[M]. 汪信砚,李志,译. 北京:人民出版社,2009.

[31]哈贝马斯. 交往与社会进化[M]. 张博树,译. 重庆:重庆出版社,1989.

[32]海德格尔. 存在与时间(第2版)[M]. 陈嘉映,王庆节,译,上海:商务印书馆,2017.

[33]海伍德. 政治学核心概念[M]. 吴勇,译. 天津:天津人民出版社,2008.

[34]赫尔巴特. 普通教育学[M]. 李其龙,译. 北京:人民教育出版社,2015.

[35]赫尔巴特. 普通教育学·教育学讲授纲要[M]. 李其龙,译. 杭州:浙江教育出版社,2002.

[36]Ji. 解释的有效性[M]. 王才勇,译. 北京:生活·读书·新知三联书店,1991.

[37]黑格尔. 哲学史演讲录(第一卷)[M]. 贺麟,王太庆,译. 北京:商务印书馆,2011.

[38]怀特海. 教育的目的[M]. 庄莲平,王立中,译. 上海:文汇出版社,2012.

[39]加拉格尔. 解释学与教育[M]. 张光陆,译. 上海:华东师范大学出版社,2009.

[40]加涅. 学习的条件和教学论[M]. 皮连生,等,译. 上海:华东师范大学出版社,1999.

[41]焦尔当. 学习的本质[M]. 杭零,译. 上海:华东师范大学出版社,2015.

[42]经济合作与发展组织. 以知识为基础的经济(修订版)[M]. 杨宏进,薛澜,译. 北京:机械工业出版社,1997.

[43]克拉姆尼克. 意识形态的时代[M]. 张明贵,译. 台湾:联经出版事业公司,1984.

[44]克拉耶夫斯基. 普通中等教育内容的理论基础[M]. 金世柏,马宝兰,王孟春,等,译. 北京:人民教育出版社,1989.

[45]库恩. 必要的张力[M]. 范岱年,纪树立,译. 北京:北京大学出版社,2004.

[46]库恩. 科学革命的结构[M]. 金吾伦,胡新和,译. 北京:北京大学出版

社,2003.

[47]劳丹.进步及其问题(第2版)[M].刘新民,译.北京:华夏出版
社,1999.

[48]利科.从文本到行动[M].夏小燕,译.上海:华东师范大学出版
社,2015.

[49]利科.诠释学与人文科学[M].孔明安,张剑,李西祥,译.北京:中国人
民大学出版社,2012.

[50]利奇.语义学[M].李瑞华,等,译.上海:上海外语教育出版社,1987.

[51]联合国教科文组织.反思教育:向"全球共同利益"的理念转变?[M].
联合国教科文组织总部中文科,译.北京:教育科学出版社,2017.

[52]罗杰斯,弗赖伯格.自由学习(第3版)[M].王烨晖,译.北京:人民邮电
出版社,2015.

[53]洛克.人类理解论(上、下册)[M].关文运,译.北京:商务印书馆,2009.

[54]马克思,恩格斯.马克思恩格斯选集(第3、4卷)[M].中共中央马克思
恩格斯列宁斯大林著作编译局,编译.北京:人民出版社,1995.

[55]麦金.意识问题[M].吴杨义,译.北京:商务印书馆,2015.

[56]麦克米伦,舒马赫.教育研究:基于实证的探究(第7版)[M].曾天山,
组译.北京:教育科学出版社,2013.

[57]曼海姆.意识形态与乌托邦:知识社会学导论[M].李步楼,尚伟,祁阿
红,等,译.北京:商务印书馆,2014.

[58]梅休等.杜威学校[M].王承绪,等,译.北京:教育科学出版社,2007.

[59]麦基罗.成人教育实践中的转换性学习[M].陈静,冯志鹏,译.北京:北
京师范大学出版社,2016.

[60]米尔斯.社会学的想象力[M].李康,译.北京:北京师范大学出版
社,2017.

[61]莫兰.复杂思想:自觉的科学[M].陈一壮,译.北京:北京大学出版
社,2001.

[62]默顿.社会理论和社会结构[M].唐少杰,齐心,等,译.南京:译林出版
社,2008.

[63]帕尔默.诠释学[M].潘德荣,译.北京:商务印书馆,2012.

[64]派纳等.理解课程:历史与当代课程话语研究导论(上下)[M].张华,

等,译.北京:教育科学出版社,2003.

[65]培根.新工具[M].张毅,译.北京:京华出版社,2000.

[66]普特南.理性、真理与历史[M].童世骏,李光程,译.上海:上海译文出版社,1997.

[67]乔纳森.学习环境的理论基础[M].郑太年,任友群,译.上海:华东师范大学出版社,2002.

[68]热拉尔,罗日叶.为了学习的教科书:编写、评估和使用[M].汪凌,周振平,译.上海:华东师范大学出版社,2009.

[69]申克.学习理论:教育的视角(第三版)[M].韦小满,等,译.南京:江苏教育出版社,2003.

[70]斯宾塞.斯宾塞教育论著选[M].胡毅,王承绪,译.北京:人民教育出版社,2005.

[71]索尔纳,克拉思.重新定义课堂[M].杨密芬,译.长沙:湖南人民出版社,2022.

[72]泰勒.课程与教学的基本原理[M].施良方,译.北京:人民教育出版社,1994.

[73]泰特.教育的真谛:伟大思想家的观点及其现实意义[M].陈玮,译.上海:上海社会科学院出版社,2021.

[74]威金斯,麦克泰.理解为先模式:单元教学设计指南.二[M].沈祖芸,陈金慧,张强,译.福州:福建教育出版社,2021.

[75]威金斯,麦克泰格.追求理解的教学设计(第二版)[M].闫寒冰,宋雪莲,赖平,译.上海:华东师范大学出版社,2017.

[76]雅斯贝尔斯.什么是教育[M].邹进,译.北京:生活·读书·新知三联书店,1991.

[77]麦克·F·D·扬.知识与控制:教育社会学新探[M].谢维和,朱旭东,译.上海:华东师范大学出版社,2002.

[78]伊列雷斯.我们如何学习:全视角学习理论(第2版)[M].孙玫璐,译.北京:教育科学出版社,2021.

[79]罗伯特·K·殷.案例研究方法的应用[M].周海涛,等,译.重庆:重庆大学出版社,2004.

[80]筑波大学教育学研究会.现代教育学基础[M].钟启泉,译.上海:上海

教育出版社,1986.

[81]佐藤正夫.教学原理[M].钟启泉,译.北京:教育科学出版社,2001.

[82]鲍道宏.课程理解:制度与文化"新基点"[M].南京:江苏教育出版社,2011.

[83]曾天山.教材论[M].南昌:江西教育出版社,1997.

[84]陈桂生.普通教育学纲要[M].上海:华东师范大学出版社,2009.

[85]陈燎原.立德树人:从故事到课程[M].上海:华东师范大学出版社,2022.

[86]陈寿灿.方法论导论[M].大连:东北财经大学出版社,2007.

[87]陈侠.课程论[M].北京:人民教育出版社,1989.

[88]陈向明.搭建实践与理论之桥:教师实践性知识研究[M].北京:教育科学出版社,2011.

[89]代蕊华.课堂设计与教学策略[M].北京:北京师范大学出版社,2005.

[90]单中惠,朱境人.外国教育经典解读[M].上海:上海教育出版社,2004.

[91]邓友超.教育解释学[M].北京:教育科学出版社,2009.

[92]丁步洲.课堂教学策略与艺术[M].重庆:重庆大学出版社,2013.

[93]窦桂梅.回到教育的原点[M].桂林:漓江出版社,2015.

[94]冯克诚.苏联社会主义教育思想与论著选读[M].北京:人民武警出版社,2011.

[95]戈士国.重构中的功能叙事:意识形态概念变迁及其实践意蕴研究[M].北京:人民出版社,2013.

[96]宫留记.布迪厄的社会实践理论[M].开封:河南大学出版社,2009.

[97]郭思乐.教育走向生本[M].北京:人民教育出版社,2001.

[98]郭晓明.课程知识与个体精神自由:课程知识问题的哲学审思[M].北京:教育科学出版社,2005.

[99]韩震,孟鸣岐.历史·理解·意义:历史诠释学[M].上海:上海译文出版社,2002.

[100]郝明君.课程中的知识与权力[M].重庆:重庆大学出版社,2009.

[101]洪成文.现代教育知识论[M].太原:山西教育出版社,2003.

[102]洪汉鼎.当代西方哲学两大思潮(上、下册)[M].北京:商务印书馆,2010.

［103］洪汉鼎.理解与解释:诠释学经典文选［M］.北京:东方出版社,2001.

［104］洪汉鼎.诠释学:它的历史和当代发展(修订版)［M］.北京:中国人民大学出版社,2018.

［105］胡德海.教育学原理［M］.兰州:甘肃教育出版社,2006.

［106］胡耀华.合理性问题［M］.广州:广东人民出版社,2000.

［107］黄希庭.心理学导论［M］.北京:人民教育出版社,2005.

［108］黄小寒."自然之书"读解:科学诠释学［M］.上海:上海译文出版社,2002.

［109］季光茂.意识形态［M］.桂林:广西师范大学出版社,2005.

［110］季苹.教什么知识:对教学的知识论基础的认识［M］.北京:教育科学出版社,2009.

［111］江风.适于脑的语文教学［M］.济南:山东教育出版社,2015.

［112］焦炜.课程改革的政治学研究［M］.北京:中国社会科学出版社,2015.

［113］金生鈜.教育者的心灵诗学［M］.北京:教育科学出版社,2021.

［114］金生鈜.理解与教育:走向哲学解释学的教育哲学导论［M］.北京:教育科学出版社,1997.

［115］靳玉乐.新教材将会给教师带来什么［M］.北京:北京大学出版社,2002.

［116］景怀斌.心理意义实在论［M］.广州:暨南大学出版社,2005.

［117］雷树人.雷树人论教材［M］.北京:人民教育出版社,2020.

［118］李本友.文本与理解［M］.重庆:西南师范大学出版社,2016.

［119］李秉德.教学论［M］.北京:人民教育出版社,1991.

［120］李传健.让课堂活起来:追寻好的课堂教学［M］.长春:吉林大学出版社,2016.

［121］李定仁,徐继存.课程论研究二十年(1979～1999)［M］.北京:人民教育出版社,2004.

［122］李吉林.小学语文情境教学:李吉林与青年教师的谈话［M］.北京:人民教育出版社,2003.

［123］李建盛.理解事件与文本意义:文学诠释学［M］.上海:上海译文出版社,2002.

［124］李其龙.德国教学论流派［M］.西安:陕西人民教育出版社,1993.

[125]李森,陈晓端.课程与教学论[M].北京:北京师范大学出版社,2015.

[126]李松林.回归课堂原点的深度教学[M].北京:科学出版社,2016.

[127]李竹平.语文寻意:从文本解读到课程设计[M].武汉:长江文艺出版社,2021.

[128]廖哲勋.课程学[M].武汉:华中师范大学出版社,1991.

[129]林碧珍.小学数学教法探微:一种有深度的同课异构研究[M].福州:福建教育出版社,2017.

[130]刘冬岩.实践智慧:一种可能的教学价值[M].南京:南京师范大学出版社,2009.

[131]刘耘华.诠释学与先秦儒家之意义生成:《论语》《孟子》《荀子》对古代传统的解释[M].上海:上海译文出版社,2002.

[132]刘家访.教师课程理解研究[M].福州:福建教育出版社,2014.

[133]刘丽群.教科书内容的选择与形成:知识准入课程中的国家介入[M].长沙:湖南师范大学出版社,2013.

[134]刘龙根.意义底蕴的哲学追问[M].长春:吉林大学出版社,2004.

[135]刘全祥.提大问题,做大气的数学教师[M].上海:上海教育出版社,2015.

[136]刘新科.外国教育史[M].武汉:武汉大学出版社,2012.

[137]吕立杰.课程论研究[M].福州:福建教育出版社,2021.

[138]莫先武,赵国乾.常见文体的层级解读[M].北京:社会科学文献出版社,2022.

[139]倪梁康.胡塞尔现象学概念通释[M].北京:生活·读书·新知三联书店,1999.

[140]潘德荣.西方诠释学史(第二版)[M].北京:北京大学出版社,2016.

[141]潘洪建.致知与致思:课程改革的知识论透视[M].济南:山东教育出版社,2015.

[142]彭启福.理解之思:诠释学初论[M].合肥:安徽人民出版社,2005.

[143]秦光涛.意义世界[M].长春:吉林教育出版社,1998.

[144]瞿葆奎.教育学文集·教育与教育学[M].北京:人民教育出版社,1993.

[145]瞿葆奎.教育学文集·智育[M].北京:人民教育出版社,1993.

[146]施良方,崔允漷.教学理论:课堂教学的原理、策略与研究[M].上海:华东师范大学出版社,1999.

[147]施良方.课程理论:课程的基础、原理与问题[M].北京:教育科学出版社,1996.

[148]施良方.学习论[M].北京:人民教育出版社,2001.

[149]孙美堂.文化价值论[M].昆明:云南人民出版社,2005.

[150]谭念君.小学数学教材处理的智慧[M].长沙:湖南师范大学出版社,2011.

[151]田汉族.交往教学论[M].长沙:湖南师范大学出版社,2002.

[152]汪子嵩,范明生,陈村富,等.希腊哲学史(第1卷)[M].北京:人民出版社,2014.

[153]王炳书.实践理性论[M].武汉:武汉大学出版社,2002.

[154]王健.教学实践理性及其合理化[M].南京:南京师范大学出版社,2010.

[155]王郢.教材研究导论[M].北京:人民出版社,2016.

[156]王岳川.艺术本体论[M].上海:上海三联书店,1994.

[157]吴康宁.教育社会学[M].北京:人民教育出版社,2014.

[158]吴式颖.外国教育史教程[M].北京:人民教育出版社,1999.

[159]吴畏.实践合理性[M].南宁:广西人民出版社,2003.

[160]吴永军.课程社会学[M].南京:南京师范大学出版社,1999.

[161]吴忠豪.语文到底教什么[M].武汉:长江文艺出版社,2022.

[162]肖川.教育的使命与责任[M].长沙:岳麓书社,2007.

[163]肖峰.从哲学看符号[M].北京:中国人民大学出版社,1989.

[164]谢地坤.走向精神科学之路:狄尔泰哲学思想研究[M].南京:江苏人民出版社,2003.

[165]谢晖,陈金钊.法律:诠释与应用[M].上海:上海译文出版社,2002.

[166]熊川武,江玲.理解教育论[M].北京:教育科学出版社,2005.

[167]徐梦秋.规范通论[M].北京:商务印书馆,2011.

[168]徐汝玲.外国教育史资料[M].北京:教育科学出版社,1995.

[169]杨国荣.成己与成物:意义世界的生成[M].北京:北京师范大学出版社,2018.

[170]杨慧林.圣言·人言[M].上海:上海译文出版社,2002.

[171]杨四耕.课堂是一种态度:从"教学认识论"到"教学诠释学"[M].上海:华东师范大学出版社,2015.

[172]叶圣陶.叶圣陶教育演讲[M].王木春选编.北京:教育科学出版社,2014.

[173]殷鼎.理解的命运:解释学初论[M].北京:生活·读书·新知三联书店,1988.

[174]殷建连,孙大君.手脑结合概论[M].苏州:苏州大学出版社,2017.

[175]于漪.于漪语文教育论集[M].北京:人民教育出版社,1996.

[176]余文森.个体知识与公共知识:课程变革的知识基础研究[M].北京:教育科学出版社,2010.

[177]余文森.能力导向的课堂有效教学研究:阅读、思考、表达教学法[M].北京:中国社会科学出版社,2020.

[178]俞吾金.意识形态论[M].上海:上海人民出版社,1993.

[179]袁锐锷.外国教育史新编[M].广州:广东高等教育出版社,2002.

[180]张法琨.古希腊教育论著选[M].北京:人民教育出版社,2007.

[181]张法瑞.自然辩证法概论[M].北京:中国农业大学出版社,2005.

[182]张广君.教学本体论[M].兰州:甘肃教育出版社,2002.

[183]张焕庭.西方资产阶级教育论著选[M].北京:人民教育出版社,1979.

[184]张汝伦.意义的探究——当代西方释义学[M].沈阳:辽宁人民出版社,1986.

[185]张世英.哲学导论(第3版)[M].北京:北京大学出版社,2016.

[186]张曙光.生存哲学[M].昆明:云南人民出版社,2001.

[187]张天宝.主体性教育(第2版)[M].北京:教育科学出版社,2001.

[188]张伟胜.实践理性论[M].杭州:浙江大学出版社,2005.

[189]张旭,豆海湛.教师必备的课堂掌控艺术[M].重庆:西南师范大学出版社,2018.

[190]张志公.张志公论教材[M].北京:人民教育出版社,2020.

[191]章启群.意义的本体论:哲学诠释学[M].上海:上海译文出版社,2002.

[192]赵毅衡.符号学:原理与推演(修订本)[M].南京:南京大学出版

社,2016.

[193]赵毅衡.哲学符号学:意义世界的形成[M].成都:四川大学出版社,2017.

[194]郅庭瑾.为思维而教(第3版)[M].北京:教育科学出版社,2022.

[195]钟启泉,崔允漷.新课程改革的理念与创新:师范生读本(第2版)[M].北京:高等教育出版社,2008.

[196]钟启泉.现代学科教育学论析[M].西安:陕西人民教育出版社,1993.

[197]周宏.理解与批判:马克思意识形态理论的文本学研究[M].上海:上海三联书店,2003.

三、期刊论文类

[1]R.麦金泰尔,D.W.史密斯,张浩军.胡塞尔论意义即意向相关项[J].世界哲学,2010(5):101-117.

[2]安桂清,李磊.论教师的教材观及其对教材使用的影响[J].教师教育论坛,2020,33(6):25-28.

[3]安桂清.教材使用的研究视角与基本逻辑[J].课程.教材.教法,2019,39(6):69-74.

[4]巴登尼玛,卢德生.文化视野下的藏区道德教育[J].中国教育学刊,2007(6):37-39.

[5]白会肖,刘涛,贾树生.课程理解:教师课程实践的理性之维[J].教育导刊,2012(1):58-60.

[6]曾瑶,张广君."教学历史意识"初探:生成论教学哲学的立场[J].高等教育研究,2020,41(2):17-25.

[7]陈柏华,高凌飚.教材观研究:类型、特点及前瞻[J].全球教育展望,2010,39(6):63-69.

[8]陈丽华.教师课程理解:意蕴与转向[J].全球教育展望,2012,41(3):68-72.

[9]陈文革,吴建平.科学教科书中的意识形态及其话语建构:以初中物理和化学教科书为例[J].外语与外语教学,2014(5):11-16,35.

[10]程良宏.从事实存在到实践生成:课程理解的转向[J].全球教育展望,2014,43(6):3-10.

[11]程良宏.教师的课程理解及其向教学行为的转化[J].全球教育展望,

2013,42(1):113-120.

[12]崔允漷.追问"学生学会了什么":兼论三维目标[J].教育研究,2013,34
(7):98-104.

[13]丁生军.课程理解对教学目标制定的影响探微[J].中学地理教学参考,
2013(6):22-24.

[14]高德胜."文化母乳":基础教育教材的功能定位[J].全球教育展望,
2019,48(4):92-104.

[15]高德胜.论小学《道德与法治》教材的"叙事思维"[J].课程.教材.教
法,2019,39(6):11-20.

[16]高德胜.小学《道德与法治》教材对儿童经验的处理[J].中国德育,2019
(1):49-53.

[17]高德胜.以学习活动为核心建构小学《道德与法治》教材[J].中国教育
学刊,2018(1):1-8.

[18]顾明远.再论教育本质和教育价值观:纪念改革开放 40 周年[J].教育
研究,2018,39(5):4-8.

[19]郭晓明.从"圣经"到"材料":论教师教材观的转变[J].高等师范教育
研究,2001(6):17-21.

[20]郭元祥.知识的教育学立场[J].教育研究与实验,2009(5):1-6.

[21]郭元祥.知识的性质、结构与深度教学[J].课程.教材.教法,2009,29
(11):17-23.

[22]郭元祥.指向核心素养的学习活动及其形态优化[J].当代教育科学,
2022(12):9-16.

[23]韩晓霞.复杂性教学范式研究[J].教育理论与实践,2018,38(1):
61-64.

[24]韩震.教材编写的意识形态维度[J].课程.教材.教法,2019,39(7):
9-13.

[25]郝志军.探究性教学的实质:一种复杂性思维视角[J].教育研究,2005
(11):66-70.

[26]何捷."教材解读"是读写统整教学的前提[J].中国教师,2019(6):
35-36.

[27]何卫平.解释学循环的嬗变及其辩证意义的展开与深化[J].武汉大学

学报(哲学社会科学版),1999(6):40-45.

[28]季苹.什么是基本知识?:另一种解释:基本知识就是能够增进理解力和解释力的知识[J].教育理论与实践,2005(3):56-59.

[29]蒋慧芳,曾文婕.社会主义核心价值观教育的深化之路:实践养成的视角[J].教育科学研究,2021(9):74-80.

[30]蒋士会,龙安邦.教学复杂性新论[J].课程.教材.教法,2017,37(10):77-83.

[31]靳彤.语文教学以"读书"为要:与《为语文的教育还是为教育的语文》作者商榷[J].全球教育展望,2021,50(2):116-128.

[32]阚维.理解课程的复杂性:波克维茨课程研究述评[J].课程.教材.教法,2013,33(10):115-120.

[33]柯政.改革开放40年教材制度改革的成就与挑战[J].中国教育学刊,2018(6):1-8.

[34]李冲锋.教师课程理解及其影响因素探析[J].全球教育展望,2002,31(11):63-66.

[35]李广,孙玉红.教师教材理解范式的深度变革[J].教育研究,2019,40(2):32-36.

[36]李江源.教育规范:自由发展的中介[J].社会科学战线,2005(2):222-230.

[37]李茂森.我国课程理解研究:回顾与展望:基于2001～2018年的CNKI核心期刊论文分析5[J].上海教育科研,2019(10):21-26.

[38]李渺.教师教学观念与教学行为"断裂"的现象分析及其思考[J].当代教育科学,2007(19):27-29.

[39]李巧慧.初探建国以来小学语文教材中文化经典的传承:以小学高年级为例[J].内蒙古教育,2011(4):4-5.

[40]李润洲.学科核心素养的遴选及其关系辨析:一种知识结构的视角[J].南京社会科学,2019(4):138-144,156.

[41]李松林,巴登尼玛.何为教学论研究的核心问题[J].教育理论与实践,2016,36(1):49-52.

[42]李松林,贺慧,张燕.深度学习究竟是什么样的学习[J].教育科学研究,2018(10):54-58.

[43]李松林.教学活动的生成过程及其功能属性[J].湖南师范大学教育科学学报,2008(1):64-68.

[44]李松林.论教师学科教材理解的范式转换[J].中国教育学刊,2014(1):52-56.

[45]李松林.培育学科核心素养的三个教学问题[J].教育科学研究,2017(8):5-9.

[46]李松林.以整体的教育培养整体的人:五育融合教学的框架与方法[J].课程.教材.教法,2021,41(11):64-69.

[47]李松林.知识教学的突破:从知识到知识的知识[J].教育科学研究,2016(1):60-64.

[48]李新,石鸥.教学性作为教科书的根本属性及实践路径[J].课程.教材.教法,2016,36(8):25-29.

[49]李泽林,石小玉,吴永丽.教学"要素论"研究现状与反思[J].当代教育与文化,2012,4(3):94-98.

[50]李召存.知识的意义性及其在教学中的实现[J].中国教育学刊,2006(2):34-37.

[51]刘桂奇.历史教师运用教材的影响因素[J].高教学刊,2015(3):83-84,86.

[52]刘徽.简单性与复杂性:思考课堂教学的新维度[J].全球教育展望,2005,34(3):26-31.

[53]刘凯,张煜.解读教材岂能浅尝辄止[J].中学政治教材参考,2019(29):16-17.

[54]刘社欣,罗希明.论马克思的实践合理性[J].求实,2014(3):26-29.

[55]刘学智,张振.改革开放40年基础教育教材制度改革的回顾与展望[J].课程.教材.教法,2018,38(8):27-33.

[56]楼培敏.发生学方法[J].社会科学,1986(10):68-69.

[57]罗生全.70年课程研究范式的回顾与展望[J].湖南师范大学教育科学学报,2019,18(3):20-31.

[58]罗正忠.从文本解读到教学解读的"二度转化":流沙河、李镇西、何立新畅谈"理想"[J].教育科学论坛,2015(6):69-74.

[59]罗祖兵.论课堂教学中五育融合的学科立场[J].课程.教材.教法,

2022,42(5):45-53.

[60]罗祖兵.深度教学:"核心素养"时代教学变革的方向[J].课程.教材.教法,2017,37(4):20-26.

[61]穆洪华.教师专业发展研究的现状及趋势[J].北京教育学院学报,2016,30(6):17-24.

[62]欧阳康.合理性与当代人文社会科学[J].中国社会科学,2001(4):16-25,203.

[63]欧阳英.关于交往概念的综合理解:由哈贝马斯交往理论引发的深入思考[J].世界哲学,2018(2):118-126.

[64]潘洪建.基于"三维知识"教学的学科素养提升[J].教育研究,2017,38(7):122-129.

[65]裴娣娜.主体教育的实践生成与发展[J].教育研究,2022,43(11):18-30.

[66]钱中华,羊琴.小学数学教材解读"三聚焦"[J].现代中小学教育,2020,36(2):35-38.

[67]秦引.小学数学教材解读的三维视角[J].数学教学通讯,2019(13):10-11.

[68]申大魁,田建荣.教师教材理解:概念、类型及转向[J].教育理论与实践,2014,34(22):55-58.

[69]申大魁.教师教材理解标准体系的建构[J].教育理论与实践,2018,38(25):60-64.

[70]沈伟,黄小瑞.课程改革背景下教师的教学投入与课程理解:基于初中教师的实证调查[J].教育发展研究,2016,36(4):71-76.

[71]沈晓敏.关于新媒体时代教科书的性质与功能之研究[J].全球教育展望,2001(3):23-27.

[72]石鸥,石玉.论教科书的基本特征[J].教育研究,2012,33(4):92-97.

[73]石鸥,赵长林.科学教科书的意识形态[J].教育研究,2004(6):72-76.

[74]宋海桐,朱成科."草根"研修:中小学教师专业发展新趋势[J].教育理论与实践,2016,36(11):42-44.

[75]苏鸿.论中小学教材结构的建构[J].课程.教材.教法,2003(2):9-13.

[76]孙宽宁.教师如何理解教材[J].当代教育科学,2011(7):18-21.

[77]孙智昌.教科书的本质：教学活动文本[J].课程.教材.教法,2013,33(10):16-21,28.

[78]唐明,李松林.聚焦意义建构的语文深度阅读教学[J].中国教育学刊,2020(5):60-65.

[79]王本陆.教学认识论：被取代还是发展[J].教育研究,1999(1):74-78.

[80]王本陆.课程与教学论研究的基本问题和当前热点[J].开放学习研究,2021,26(5):1-8.

[81]王策三."新课程理念""概念重建运动"与学习凯洛夫教育学[J].课程.教材.教法,2008(7):3-21.

[82]高王建.有效解读小学数学教材的策略[J].江西教育,2019(18):70.

[83]王建军,叶澜."新基础教育"的内涵与追求：叶澜教授访谈录[J].教育发展研究,2003(3):7-11.

[84]王鉴.教学智慧：内涵、特点与类型[J],课程.教材.教法,2006(6):23-28.

[85]王鉴.课堂志：作为教学研究的方法论与方法[J].教育研究,2018,39(9):122-132.

[86]王美,郑太年,裴新宁等.重新认识学习：学习者、境脉与文化：从《人是如何学习的Ⅱ》看学习科学研究新进展[J].开放教育研究,2019,25(6):46-57.

[87]王明,李太平.关注"课程精神"：解释学视角下教师课程理解的合理取向[J].中国教育学刊,2012(7):49-52.

[88]王攀峰.教科书话语分析的方法论建构[J].教育研究,2019,40(5):51-59.

[89]魏宏聚.实践逻辑对影响教师课堂教学行为因素的案例分析[J].天津师范大学学报(基础教育版),2010,11(1):11-13.

[90]魏宏聚.新课程三维目标在实践中遭遇的尴尬与归因：兼对三维目标关系的再解读[J].中国教育学刊,2011(5):36-39.

[91]温儒敏."部编本"语文教材的编写理念、特色与使用建议[J].课程.教材.教法,2016,36(11):3-11.

[92]温儒敏.如何用好"统编本"小学语文教材[J].课程.教材.教法,2018,38(2):4-9,17.

[93]沃野.结构主义及其方法论[J].学术研究,1996(12):35-40.

[94]吴小鸥.教科书,本质特性何在?:基于中国百年教科书的几点思考[J].课程.教材.教法,2012,32(2):62-68.

[95]辛继湘.基于"五育融合"的教学思维方式变革[J].中国教育学刊,2022(9):88-92.

[96]辛涛,申继亮,林崇德.从教师的知识结构看师范教育的改革[J].高等师范教育研究,1999(6):12-17.

[97]熊川武.论教学论基本问题[J].华东师范大学学报(教育科学版),2010,28(1):9-15.

[98]徐继存.课程理解的意义之维[J].教育研究,2012,33(12):71-76.

[99]徐文彬.教材分析与比较:教师专业发展不可或缺的面向[J].江苏教育,2019(89):1.

[100]许洁英.国家课程、地方课程和校本课程的含义、目的及地位[J].教育研究,2005(8):32-35,57.

[101]阎亚军.教师教学行为方式变革的实践逻辑[J].教育学术月刊,2009(11):3-5.

[102]杨道宇,温恒福.课程理解的三种范式[J].教育理论与实践,2010,30(22):54-57.

[103]杨道宇.意义与意味:课程理解的双重追求[J].教育理论与实践,2014,34(13):57-60.

[104]杨进红.基于课程理解的农村教师专业发展突破路径[J].中国教育学刊,2015(11):94-98.

[105]杨启亮.教材的功能:一种超越知识观的解释[J].课程.教材.教法,2002(12):10-13.

[106]杨向东.基于核心素养的基础教育课程标准研制[J].全球教育展望,2017,46(10):34-48.

[107]叶澜.中国哲学传统中的教育精神与智慧[J].教育研究,2018,39(6):4-7,23.

[108]殷忠民,刘立德,阮成武.初等教育学学科建设与小学教师教育专业化[J].课程.教材.教法,2003(3):64-69.

[109]于兰,刘佳星.基于教材维度的教师专业发展研究[J].渤海大学学报

（哲学社会科学版）,2019,41(3):137-140.

[110]余娟,郭元祥.教师的课程创生:意蕴与条件[J].教育发展研究,2009,28(12):57-62.

[111]余文森.从三维目标走向核心素养[J].华东师范大学学报(教育科学版),2016,34(1):11-13.

[112]余文森.论学科核心素养的课程论意义[J].教育研究,2018,39(3):129-135.

[113]余文森.以核心素养为导向:建立与义务教育新课标相适应的新型教学[J].中国教育学刊,2022(5):17-22.

[114]余闻婧.教师的自我意识与课程理解的辩证关系[J].全球教育展望,2017,46(7):69-75.

[115]张华.走向课程理解:西方课程理论新进展[J].全球教育展望,2001(7):40-48.

[116]张华夏.科学合理性的面面观[J].科学技术与辩证法,2009,26(1):1-7,111.

[117]张建桥.杜威的教材心理化理论述评[J].石家庄学院学报,2013,15(1):94-97.

[118]张良,关素芳.为理解而学:人工智能时代的知识学习[J].湖南师范大学教育科学学报,2021,20(1):55-60.

[119]张良,师雨.核心素养导向下知识学习的定位、理念与方式变革[J].中国教育学刊,2022(9):40-45.

[120]张良.从简单性到复杂性:试论我国教学范式的重建[J].清华大学教育研究,2013,34(05):103-108.

[121]赵家祥.理论观念与实践观念的含义和关系:澄清对列宁两句话的误解[J].哲学动态,2008(4):11-12.

[122]赵长林,孙海生.教科书与意识形态再生产:对1949—2018年相关研究的回顾与省思[J].课程.教材.教法,2019,39(1):34-39.

[123]郑富兴.基于文化理解的意义学习[J].中国教育学刊,2011(10):47-49.

[124]郑会敏.教学交往的缺失与模型建构[J].现代中小学教育,2016,32(10):7-10.

[125]郑志辉,伍叶琴,皮军功.幼儿教师课程理解的内涵、现状及其社会文化影响因素[J].学前教育研究,2010(5):24-29.

[126]钟启泉."优化教材":教师专业成长的标尺[J].上海教育科研,2008(1):7-9.

[127]周建平.生态式教育视野中的教材观[J].当代教育科学,2004(9):19-21.

[128]诸定国.统编语文教材《教师教学用书》编写创新与使用建议[J].语文教学通讯,2019(14):51-53.

四、硕博论文类

[1]李杰民.数学学科大概念及其教学研究[D].广州:广州大学,2021.

[2]李静.小学语文教师教材理解现状及对策研究[D].银川:宁夏大学,2022.

[3]任丹凤.中小学教科书编制设计的理论与实践研究[D].上海:华东师范大学,2003.

[4]宋维玉.教师是怎样理解课程的?:青海省某县九位教师课程理解的叙事探究[D].长春:东北师范大学,2017.

[5]唐明.聚焦意义建构的语文深度阅读教学研究[D].成都:四川师范大学,2022.

[6]王娟.小学语文教材意识形态嵌入方式探究[D].武汉:华中师范大学,2015.

[7]徐晓敏.教学文本的教育意义生成初探[D].南京:南京师范大学,2012.

[8]杨艺伟.课程文本理解的范式转向研究[D].重庆:西南大学,2019.

[9]赵艳红.教学智慧:教师权衡的艺术[D].重庆:西南大学,2013.

[10]郑艳艳.现代技术伦理的诠释学研究[D].大连:大连理工大学,2020.

五、英文类

[1]BEVIR, M. What Is a Text? A Pragmatic Theory [J]. International Philosophical Quarterly,2002,42(4).

[2]C. SUMMNER. Reading Ideologies:An Investigation into the Marxist Theory of Ideology and Law[M].London:Academic Press,1979.

[3]E. D. HISCH, JR. Cultural Literacy:What Every American Needs to Know [M].Boston:Hougton Mifflin,1987.

[4] L. VALLI. Reflective Teacher Education: Cases and Critiques [M]. New York:State University of New York Press,1992.

[5] LABONE E, LONG J. Features of Effective Professional Learning: A Case Study of the Implementation of A System – Based Professional Learning Model[J]. Professional Development in Education,2016,42(1).

[6] MEZIROW, J. Transformative Dimensions of Adult Learning [M]. San Francisco:Jossey–Bass,1991.

[7] MICHEL FOUCAULT. The History of Sexuality, Vol. 1, Trans. Robert Hurley [M]. New York:Vintage,1980.

[8] MICHEL FOUCAULT. The Order of Things: An Archaeology of the Human Sciences[M]. New York:Routled,1989.

[9] MOSTAFA REJAI. "Ideology", Dictionary of the History of Ideas[M]. Ed. Philip P. Wiener, Vol2, New York:Charles Scribners,1973.

[10] PAIN K. The Effect of Key Features of High Quality Professional Development on Student Achievement in Reading and Mathematics[M]. Illinois:University of ST. FRANCIS,2015.

[11] PEIRCE,CHARIES SANDERS. Collected Papers[M]. Cambridge:Harvard Uni. Press,1931.

[12] PEPIN B. Resourcing Curriculum Materials: In Search of Appropriate Frameworks for Researching the Enacted Mathematics Curriculum [J]. ZDM Mathematics Education,2014,46(5).

[13] REMILARD. J. T. & HECK. D. J. Conceptualizing the Curriculum Enactment Process in Mathematics Education [J]. ZDM Mathematics Education,2014,46(5).

[14] ROGOFF, B. The Cultural Nature of Human Development [M]. Oxford: Oxford University Press,2003.

[15] SEARLE, J. Intentionality: A Essay in the Philosophy of Mind [M]. Cambridge:Cambridge University Press,1983.